Notice

HISTORIQUE, TOPOGRAPHIQUE ET STATISTIQUE

SUR LA

Ville de Darnétal.

CET OUVRAGE SE TROUVE:

A Darnétal, chez l'Auteur, rue du Pont.
A Rouen et dans le Département, chez les principaux
Libraires.

On trouve, chez les mêmes Libraires,

HISTOIRE topographique, civile, ecclésiastique et politique de
la ville de **Rouen**, depuis son Origine jusqu'en 1826,
1 fort vol. in-8°, par Alexandre Lesguilliez.

DARNÉTAL, IMP. DE L.-A. MEUNIER.

NOTICE

Historique, Topographique et Statistique

SUR LA

VILLE DE DARNÉTAL,

ET SUR LES

Divers genres d'Industrie

EXERCÉS DANS CETTE VILLE,

Depuis son Origine jusqu'en 1835.

PAR ALEXANDRE LESGUILLIEZ.

à Rouen,

CHEZ LES PRINCIPAUX LIBRAIRES.

—

1835.

Avant-Propos.

———

Malgré les nombreux ouvrages que nous possédons sur la Normandie, l'histoire de cette importante province laisse encore beaucoup à désirer, principalement sous le rapport topographique, statistique et monumental. Les amis des antiquités nationales doivent donc voir avec un vif intérêt les peines que se donnent, depuis une vingtaine d'années, quelques écrivains normands pour débrouiller le cahos de nos antiquités. Nous avons vu paraître successivement des ouvrages plus ou moins importans sur les villes de Rouen, du Hâvre, de Dieppe.

de Caen, de Falaise, de Louviers, d'Arques, de Pont-Audemer; sur les abbayes de Jumiéges, de Saint-Vandrille, de Saint-Georges; sur les églises de Notre-Dame, de Saint-Ouen; sur les tombeaux de la cathédrale; sur les châteaux Gaillard et de Tancarville, etc. Il est présumable que les autres villes un peu importantes de notre province trouveront aussi leurs historiens. Tous ces ouvrages seront une mine féconde où un jour une plume exercée pourra puiser pour écrire l'histoire civile, morale, politique, littéraire, monumentale et statistique de la Normandie : espérons.

En publiant l'*Histoire de Darnétal*, nous avons voulu aussi payer notre faible tribut à la ville que nous habitons depuis un grand nombre d'années, et sur laquelle, jusqu'à présent, l'on n'a encore rien écrit. L'ouvrage que nous offrons aujourd'hui à nos concitoyens, ne doit, cependant, être regardé que comme un simple essai pour lequel nous réclamons toute leur indulgence, car ayant été obligé de faire toutes les recherches, de tout créer, nous savons combien il doit laisser à désirer sous beaucoup de rapports.

Le récit des événemens politiques arrivés à Darnétal n'offrant que très-peu d'intérêt, nous avons passé légèrement sur ces événemens, mais nous avons pensé devoir entrer dans de plus grands détails sur les divers genres d'industrie exercés dans cette ville, depuis des tems plus ou moins reculés. Nous avons remonté, autant que possible, à l'origine de nos manufactures; en les suivant dans leur marche, nous avons fait connaître l'état de splendeur auquel elles étaient parvenues, les vicissitudes qu'elles ont éprouvées plus tard, soit par suite de nos guerres de religion, soit par d'autres motifs que nous avons retracés le plus succinctement possible : nous avons donné aussi l'état plus ou moins prospère dans lequel elles se trouvent aujourd'hui; enfin, nous sommes entrés dans les détails historiques et statistiques qui nous ont paru devoir être consignés.

Si cette Notice ne présente pas tout l'intérêt que peuvent offrir les annales d'une grande cité, nous pensons, cependant, qu'elle n'en est pas entièrement dénuée, et qu'elle pourra un jour avoir aussi son utilité, parce qu'elle constate des faits qui auraient pu finir par tomber dans l'oubli. En effet, les hommes passent, les générations se succèdent, les traditions se perdent, mais les monumens, les institutions restent, et le tems, dont aucune puissance humaine ne peut arrêter la marche rapide, finit souvent par couvrir leur origine d'un voile impénétrable : aussi, est-on souvent forcé plus tard de former des conjectures, quand on voudrait pouvoir affirmer des faits.

J'adresse publiquement mes remercîmens à MM. Lépine et Cuvelier, maires, pour la confiance qu'ils ont eue de mettre les archives de la mairie à ma disposition. Il est fâcheux que ces archives ne remontent pas au-delà d'une quarantaine d'années, et qu'elles soient aussi peu nombreuses. J'adresse les mêmes remercîmens aux personnes de cette ville qui ont bien voulu me donner les renseignemens dont j'ai eu besoin.

Alexandre LESGUILLIEZ.

Notice

HISTORIQUE, TOPOGRAPHIQUE ET STATISTIQUE

SUR LA VILLE DE DARNÉTAL.

Etat des Gaules, sous les Romains.—Origine de Dar-
nétal.—Etymologie du nom de Darnétal.—Etat de
cette ville, sous les Normands.—Ses divers accrois-
semens.

N'est-ce pas entreprendre une tâche bien hardie, que
de chercher, le premier, à découvrir les antiquités d'une
ville sur laquelle, jusqu'à présent, personne n'a encore rien
écrit, surtout quand un grand nombre de siècles couvrent
d'un voile épais l'origine de cette cité? En effet, à quelles
sources remonter? sur quelle autorité s'appuyer? Le seul
fil qui puisse nous guider, pour sortir de ce labyrinthe,
sont quelques traditions populaires; mais quelle foi,
quelle confiance peut-on ajouter dans de semblables
titres! Ne sait-on pas que, généralement, les faits se dé-
naturent en passant de bouches en bouches, à plus forte
raison quand ils ont traversé un laps de huit à dix
siècles. Nous n'avons pu nous dissimuler les difficultés sans
nombre que nous devions rencontrer dans un travail
aussi ingrat, mais animé par le désir d'être utile et

1 *

obtinrent le double avantage d'assainir le pays et de faciliter les relations commerciales, en ouvrant de nouvelles communications entre les villes, les bourgs et les villages de cette partie des Gaules. Le desséchement des marais produisit le même avantage. De si grands changemens n'ont pas été et n'ont pu être l'ouvrage du même siècle, mais ayant été opérés successivement, l'on vit enfin de nombreux villages s'élever sur ces terrains fangeux, à la place de ces sombres forêts dans lesquelles nos ancêtres avaient fixé, pendant plus de mille ans, leur asile, leurs autels et leurs sacrifices.

Les romains dùrent naturellement chercher à étendre les limites des villes qu'ils habitaient, et à ouvrir les environs, pour en faciliter l'accès. On sait que, sous leur domination, la ville de Rouen, voisine de Darnétal, n'avait encore qu'une faible étendue, et qu'elle était entourée d'immenses forêts dont la plupart avaient disparu à l'époque où les francks, sous la conduite de Clovis, vinrent s'emparer des Gaules, et dicter des lois aux romains. Vaincus à leur tour, ces fiers républicains, dont la puissance déclinait de jour en jour, se virent contraints de subir un joug qu'eux-mêmes avaient imposé à tant de nations, car tel est le sort réservé à tous les peuples conquérans. Nous ne pensons pas nous éloigner de la vraisemblance, en fesant remonter à cette époque l'origine de Darnétal qui, ainsi que la plupart des cités, n'aura été d'abord qu'une simple bourgade habitée par les naturels du pays, et dépendant du territoire des vellocasses, dont *Rothomagus* (Rouen) était la capitale. Ce qu'il y a de certain, c'est que, dès le cinquième

(5)

siècle, la rivière de Robec servait déjà, du coté du levant, de fossé à la ville de Rouen ; que, dès cette époque, elle coulait dans le canal dans lequel elle coule aujourd'hui ; que ce canal traverse Darnétal dans toute sa longueur ; que, bien certainement, il est l'ouvrage des hommes et non de la nature. On doit donc penser que ceux qui donnèrent un cours à cette rivière, se fixèrent sur ses bords, et jetèrent ainsi les fondemens des divers villages qui existent dans la vallée.

Nous pouvons encore appuyer notre opinion sur l'étymologie même du nom de cette ville. D'après Huet, auteur des origines de la ville de Caen, la terminaison *tal*, dans les langues du nord, signifie *vallon*, et *derne*, en gaulois, voudrait dire *terrain*, *portion de terrain*. D'après un autre savant, M. l'abbé Delarue, dans ses Essais historiques sur la même ville, *Arnétal*, *Talarne*, *Dalarne* signifient une vallée. Toussaint Duplessis, dans sa Description géographique de la Haute-Normandie, dit positivement que *Darnétal* vient du celtique, et signifie *une portion de terrain dans une vallée*, ce qui, en effet, désigne bien la position topographique de notre ville. Or, l'origine de presque tous les villages dont le nom est dérivé du celtique, remonte à une haute antiquité. Ces villages, en grand nombre dans notre province, doivent, pour la plupart, leur fondation aux gaulois et aux francks.

M. de Saint-Mars, dans ses Essais étymologiques sur les noms des villes, bourgs et villages de la Normandie, donne une autre étymologie au nom de Darnétal. Voici ce que dit cet écrivain : « Darnétal, à » l'orient de Rouen, situé entre le Robec et l'Aubette,

» qui se resserrent assez près l'un de l'autre, au bout
» du pied d'une montagne. L'on dit *Dar* et *Dernétal*;
» ce nom vient de *draw* ou *drew-nest-tal* qui signifient
» que cet endroit *aboutit à la pointe d'une montagne.*
» Ce bourg n'est point une paroisse, il est renfermé
» entre celles de Carville et de Longpaon. »

Nous laissons les érudits prononcer sur la question
étymologique, mais nous pouvons affirmer qu'à l'époque
où écrivait M. de Saint - Mars, Darnétal était un
bourg composé de deux paroisses, et non un bourg renfermé entre les paroisses de Longpaon et de Carville, ainsi
que l'avance à tort cet écrivain; cela est bien différent.

D'après ces étymologies, l'on devrait écrire *Dernétal*
et non *Darnétal*; c'est, en effet, ce qui a eu lieu jusqu'au
milieu du siècle dernier. Dans tous les anciens titres
que nous avons eu l'occasion de parcourir, nous
avons toujours vu écrit *Dernétal*. Dans des titres pos-
térieurs, nous avons remarqué que l'on s'était servi
indistinctement de ces deux expressions, mais, depuis
une quarantaine d'années, l'on paraît avoir adopté
définitivement celle de Darnétal.

Si l'on ne peut que former des conjectures sur l'origine
et sur les accroissemens de Darnétal, jusqu'au dixième
siècle, au moins, une fois arrivé à cette époque, on
peut commencer à s'éclairer du flambeau de l'histoire,
puisque l'on a des preuves positives que cette ville existait lorsque le fier Rollon vint dicter des lois à la Neustrie;
mais ce n'était encore qu'un simple village, sans aucune
importance.

Avant la conquête du prince scandinave, la ville de

Rouen ayant été réduite plusieurs fois en cendres, Darnétal était trop près de cette ville, pour ne pas avoir éprouvé le même sort (1). Ainsi que Rouen, ce village n'a dû se relever de ses ruines, que sous le règne des ducs de Normandie, qui, on doit le dire à leur louange, apportèrent tous leurs soins à réparer les maux que leurs farouches compatriotes avaient occasionnés dans cette province. Malheureusement, le règne de ces princes fut fécond en guerres. Ce n'est point pendant les tems de troubles et de calamités que prospèrent les villes, car la guerre est le fléau du commerce et de l'industrie. Lorsque, par suite des événemens politiques, la Normandie retomba sous la puissance de ses anciens rois (1204), cette province n'éprouva pas un sort plus heureux, puisqu'on la vit encore, pendant plusieurs siècles, être le théâtre de nouvelles guerres occasionnées pour sa possession entre les rois de France et ceux de la Grande-Bretagne. A cette époque, Darnétal devait être encore peu important, car son nom n'est pas même cité dans les chroniques du tems; ce n'est que dans celles du quinzième siècle où l'on commence à en faire mention : c'est, en effet, à cette époque que remonte l'origine de

______

(1) Lorsque la Neustrie passa sous la puissance de Rollon, cette province était tellement dévastée, qu'au rapport de Dudon de Saint-Quentin et de Guillaume de Jumièges, elle ne produisait plus, disent-ils, « ni » arbres, ni moissons; l'on n'y trouvait ni villes, ni maisons. » Ce qu'il y a de certain, c'est que Rollon, qui pouvait parler en maître, exigea que Charles-le-Simple lui abandonnât une autre province qu'il pût mettre à contribution, jusqu'à ce que la Neustrie fût assez cultivée pour qu'elle pût nourrir ses normands.

ses manufactures. Dans le siècle suivant, l'on voit le bourg de Darnétal figurer dans les ordonnances de nos rois ; ses fabriques étaient déjà assez importantes pour nécessiter quelques réglemens de la part de l'autorité supérieure.

S'il faut s'en rapporter à une ancienne tradition, généralement répandue dans le pays, Darnétal ne se composait, primitivement, que de la paroisse de Carville; mais nous sommes loin de partager cette opinion : nous pensons, au contraire, que le quartier de Longpaon doit être regardé comme le berceau de cette ville, parce que c'est sur la rivière de Robec que ses premiers habitans ont dû d'abord se fixer, et non dans des marais fangeux et impraticables, tels que l'étaient ceux de Carville, dans ces siècles reculés. D'ailleurs, l'on a des preuves historiques que l'église de Longpaon existait dans le dixième siècle, au moins comme chapelle ; pourrait-on en donner de semblables pour celle de Carville ? Nous l'ignorons. Si, originairement, le quartier de Carville était la partie habitée de Darnétal, l'aspect physique de cette ville a donc bien changé, car la masse de la population se trouve reportée aujourd'hui à Longpaon : même avant la révolution, toutes les fabriques un peu importantes étaient sur cette paroisse, il y en avait jusque dans les rues de Lombardie et de Préaux ; tandis que le territoire de Carville, à l'exception de la rue du Pont, se composait et se compose encore, en grande partie, de prairies, de jardins ou de vastes terrains servant à divers usages.

Une autre idée généralement répandue chez les personnes étrangères à cette ville, c'est que Longpaon et

Carville sont deux communes différentes, et que Darnétal est le nom que porte ces deux communes : nous ne savons pas ce qui a pu faire naître une idée aussi fausse de la localité (1).

Quoi qu'il en soit, il est très-difficile aujourd'hui, pour ne pas dire impossible, d'indiquer d'une manière positive les accroissemens successifs de Darnétal, parce que cette ville s'est accrue insensiblement, et, pour ainsi dire, au jour le jour. L'on n'y a jamais suivi aucun plan, ni alignement. Ses limites se sont étendues, parce que le voisin a bâti à côté de son voisin. Aussi, ne faut-il pas s'étonner si, dans son ensemble, elle présente un assemblage de maisons disparates, de rues étroites, tortueuses, et dont quelques-unes sont de véritables impasses, puisque les voitures ne peuvent y circuler. Le quartier de Longpaon, surtout, présente l'aspect le plus désagréable : la plupart des maisons n'ont qu'un étage ; beaucoup, même, n'ont que le rez-de-chaussée. Quelques rues sont de véritables ruelles où jamais le soleil n'a pénétré, et où, certainement, il ne pénètrera jamais, à moins qu'on ne leur donne une largeur convenable. Lorsqu'on examine ce quartier, l'on est tenté de croire que le hasard seul a présidé à la construction des maisons qu'il renferme. L'on en voit qui avancent considérablement sur la voie publique ; d'autres, au contraire,

____

(1) On lit dans l'Annuaire Statistique du Département, année 1823, à l'article des Hameaux, que Longpaon et Carville sont deux hameaux réunis à Darnétal. S'il en était ainsi, de quoi donc se composerait Darnétal ?

sont tellement rentrées, qu'on les prendrait pour des impasses. Il y en a beaucoup où il faut monter six ou sept marches, pour entrer au rez-de-chaussée ; mais, en revanche, il en existe peut-être un aussi grand nombre à un ou deux pieds au-dessous du sol, et, lorsqu'on entre dans celles-ci, l'on pense descendre dans une cave. Il existe, cependant, dans ce quartier, quelques beaux établissemens ; mais ils sont tous d'une construction moderne.

Le quartier de Carville, sans être bien, se présente, néanmoins, sous un aspect moins misérable. Les rues sont, en général, plus larges, mieux alignées, les maisons y sont bâties avec plus de goût, et les grands établissemens y sont en plus grand nombre.

En édifices publics, Darnétal est assurément la ville la plus pauvre de notre département, puisqu'elle ne possède que ses deux Églises, l'Hospice-Dürécu et son Hôtel-de-Ville : mais quel hôtel-de-ville !

Pour se conformer à la loi du 16 septembre 1807, le conseil municipal, dans sa séance du 11 janvier 1817, arrêta, enfin, que le plan de redressement de la ville de Darnétal serait exécuté dans le plus bref délai. Le travail fut confié à M. Thérain, géomètre, et alors juge de paix du canton. D'après le tems qu'il a pris pour l'exécuter, l'on devait penser qu'au moins ce plan ne laisserait rien à désirer ; mais il n'en a pas été ainsi, puisque, dans sa séance du 13 décembre 1830, le conseil, sur le rapport d'une commission nommée *ad hoc*, déclara qu'étant défectueux dans toutes ses parties, ce plan ne pouvait servir.

D'après cette décision, le 16 mai suivant le conseil chargea M. Girard, géomètre à Rouen, de dresser un nouveau plan de redressement. Le 25 septembre de la même année, ce géomètre livra son travail en double expédition. Ce plan contient dix-huit feuilles, est très-régulier, très-bien exécuté, et a été, depuis, approuvé par le gouvernement. Il ne coûte à la ville que quatorze cents francs. Si l'administration avait pris ce parti plutôt, elle n'aurait pas attendu quatorze ans, et dépensé, en pure perte, seize cents francs qui ont été payés à M. Therain, pour un travail inutile.

Description topographique de Darnétal.—Limites de cette Ville.—Limites qu'elle devrait avoir.—Projet de réunion de Saint-Léger à Darnétal. — Division de son territoire en Sections.

Resserré dans une vallée étroite (si l'on ne considère que la ville proprement dite), Darnétal a une plus grande étendue en longeur qu'en largeur ; mais si l'on y comprend la partie *extrà muros*, sont étendue est alors à peu près la même, car son territoire, commençant à la rue d'Argant, sur la route de Rouen, se prolonge jusqu'à la Table-de-Pierre, au haut de la côte de Saint-Jacques.

Dans sa partie habitée, Darnétal a 2200 mètres de longueur, à partir de la rue Sainte-Marguerite jusqu'au poteau placé vis-à-vis le chemin vicinal de Saint-Martin-du-Vivier ; son étendue en largeur, depuis la Croix-Lalouette jusqu'au bas de la côte, à la jonction des rues de la Ferme et des Blatiers, est de 880 mètres. Le reste de son territoire doit être considéré comme les faubourgs de cette ville, puisqu'il consiste en grande partie en jardins légumiers, masures et terres labourables.

Les points les plus éloignés ont, depuis la rue d'Argant jusqu'au hameau de la Table-de-Pierre, 3200 mètres; dans la direction de la côte du Roule au Chêne, qui sépare Darnétal de Saint-Martin-du-Vivier, 3500 mètres; et, du même point de la côte au poteau d'octroi situé à l'extrémité de la rue de Lombardie, 4500 mètres environ : toutes ces distances prises à vol d'oiseau.

D'après le travail cadastral, terminé en 1828, la ville de Darnétal contient 483 hectares, 47 ares, 60 centiares de superficie, ainsi qu'il suit :

DÉSIGNATION ET NATURE DES TERRAINS.	Hect.	Ares	Cent	PROPRIÉTÉS BATIES.	
Terres labourables.	167	66	90	Maisons.	1398
Terres en nature de jardins.	42	24	40	Fabriques.	146
Vergers et masures.	52	10	»	Moulins.	13
Prairies.	15	76	70	Eglises.	2
Cressonnières.	»	60	70	Hôpitaux.	1
Mares, fontaines.	»	33	90		
Pepinières.	»	17	95		
Bois-taillis.	163	64	95		1560
Futaies.	»	48	35		
Landes, terrains vagues.	2	75	85		
Superficie des propriétés bâties, et cours.	17	6	40		
Cimetières, superficie des églises.	3	18	»		
Routes, chemins vicinaux et rues.	14	89	»		
Rivières et ruisseaux.	2	54	50		
	483	47	60		

La ville de Darnétal est bornée, au sud-ouest et au nord-
ouest, par Rouen ; au sud-sud-est par Saint-Léger-du-
Bourg-Denis ; au nord-est par Roncherolles ; au nord par
Saint-Martin-du-Vivier ; à l'est-sud-est par Saint-Jacques ;
et, au nord-nord-ouest, par le Bois-Guillaume.

Il faut convenir que les limites des villes, ainsi que
celles des communes rurales, sont quelquefois bien sin-
gulièrement fixées ; aussi voit-on souvent ces communes
s'enhacher les unes dans les autres, de la manière la plus
ridicule. Sans aller chercher bien loin, nous pouvons
prendre la ville de Rouen pour exemple. Quelle autorité
a donc, primitivement, fixé ces limites ? A quelle époque
remontent-elles ? Chaque commune pourrait-elle montrer
les titres qui prouvent qu'une portion de territoire lui
appartient plutôt qu'à une autre commune ? Le hasard,
qui a fait tant de choses dans ce bas-monde, n'aurait-il
pas, d'abord, présidé seul à toutes ces divisions territo-
riales ? Et, plutard, les seigneurs, les curés, si jaloux de
leurs redevances féodales, de leurs dîmes, auront fait
valoir une longue possession, pour établir en droit ce
qui n'existait qu'en fait. Ce qu'il y a de certain, c'est
que ces enhachemens d'une commune dans une autre
existent presque partout, et que, presque partout, de semblables divisions sont très-gênantes pour les habitans :
aussi désire-t-on généralement une réforme à ce sujet.

Du côté de Darnétal, les limites de Rouen ont vraiment quelque chose de choquant, puisque la paroisse de
Saint-Hilaire s'étend jusqu'au tiers, à-peu-près, de la
Cavée, et qu'une partie des marais de Carville dépend
de Saint-Paul. L'on avait pensé, jusqu'alors, que la sente

des Trésoriers dépendait entièrement de Darnétal ; mais un poteau, aux armes de Rouen, placé il y a quelques années au milieu de cette rue, prouve que l'on était dans l'erreur, et qu'une partie appartient à la ville de Rouen.

A quoi donc sert le poteau que l'on voit dans le chemin de *Quarante-Sols* (1), chemin qui conduit à la rue Saint-Gilles? L'on pensait que celui-ci indiquait la portion des marais de Carville qui appartient à chaque commune : en vérité, l'on n'y comprend rien. Nous serions bien curieux de voir les titres qui confèrent à la ville de Rouen la propriété de la rue des Trésoriers, qui, de ce coté, sépare les communes de Saint-Léger et de Darnétal.

Si, maintenant, nous portons nos pas dans le quartier de Longpaon, nous ne sommes pas moins surpris de voir que le territoire de Rouen s'étend jusqu'à l'extrémité de la rue de Lombardie, et, même, ce qui est plus fort, jusque sur le sommet de la Belle-Étoile, à plus d'une lieue des barrières de cette ville. Ainsi, soit du côté de Carville, soit du côté de Longpaon, l'on ne peut manquer d'apercevoir l'inévitable Mouton, avec son étendard, naguères fleurdelysé. Certainement, à la Belle-Etoile l'on pouvait se croire en pleine campagne, et, alors, exempt de tous droits; mais, que l'on se détrompe, on est encore sur le territoire de Rouen : l'administration municipale a donc agi sagement, en y

---

(1) Le chemin de Quarante-Sols est la sente qui de la rue des Trésoriers conduit à la rue Saint-Gilles. Un vol de quarante sols commis dans ce chemin, à la suite d'un assassinat, lui a fait donner ce nom, les assassins croyant, certainement, faire une meilleure capture.

(15)

fesant placer , il y a quelques années , un poteau pour
en avertir le public.

En nous résumant , nous voyons que la ville de Rouen ,
du côté de Carville , fait un triple enhachement avec les
communes de Darnétal , de Saint-Léger et de Blosseville ;
et que , de celui de Longpaon , elle en fait un double avec
Darnétal et le Bois-Guillaume. De plus, elle vient encore
prendre une portion de la côte de la Vigne , côté qui
domine notre ville, et qui devrait en dépendre en entier.

Ainsi qu'on le voit , Darnétal se trouve morcelé sur
presque tous les sens. Nous pensons que les limites natu-
relles de cette ville devraient partir depuis la rue Saint-
Gilles en entier , en tournant le long de la côte jusqu'à
la rue des Trésoriers. Par cette division , les marais de
Carville ne se trouveraient pas en partie sur Darnétal,
en partie sur Rouen. Donner l'extrémité de la rue Sainte-
Marguerite et toute la rue Bribion pour un côté de Saint-
Léger , et la rue Frambœuf pour l'autre , ainsi que cela a
eu lieu pour le côté droit , en 1828 , d'après la demande
qu'en a fait le conseil municipal, dans sa séance du 15 janvier (1) ; rapprocher celles de Saint-Jacques jusqu'au haut
de la première côte; laisser celles de Saint-Martin-du-Vivier
et de Roncherolles telles qu'elles sont , parce que ce sont
les seules qui soient bien ; donner l'extrémité des terres
labourables appartenant à M.me Lecoq , pour la limite de
la rue de Lombardie, et la rue aux Vaches pour celles de la
côte de la Vigne : voilà ce que , peut-être , on devrait faire,

(1) Ce changement a été approuvé par ordonnance du Roi, en date
du 20 août 1828.

pour donner des limites régulières à notre ville, mais c'est, certainement, ce qu'on ne fera pas.

La commune de Saint-Léger-du-Bourg-Denis a-t-elle fait, anciennement, partie de Darnétal? Tout porte à le croire. Ce qu'il y a de certain, c'est qu'elle n'a été désignée, pendant long-tems, que sous le nom de *Saint-Léger-de-Carville* ; qu'elle portait encore ce nom dans le treizième siècle, et que celui de *Bour-Denis* ne lui a été donné que postérieurement, et non pas *Bourg-Denis*, ainsi qu'on le pense généralement.

S'il en est ainsi, Darnétal aurait donc été, dans l'origine, partagé en trois paroisses, ce qui est dans toutes les choses possibles. Mais l'église de Saint-Léger a-t-elle toujours été où nous la voyons aujourd'hui ? Nous ne le pensons pas. Nous présumons, au contraire, que, primitivement, elle a du être construite à la *Bretéque*, qui, dans ces tems reculés, était la seule partie de Saint-Léger bâtie et habitée. Mais pourquoi, plutard, aurait-on transferé cette église dans un lieu isolé, éloigné des habitations, et d'un accès difficile? Nous l'ignorons. En effet, il n'y a pas cinquante ans que l'industrie manufacturière s'est portée dans cette commune, précisément de ce côté, à cause de l'Aubette qui coule à peu de distance de l'église, mais dont, pendant une longue suite de siècles, les eaux n'avaient été utilisées que pour faire marcher quelques moulins à blé. L'on ne comptait sur cette rivière qu'un établissement un peu important, celui des *Grecs*. L'on ne voyait alors, près de l'église, que le château et quelques fermes auprès du manoir seigneurial.

Tout cela, il est vrai, n'est que conjectural, mais

ce qu'il y a de certain, c'est que dans le milieu du siècle dernier, l'on pensait encore qu'une partie de cette commune dépendait de Darnétal. La preuve s'en trouve dans un acte notarié, passé le 21 février 1757, relatif à la fondation d'un lit à l'Hospice-Général : ce titre porte positivement : « destiné spécialement pour un pauvre de Saint-Léger, *dans l'extension de Darnétal*, » C'est de la Bretêque dont on parle dans cet acte, puisqu'en effet elle se trouve enclavée dans les limites de notre ville.

Lorsqu'en 1790 il fut question de nommer les membres qui devaient former la municipalité de Darnétal, il est encore fait mention de Saint-Léger comme *dépendant en grande partie de Darnétal*.

Le 16 mai 1791, le corps municipal de Darnétal adressa au département et à l'évêque métropolitain des côtes de la Manche (1), une réclamation tendante à ce que *les trois paroisses*, composant le bourg de Darnétal, fussent réduites à deux, tant pour le spirituel que pour le civil, c'est-à-dire que Saint-Léger fut définitivement réuni à Carville.

Au mois de floréal an 8 (1800), l'administration municipale renouvela auprès de l'autorité supérieure la demande de réunir définitivement la commune de Saint-Léger à Darnétal : elle motivait sa demande sur ce que Darnétal n'avait pas *une population assez considérable, pour avoir à elle seule un commissaire de police.*

Depuis cette époque l'autorité supérieure a tenté plusieurs fois d'opérer la réunion de ces deux communes,

____

(1) C'est le titre que portait alors l'archevêque de Rouen.

2 *

mais, jusqu'alors, toujours sans succès. La dernière tentative eut lieu en 1809, sous M. Rollin, préfet. Le conseil municipal, convoqué extraordinairement pour cet objet, prit cette demande en considération, dans sa séance du 11 novembre, mais il fut partagé sur le point d'où devait partir cette réunion. Neuf membres votèrent pour que les deux communes n'en fissent qu'une seule, parce que celle de Saint-Léger, dépendant déjà de Darnétal pour le spirituel (1), devait en dépendre aussi pour le civil; sept pensèrent que cette réunion devait partir des *Grecs*; et, huit, qu'elle ne devait avoir lieu que depuis *la Picauderie*. Tel est le résumé de cette délibération, mais à laquelle, jusqu'à ce jour, on n'a donné aucune suite.

Notre ville a-t-elle intérêt d'être réunie à Saint-Léger ? Nous ne le pensons pas. Si jamais cette jonction a lieu, ses dépenses communales, déjà assez fortes, augmenteront considérablement, parce que la réparation des chemins de cette commune, l'entretien de son église, le traitement du desservant, celui des instituteurs et des institutrices, et autres dépenses semblables, tomberont à sa charge. Il est vrai qu'elle pourrait y percevoir l'octroi, mais la commune de Saint-Léger étant ouverte de tous côtés, la fraude s'y ferait facilement; il serait à craindre, alors, que la recette ne couvrit pas les frais de perception.

(1) A cette époque, la commune de Saint-Léger était encore réunie à l'église de Carville, pour le spirituel.

L'église de Saint-Léger n'étant qu'une simple annexe, le desservant est payé par les habitans, et non par le gouvernement.

Malgré son étendue , sa population , ses nombreuses manufactures , Darnétal a toujours été considéré comme un fort bourg , et c'est ainsi qu'on le trouve désigné dans les Dictionnaires géographiques. Ce n'est qu'en 1805 que le conseil municipal a obtenu du gouvernement l'autorisation de donner à ce bourg le titre de ville.

Jusqu'au moment de la révolution , Darnétal n'étant partagé qu'en deux paroisses , les habitans dépendaient alors , soit de Saint-Ouen-de-Longpaon , soit de Saint-Pierre-de-Carville. Une semblable division pouvait suffire à une époque où l'état civil était encore dans les mains du clergé ; où les prêtres , les seigneurs s'étant arrogé la plus grande autorité , percevaient avec tant de rigueur leurs dimes , leurs droits féodaux ; où les citoyens n'étant comptés pour rien , ne pouvaient participer directement , ni indirectement aux affaires administratives : mais quand le peuple , lassé du joug sous lequel il gémissait depuis tant de siècles , eut reconquis ses droits , ses mandataires sentirent , avec raison , que ces circonscriptions de paroisses ne pouvaient plus suffire ; ils décretèrent une nouvelle division territoriale.

Pour se conformer au décret du mois de novembre 1790 , relatif à ces nouvelles divisions , l'administration municipale arrêta , dans sa séance du 11 janvier suivant , que le bourg de Darnétal serait partagé en huit sections ; qu'il serait fait un dénombrement des habitans dans chaque section , et qu'elles seraient désignées ainsi qu'il suit :

D'après le récensement qui fut fait , on trouva que la populatioin s'élevait à 5342 habitans.

NUMÉROS d'ordre DES SECTIONS.	DÉSIGNATION des SECTIONS.	NOMBRE D'HABITANS par section.
Première.	Du Pont de Darnétal.	723
Deuxième.	De la Croix-Rouge.	540
Troisième.	De l'Eglise de Carville.	859
Quatrième.	Du Bureau des Drapiers.	563
Cinquième.	De la rue du Chaperon.	677
Sixième.	De la Croix-de-Fer.	778
Septième.	De l'Avalasse.	659
Huitième.	Des Cressonnières.	573
		5342

Cette division en huit sections a subsisté, jusqu'en 1830, telle qu'elle avait été arrêtée dans l'origine. Dans les récensemens de la population faits depuis, l'on s'était toujours basé sur ce premier travail, quoiqu'il laissât beaucoup à désirer, et qu'il fût très-défectueux. En effet, pour avoir voulu donner à chaque église un nombre égal de sections (comme si une division territoriale avait quelque rapport avec une circonscription de paroisses), l'on avait partagé la ville d'une manière bien ridicule, et, en même tems, bien gênante pour les habitans ; aussi voyait-on la rue du Pont faire partie des première, seconde et troisième sections ; la rue du Chaperon dépendre des première, cinquième et septième ; et la rue de Long-paon se trouver dans les première, quatrième et sixième ; ainsi de suite pour les autres.

Ce travail avait donc besoin d'être refait en entier. D'ailleurs le nombre des sections n'était pas en rapport avec celui des habitans , qui , dans cette ville , ne s'est jamais élevé à plus de cinq à six mille. A Rouen , où l'on compte plus de cent mille âmes , la ville n'est , cependant , partagée qu'en douze sections.

Lorsqu'en 1830 M. Lépine fut appelé aux fonctions de maire , il s'empressa d'apporter quelques modifications à cette division territoriale ; en conséquence , il réduisit le nombre des sections à quatre , et composa chaque section , ainsi qu'il suit :

Première section.—Rues de la Ferme , de la Croix-Rouge , Frambœuf , côté droit , Bribrion , côté droit , Sainte-Marguerite , des Trésoriers , place de Carville , impasse de Carville , Petites-Eaux , Cavée de Carville , rues Saint-Pierre , Maugendre , Pavée , place de la Croix-Rouge , Chaussée de Carville.

Deuxième section.—Côte de Saint-Jacques , hameau de la Table-de-Pierre ; côte de Darnétal , sente du Vernouillet ; rue du Pont , cour Capelle , le Mont-Maclou , route de Rouen , rues des Blatiers et du Chaperon , place de Longpaon , cour Cochon , rues Brûlée , de la Sente-au-Leu , du Champ-des-Oiseaux , Toupin et Tugelée.

Troisième section.—Rues de Longpaon , de la Chaîne , de la Terrasse , des Meslots , Famette , de l'Eglise ; chemin de Rouen , sente de Launay ; rues Bastien , des Apôtres , de Lombardie , des Vierges , cour au Duc , sente de Laune , sentier de la Belle-Etoile.

Quatrième section.—Rues du Champ-des-Marais , du Mont-Roti ; Maraisquet , de la côte Pigâche , de l'Avalasse , du Mont-aux-Aniers, du Pont-Bellas, à faire, rue Anbruchet, du Mont-Pillon, de Préaux, des Cressonnières, cavée de Saint-Jacques.

Essai historique sur les rues de Darnétal.—Rue aux Juifs.—Rue de la Chaîne.—Le Pigeon Blanc.—Rue du Chaperon.—Rue de l'Avalasse.—Rue du Champ-des-Oiseaux.—Rue Pavée.—Le Petit-Puits.—Rue du Champ-des-Marais. — Le Petit-Camp.—Charles 7 et Henri 4.—Rue de Longpaon.—Fontaine Puise-Argent.—Rue de Lombardie.—Cour au Duc.—Rue des Meslots.—La Moissonnière.—Rue des Blatiers.—Rue de Préaux.—La Geôle et les Carcans.—Les Cressonnières.—Rue du Pont.—La cour Capelle.—La Tourterelle Blanche.—Le Coup de Chapeau.—Rue diverses. —Place de Longpaon.—Place de Carville.—Place de la Croix-Rouge.—Place de la Croix-de-Fer.—Dénominations des rues, pendant la révolution.

Au moment où nous écrivons, l'on compte à Darnétal quarante-huit rues, quatre places, quatre sentes, quatre hameaux, deux cours, deux passages et deux cavées.

Nous allons remonter, autant que possible, à l'origine de ces rues, et à celle des noms qu'elles portent. Il est vrai que, n'ayant aucun renseignement certain, nous ne pouvons, à cet égard, que former des conjectures; mais souvent des conjectures mènent à la vérité. Nous pensons avoir rencontré juste, au moins pour quelques-unes.

Six de ces rues portent le même nom que six des rues de Rouen ; le doivent-elles aux mêmes circonstances ? Nous ne pouvons l'affirmer, mais nous le présumons.

On sait que les enfans d'Israël ont habité, pendant longtems, la ville de Rouen. Le quartier que l'autorité locale leur avait assigné, prit d'eux le nom *de Clos aux Juifs;* c'est sur ce clos que, depuis, l'on a élevé le Palais de Justice, et que l'on a percé les rues aux Juifs, Boudin, Saint-Lô et, plutard, le Marché-Neuf.

Malgré les édits rigoureux lancés à diverses époques contre les juifs, on les vit souvent reparaître en France, notamment dans les 12ème, 13ème et 14ème siècles. Tout doit porter à croire qu'ils sont aussi venus habiter Darnétal, et que *la rue aux Juifs*, alors éloignée du centre de la ville, était celle qu'on leur avait désignée pour leur demeure, ainsi que le prescrivaient les ordonnances royales. D'ailleurs, partout où il y a de l'argent à gagner, l'on est sûr d'y trouver des juifs. Comme à cette époque les manufactures de Darnétal commençaient à s'élever en grand nombre, ces courtiers de l'Europe marchande avaient dû former quelques établissemens dans notre ville : l'autorité locale les ayant relégués dans cette rue, de-là, sans nul doute, provient le nom qu'elle porte aujourd'hui.

Les eaux de la fontaine Pinnette, et la source du Roule traversent cette rue. Les premières vont se perdre dans l'Aubette, en passant sous la maison de M. Berthelot, boulanger ; et les eaux de la source prennent leur direction dans le canal qui longe la chaussée de Carville.

Le nom de *la rue du Chaperon* viendrait-il de l'ancienne coiffure que l'on appelait *un chaperon*, commune alors aux deux sexes, et qui consistait dans un bonnet à bourrelet sur le devant, et à queue sur le derrière ; ou bien du chaperon d'un mur, ce qui n'est pas présumable ? Ce nom ne viendrait-il pas plutôt du chaperon, espèce de coiffe en cuir dont les fauconniers se servaient pour couvrir les oiseaux de proie ? Cette dernière version me paraît plus vraisemblable, parce que c'est dans cette rue qu'était l'ancienne ferme seigneuriale, connue sous le nom de *Ferme du Manoir*, sur laquelle, depuis, l'on a construit l'Hospice. Comme le droit de chasse était l'apanage exclusif des seigneurs, celui de Darnétal avait sans doute aussi colombier, garenne, chiens, faucons et tout ce qui s'ensuit. Pour dresser les oiseaux de proie, il fallait un fauconnier, et à celui-ci un chaperon.

Ne peut-on pas penser encore que le nom de cette rue vient tout simplement d'une ancienne enseigne, ainsi que l'on en a des exemples pour beaucoup de rues.

La partie de la rue du Chaperon, depuis le pont jusqu'à la rue Brûlée, d'un côté, et jusqu'au moulin à foulon, de l'autre, dépend de la paroisse de Carville, le reste fait partie de celle de Longpaon ; ainsi cette rue dépend de deux paroisses, et dépendait encore, il y a quelques années, de trois sections.

A partir de la place de Longpaon jusqu'à la rue du Mont-Roti, cette rue portait encore, il y a une vingtaine d'années, le nom de *rue du Moulin à Tan*. Ce moulin ne servant plus à cet usage, l'on a donné le nom de rue du Chaperon à toute la rue.

A l'époque où les fossés de la ville de Rouen étaient où sont aujourd'hui les rues de l'Aumône et des Fossés-Louis-Huit, la rue de la Chaîne était fermée par une chaîne en fer, ce qui lui a fait donner ce nom. Il n'est pas impossible que la même chose ne soit arrivée pour la *rue de la Chaîne* à Darnétal. A l'époque de nos guerres de religion, notre ville ayant été pillée et ravagée par les calvinistes, il est présumable que, pour entraver leur marche, les habitans auront barricadé cette rue, qui de ce côté fesait, à cette époque, la limite de la ville.

Il existe dans cette rue, nº 35, une maison connue, depuis un grand nombre d'années, sous le nom du *Pigeon-Blanc*. Ce nom lui vient d'une ancienne redevance féodale qui obligeait le propriétaire de cette maison à porter, *lui-même*, chaque année, au seigneur haut-justicier de Darnétal, un pigeon blanc vivant. Dans le cours de cette Notice, nous aurons l'occasion de faire remarquer plusieurs redevances semblables.

La *rue de l'Avalasse* qu'on devrait appeler rue de *l'Avalanche*, puisque le mot avalasse n'est pas français, conduit à la rivière de Robec les eaux de la ravine supérieure. Nous avons dit que le mot avalasse n'est pas français, parce qu'il ne se trouve pas dans le Dictionnaire des Quarante, le seul qui fasse loi ; mais il faut convenir que ce dictionnaire est loin d'être au niveau de la langue française qui, depuis sa publication, s'est enrichie d'un grand nombre d'expressions ; celle d'*avalasse* se trouve, en effet, dans quelques lexiques modernes, et, suivant ces derniers, une *avalasse* est la chûte d'un torrent, une *avalanche* celle des neiges qui se détachent des montagnes. D'après ces définitions, l'un ou l'autre de ces noms ne pouvant convenir à la rue qui nous occupe, nous pensons qu'on devrait lui donner celui de *la Ravine*.

Pendant plusieurs siècles, cette rue n'a réellement été qu'une véritable ravine, ce n'est que depuis quelques années que l'autorité locale l'a fait élargir et exhausser jusqu'au niveau des rues adjacentes, en ménageant toutefois un conduit pour l'écoulement des eaux pluviales qui viennent de la côte Pigache.

L'origine du nom de la *rue du Champ-des-Oiseaux* ne nous paraît pas facile à expliquer. D'abord, doit-on écrire *champ* ou *chant* des oiseaux ? Ce simple changement dans l'orthographe donnerait une étymologie toute différente. Dans toutes les campagnes les oiseaux vont dans les champs, toujours trop souvent pour les cultivateurs ; partout on peut entendre leur ramage : ainsi, nous ne voyons pas ce qui a pu faire donner à une rue l'un de ces noms. L'auteur du *Dictionnaire Indicateur des Rues de Rouen*, pense que celle qui porte le même nom à Rouen a pu être anciennement une promenade éloignée de la ville, où l'on allait le matin et le soir respirer le frais et entendre le chant des oiseaux. Qui nous empêche de donner la même origine à la rue du Chant-des-Oiseaux à Darnétal, jusqu'à ce que nous en connaissions une meilleure ?

Il doit paraître singulier à beaucoup de personnes que l'on ait donné le nom de *rue Pavée* à une rue qui ne l'est pas ; leur étonnement cessera en apprenant que cette rue l'a été anciennement : en creusant le sol à un ou deux pieds, l'on trouve encore une partie de cet ancien pavage. Pourquoi, lorsqu'on a remblayé cette rue, a-t-on enfoui le pavé, au lieu de le retirer? C'est ce que nous ne pouvons dire. Ce remblai doit remonter à une époque assez éloignée, car les plus anciennes maisons se trouvant au niveau du sol, ce fait prouve que l'exhaussement de cette rue a eu lieu avant leur construction (1).

Dans un titre du 8 mai 1684, nous avons trouvé que la rue Pavée (qui du pont de Darnétal conduit à Saint-Léger, est-il dit dans ce titre) portait encore, à cette époque, le nom de *rue du Bas-de-la-Côte*. Dans l'origine, la côte de Saint-Jacques se prolongeait donc jusqu'au pont. L'on doit en conclure qu'il fut un tems où Darnétal ne se composait que des rues parallèles à la rivière de Robec, ce qui confirme ce que j'ai avancé au commencement de cette Notice.

Il n'y a pas cinquante ans qu'il existait encore, dans la rue Pavée, un large condos contre la rivière, qui gênait beaucoup la voie publique, sans aucune espèce d'utilité : il existait aussi, auprès du pont de madame François Bénard, une source assez forte dont les eaux allaient se perdre dans le ruisseau de la Croix-Rouge, en coulant entre le condos et la rivière. Vis-à-vis de cette source, à l'endroit où, depuis, l'on a construit la maison d'habitation appartenant à M. Leplé, était un puits public, si peu profond, que chacun pouvait y puiser de l'eau à la main, aussi lui avait-on donné le nom du *Petit-Puits*. Le condos, la source, le puits ont disparu, et, aujourd'hui, la rue est débarrassée de ces entraves.

(1) Cette rue ayant été exhaussée de nouveau, il y a quelques années, plusieurs maisons se trouvent aujourd'hui au-dessous du sol.

D'après le nom que porte la *rue de Lombardie*, l'on pourrait croire qu'elle conduit tout droit au royaume lombardo-vénitien ; mais que l'on se désabuse, elle mène tout simplement au chemin vicinal du Bois-Guillaume ; elle-même n'a dû être, pendant longtems, qu'un simple chemin de traverse, pour faciliter les communications entre les deux communes. Sans remonter à une époque aussi éloignée que la rue de Longpaon, elle doit, comme rue, dater du 13ème ou 14ème siècle, au plutard. Nous fondons notre opinion sur le nom qu'elle porte, nom, toutefois, que nous regardons comme défiguré, car elle devait, dans l'origine, s'appeler la *rue des Lombards*. On connaît à Paris une rue des Lombards, désignée sur d'anciens titres, sous le nom de *Vicus Lombardorum*. On sait qu'elle a pris ce nom des Lombards (ou maisons de prêt) qui s'y établirent, sous Louis 9. Les lombards, ou prêteurs sur gage, s'étant répandus dans toute la France, sous son règne et sous celui de Philippe 3, son successeur, serait-ce s'éloigner de la vraisemblance, en avançant qu'il s'en est établi aussi à Darnétal, et que c'est dans cette rue qu'ils avaient fixé leur demeure? Ce qu'il y a de certain, c'est que, pendant plusieurs siècles, les juifs, les lombards ont été presque les seuls en possession du commerce en France, et que l'on en voyait dans toutes les villes un peu importantes, soit sous le rapport commercial, soit sous celui de leurs manufactures : l'on appelait alors ces derniers *Mercatores Transmarini*.

L'on ne se douterait pas aujourd'hui, en voyant la rue de Lombardie avec ses chétives maisons, ses petits

jardinets, ses terrains en nature de vergers, surtout à
son isolement du centre de la ville, à sa position éloignée de la rivière, qu'elle a été longtems l'une des principales rues de Darnétal, celle où la fabrique de draps
s'était portée de préférence. L'on y comptait encore,
à la fin du 16ème siècle, douze à quinze établissemens
en pleine activité; mais depuis un grand nombre d'années,
cette rue n'est plus habitée que par des ouvriers travaillant, pour la plupart, sur le métier.

On attribue à nos guerres de religion, qui ont désolé
la France pendant près d'un siècle, le motif qui détermina la population de Carville à se porter tout entière
à Longpaon, principalement dans les rues de Lombardie
et de Préaux. La ville de Rouen ayant été souvent le
théâtre de ces guerres aussi désastreuses qu'impolitiques,
le quartier de Carville, dominé par le fort de Sainte-
Catherine, se trouvait, en effet, exposé au feu des deux
partis.

Il existe, à l'entrée de la rue de Lombardie, une
cour assez vaste, connue, depuis longtems, sous le nom
de la *Cour au Duc*. Suivant une ancienne tradition,
cette cour qui, de nos jours, n'offre plus que l'aspect
des ruines et de la misère, dépendait de l'ancien Manoir ducal dans lequel se rendait la justice seigneuriale,
et dont, aujourd'hui, il ne reste plus le moindre vestige. La haute-justice de Darnétal ayant été possédée
par plusieurs ducs, entr'autres par les ducs de Vendôme et de Luxembourg, c'est certainement pour ce
motif que l'on a donné à ce terrain vague le nom de
la *Cour au Duc*. Le Manoir ducal s'étendait jusqu'à la

rue de Préaux où se trouvait la geole qui, dans les premiers tems, avait dû aussi faire partie de ce manoir; car l'on plaçait toujours, autant que possible, la prison auprès du prétoire où le haut et puissant seigneur tenait sa juridiction. Nous reparlerons, plus loin, de cette haute-justice.

Le nom de la *rue du Champ-des-Marais* est certainement un nom défiguré. Dans l'origine, cette rue devait s'appeler *rue du Camp dans les Marais*; voici sur quoi nous fondons notre opinion. Dans les divers siéges que la ville de Rouen a eu à soutenir, deux de nos rois (Charles 7, en 1449, Henri 4, en 1591), et l'un de nos généraux, Antoine de Bourbon, roi de Navarre, en 1562, établirent leur quartier-général à Darnétal. Ces princes élevèrent, sans doute, un camp dans les environs de notre ville. Ce qui est constant, c'est qu'il existe encore, dans les environs de cette rue, un quartier connu sous le nom du *Petit-Camp*. Le nom de Petit-Camp, donné à ce quartier, fait supposer qu'il y avait alors, ou qu'il y avait eu antérieurement un autre camp plus grand. Tout nous porte à croire que ces deux camps ont existé en même tems; que l'un fut élevé par Charles 7, et l'autre pour le roi de Sicile qui accompagna ce prince au siége de Rouen. A l'armée, les princes, si bons amis qu'ils soient, logent rarement sous la même tente; le plus grand de ces camps renfermait donc les troupes royales, comme étant les plus nombreuses, le plus petit était occupé par le roi de Sicile et par les personnes de sa suite.

Le *Champ-des-Marais*, qui existait encore en grande

partie, dans le milieu du siècle dernier, était l'ancien camp de Charles 7. Le jardin de l'Hospice, la rue du Champ-des-Marais et tous les terrains, jusqu'à la rue de l'Avalasse, ont été pris, à diverses époques, à même cet ancien camp : on lui avait donné, plutard, le nom de *Champ-des-Marais*, à cause de sa situation au pied de la côte, et parce qu'il recevait les eaux pluviales de la cavée de Saint-Jacques. Pendant les chaleurs de l'été, ce marais fangeux était un véritable foyer d'émanations délétères, et son voisinage a été plus d'une fois funeste aux habitans de cette ville, principalement en l'année 1694 qu'une effrayante mortalité a ravagé la paroisse de Longpaon, sur laquelle il est décédé 315 personnes. Cette même année, le nombre des naissances ne s'était élevé qu'à 49.

Une partie de la rue de Préaux portait, il n'y a pas encore quarante ans, le nom de *rue du Hazet*, d'un hameau dont elle fait partie, et qui s'étend jusqu'au bas de la côte de Roncherolles : aujourd'hui, la rue entière porte le nom de *rue de Préaux*, parce qu'elle conduit à Préaux, commune rurale du canton de Darnétal. C'est aussi la voie publique qui conduit aux communes de Saint-Martin-du-Vivier et de Fontaine-sous-Préaux, dans lesquelles l'on compte un grand nombre d'usines de dif- férens genres.

La geole, ancienne prison seigneuriale, était à l'en- trée de la rue de Préaux. Il ne reste plus aujourd'hui aucun vestige de cette prison sur laquelle nous donnerons quelques détails, lorsque nous nous occuperons de la haute-justice.

L'on compte dans cette rue plusieurs filatures, une fabrique de calicot à la mécanique, une manufacture d'indiennes et une teinturerie sur calicot.

Le cailli et le cresson qui se consomment journellement à Rouen, proviennent en grande partie des cressonnières de Darnétal, de Saint-Martin et de Fontaine ; celles de Darnétal sont situées rue de Préaux, et contiennent 60 ares 70 centiares de superficie : elles sont formées par plusieurs sources assez fortes qu'on voit sourdre au bas du Mont-Pillon, l'une dans une masure voisine, les autres dans les cressonnières même. Ces sources prennent leur cours par la rue de Préaux, traversent la rue du Pont-Bellas où elles font marcher une filature, et vont se perdre dans la rivière de Robec, à peu de distance de la rue du Mont-Roti.

La *rue de Longpaon*, la plus considérable de toutes celles de Darnétal, doit son nom à l'église succursale de Saint-Ouen-de-Longpaon. A l'article de cette église, nous donnerons l'origine de ce nom qui remonte à une haute antiquité.

L'on doit regarder la rue de Longpaon comme le berceau de cette ville, puisque, au moment où nous écrivons, elle compte plus de 900 ans d'existence. Tout nous porte à croire que, pendant longtems, elle forma seule, avec la rue du Chaperon, la partie habitée de Darnétal, à l'exception, peut-être, de quelques maisons éparses sur la paroisse de Carville. Il y a cinq à six cents ans, Darnétal se composait encore, en grande partie, de terrains vagues, soit en marais, soit en prairies. La plupart des rues, dans Longpaon, n'étaient que

des ruelles, des sentes pour communiquer d'un champ
à un autre. Les rues du Champ-des-Marais, de l'Avalasse, Maraisquet, indiquent par leurs noms quelle était
alors la nature du sol.

Si l'autorité locale suit avec persévérance le nouveau
plan adopté pour le redressement de Darnétal, la rue
de Longpaon deviendra, avec le tems, une des plus
belles rues de cette ville, pour sa longueur et sa largeur.
En ce moment, cette rue offre l'aspect bizarre de
quelques beaux établissemens perdus au milieu d'une
foule de baraques qui prouvent, tout à la fois, le peu de
goût et le peu d'aisance de nos ancêtres. On doit désirer
vivement voir disparaître toutes ces échoppes, mais le
tems seul peut amener ce changement.

Lorsqu'en 1819 on a refait le pont de Darnétal, on
pensait que l'administration profiterait de cette circonstance pour ouvrir, de ce côté, la rue de Longpaon, ouverture indispensable pour faciliter les communications,
et que commandait, depuis longtems, la localité; mais
dans le tems, l'intérêt privé l'emporta sur l'intérêt général, et les choses restèrent *in statu quo.*

M. Lépine avait conçu l'espoir de pouvoir ouvrir cette
rue, sous son administration; mais l'état peu satisfesant
des revenus communaux, pendant les deux ans qu'il a
été maire, ne lui a pas permis de le réaliser. Il était
réservé à M. Cuvelier, son successeur, animé aussi des
meilleures intentions pour la prospérité de cette ville, de
faire exécuter cette ouverture. Elle a eu lieu à la fin de
l'année 1833.

On voit, dans d'anciens titres, que la partie de cette

rue que l'on vient d'ouvrir, a porté, pendant un certain tems, le nom de *rue de la Brasserie*, sans doute d'une ancienne brasserie située où est aujourd'hui la propriété des héritiers Goulé.

La *rue des Meslots* portait encore, à la fin du 17e siècle, le nom de *sente de l'Escalier*, nom qu'on aurait bien pu lui conserver, car elle est encore aujourd'hui ce qu'elle était alors : cependant, malgré sa pente, cette rue est bien l'une des plus sales de Darnétal; dégradée en grande partie par les eaux pluviales, salie par les immondices de toute nature qu'y jettent journellement les habitans, on peut la considérer comme un vrai cloaque, avec toutes ses conséquences, surtout pendant les chaleurs de l'été. Il serait facile de remédier à cet état de choses, si préjudiciable à la salubrité publique, en y établissant un ruisseau pavé, et surtout en fesant observer strictement les ordonnances de police sur le balayage des rues. En définitive, quelle rue ! quelles maisons et quels..... mais je m'arrête !

Il existe dans cette rue une maison connue sous le nom de *la Moissonnière*, ainsi nommée d'une ancienne redevance féodale. Tous les ans, à une époque déterminée, celui qui occupait la maison était obligé de porter au haut-justicier de Darnétal *une nichée de moissons*; c'était, sans doute, pour amuser les enfans de monseigneur !

Il paraît que les anciens seigneurs de Darnétal avaient un goût très-prononcé pour la gent volatile, puisque la plupart des redevances qu'ils exigeaient de leurs vassaux, consistaient en oiseaux.

Nous voyons dans un titre du 20 mai 1745 (1), qu'il y avait encore une maison, rue du Pont, que le seigneur s'était amusé à hypothéquer d'*une tourterelle blanche*, ou d'une perdrix rouge qui, le premier jour de l'an, devait lui être apportée, dans une cage neuve, par le propriétaire de la maison. L'acte ne portant pas si la cage devait être en bois ou en fil de fer, une telle omission, dans ces siècles de servilité, pouvait, selon les seigneurs, faire naître de grandes contestations. Quoi qu'il en soit, quelques années avant la révolution, le propriétaire de cette maison était parvenu à s'affranchir de cette redevance, moyennant une rente perpétuelle de trois livres.

Il y avait aussi à Darnétal plusieurs maisons sujettes à une redevance au moins aussi ridicule, mais assurément beaucoup plus humiliante. A une certaine époque de l'année, le propriétaire était obligé d'aller donner très-respectueusement un coup de chapeau, soit au seigneur de Darnétal, soit à celui de Saint-Léger, lorsque lui ou son bailli tenait les plaids. Nous connaissons plusieurs de nos concitoyens qui ont donné ce coup de chapeau. Quand c'était une femme qui était propriétaire, comment fesait-elle pour s'acquitter de cette redevance?

L'origine du nom de la *rue des Blatiers* est connue. Chacun sait qu'anciennement on appelait un *blatier* un marchand de blé. Aujourd'hui, nos cultivateurs viennent aux halles avec des voitures, des chariots; mais, avant

(1) Ce titre relate bien cette redevance, mais il ne fait pas mention de l'époque où elle avait été établie.

la révolution, ils apportaient leur blé en somme, le plus souvent sur un âne, cet animal si utile, et malgré cela si méprisé, surtout de nos jours.

Lorsque l'ancien marché à blé existait, les cultivateurs des communes de Préaux, de la Vieux-Rue, de Morgny, de Vimont, de Roncherolles, qui l'approvisionnaient, avaient l'habitude de descendre par le Mont-aux-Aniers, et de suivre la rue des Blatiers, pour arriver au marché qui se tenait alors au haut de la rue du Pont. De cet usage, le nom du *Mont-aux-Aniers* donné à la côte, et celui des *Blatiers* à la rue.

Nous avons peu de choses à dire sur la rue du Pont, qui du Mont-Maclou se prolonge jusqu'au bas de la côte de Darnétal, si ce n'est qu'elle passe pour être la plus belle rue de cette ville, ce qui ne veut pas dire qu'elle soit réellement belle, mais seulement qu'elle est moins mal que les autres; d'ailleurs, c'est la seule qui soit pavée : or, une rue pavée a toujours un certain mérite, et c'est surtout quand on habite un pays où les rues ne le sont pas, qu'on sait apprécier celles qui le sont.

Considérée, avec raison, comme la rue marchande du pays, l'on y voit, en effet, peu de grands établissemens. C'est dans cette rue que se trouvent aussi la mairie, la justice-de-paix, l'hôtel de la gendarmerie, le receveur de l'enregistrement, la poste aux lettres, le notaire, le commissaire-priseur, etc.

Il existe dans la rue du Pont une cour assez vaste, divisée en un grand nombre de propriétés, et connue sous le nom de la *cour Capelle*. Cette cour doit son nom, non pas à un ancien propriétaire, ainsi que cela arrive souvent, mais bien à un simple bourrelier nommé *Capelle*, dont la boutique, rue du Pont, avait une sortie sur cette cour. Ainsi, sans s'en douter, sans avoir fait la moindre chose pour cela, son nom passera à la postérité, par l'effet seul du hasard.

D'après le nouveau plan, une rue doit traverser la cour Capelle : cette rue, en facilitant les communications avec la rue Brulée et les rues adjacentes, ne peut être qu'extrêmement utile. Aussi fesons-nous des vœux pour voir ce projet se réaliser ; mais il est bien à craindre qu'il n'en soit de celui-ci comme de beaucoup d'autres, qu'il reste sans exécution.

La rue *Maugendre* était connue, il y a une trentaine d'années, sous le nom de rue de *Vitry*, du nom d'un ancien teinturier en bleu qui y avait son principal établissement. Les rues *Toupin*, *Tugelée*, *Bastien* et *Famette*, doivent porter les noms d'anciens propriétaires. Nous ne voyons pas d'où peut venir celui des *Apôtres*, des *Vierges* que portent deux de nos rues. La rue *Saint-Pierre* ou de *Carville* (car elle porte indistinctement ces deux noms) a pris le premier du patron de l'église paroissiale, le second du nom même de l'église. Les rues du *Mont-Roti*, du *Mont-aux-Aniers*, du *Mont-Pilon*, de la *Côte-Pigache*, conduisant à ces côtes, ont dû naturellement en prendre les noms. La *rue Brulée* est-elle ainsi nommée de quelqu'incendie considérable qui y sera arrivé, et dont on n'aura pas conservé le souvenir ? On peut le penser, mais l'on n'en a pas la certitude. L'on ne voit plus la croix qui était au bas de la *rue de la Croix-Rouge*, mais le nom en est resté à la rue. Une partie de la *rue dela Ferme*, celle du côté de la fontaine, portait encore, il y a une vingtaine d'années, le nom de *rue Pinnette*. Dans les titres de propriété de l'hôtel de-ville, il est fait mention de la rue de la Ferme, sous le nom de rue *Pinel*, depuis la rue du Pont jusqu'à la rue Frambœuf. La fontaine s'appelait donc la *Fontaine-Pinel* : ainsi c'est à tort qu'on lui donne celui de *Pinnette* qui n'est qu'un nom défiguré. La rue *Sainte-Marguerite*, conduisant directement à l'ancienne chapelle de Sainte-Marguerite, à Saint-Léger, sur le chemin de Saint-Aubin, a pris son nom de cette chapelle, et l'a conservé, quoique celle-ci n'existe plus depuis une quarantaine d'années.

La ville de Darnétal ne possède pas encore de places publiques, proprement dites, car l'on ne peut pas rigoureusement donner ce nom aux places de *Longpaon* et de *Carville*, les plus grandes de cette ville. La première est irrégulière, petite, resserrée entre la rivière de Robec et la cour de l'hospice, ce qui empêchera toujours qu'on puisse lui donner une grandeur suffisante. Aussi, le jour du marché, les vendeurs et les acheteurs sont-ils les uns sur les autres, et la voie publique y est tellement obstruée, que les voitures ne peuvent y circuler : agrandie en 1822 du coté de la rivière, en 1828 du coté de l'hospice, qu'on juge ce que cette place était il y a quelques années.

La *place de Carville* semble avoir été jetée dans un coin de Darnétal ; aussi, jusqu'à présent, ne lui a-t-on donné aucune destination utile : au moins, un avantage que cette place a sur celle de Longpaon, c'est qu'on peut l'agrandir et la rendre régulière à peu de frais, en achetant une portion des vastes jardins légumiers dont originairement elle fesait partie.

Cette place est traversée par un courant d'eau vive
qui, la coupant irrégulièrement, la partage ainsi en
deux portions; pour ce motif, on devrait bien le faire
couler dans un aqueduc. C'est une amélioration qui
pourra avoir lieu plutard : espérons.

L'on doit s'étonner que l'administration municipale n'ait
pas cherché à utiliser enfin cette place, en la désignant pour
le nouveau marché qui vient d'être créé à Darnétal.
Longpaon ayant déjà son marché, Carville aurait eu aussi
le sien. C'était, d'ailleurs, un moyen très-facile et fort
simple de donner de la valeur aux propriétés voisines, et
peut-être, avec le tems, de créer un nouveau quartier
dans cette partie encore peu habitée de notre ville. Il est
certain que si ce marché prospère, beaucoup de marchands viendront s'établir sur cette place; car les marchands attirent les marchands. Mais le conseil municipal
en a décidé autrement.

Dans sa séance du 29 octobre 1833, le conseil a donc
arrêté qu'une nouvelle place serait formée pour y établir
ce marché; que cette place aurait 240 pieds carrés et
qu'elle serait prise à même les propriétés des rues de
Longpaon, de la Chaîne et des Meslots. En prenant cette
délibération, nos conseillers municipaux ont omis une
petite formalité, celle de voter aussi une soixantaine de
mille francs que pourront coûter les propriétés bâties et
non bâties qu'on sera obligé d'acheter pour faire la place
projetée.

En établissant un marché sur la place de Carville, ce

ne serait point une innovation, ainsi que beaucoup de personnes pourraient le penser, ce serait rétablir ce qui existait primitivement, ainsi que nous le verrons dans le courant de cette Notice.

Dans la même séance, le conseil qui était, à ce qu'il nous paraît, dans un moment de générosité municipale, arrêta encore qu'il serait fait une place d'armes à Carville, et que cette place aurait 450 pieds de long sur 400 de large. Quand on sait qu'à Darnétal la garde nationale n'a jamais compté plus de deux cent cinquante hommes en même tems sous les armes, n'y a-t-il pas vraiment un luxe oriental à faire une place sur laquelle on ferait manœuvrer facilement plusieurs milliers de gardes nationaux.

Avant la révolution, il existait au haut de la rue de Longpaon une petite place qu'on appelait *place de la Croix-de-Fer*, ainsi nommée d'une croix en fer que nos pieux ancêtres y avaient plantée bien certainement par esprit de dévotion, mais que leurs descendans ont abattue très-irréligieusement, par un esprit tout contraire, en 1793. Cette place, qui avait donné son nom à la sixième section de cette ville, n'était qu'un simple carrefour, formé par les rues de Longpaon, de Lombardie, de Préaux et du Pont-Bellas.

La *place de la Croix-Rouge*, rue Pavée, est encore une très-petite place qui a pris son nom d'une grande et vilaine croix en bois, peinte, ou, pour mieux dire, barbouillée en rouge, pour laquelle nos pères avaient aussi une grande vénération : abattue en même tems que celle de la Croix-de-Fer, et par le même motif, il n'en reste plus, aujourd'hui, que le nom donné à la place. Avant la révolution, les processions de Longpaon et de Carville avaient l'usage de faire une station devant cette croix et d'y réciter quelques orémus. Elle s'arrêtaient aussi devant le moulin Cuvelier, sur la porte duquel était une statue de la vierge, très-grossièrement sculptée, que les dames de Saint-Amand, auxquelles ce moulin appartenait, y avaient placée.

Le 11 ventôse de l'an 2 (1er mars 1794), sur la demande de la Société populaire, de changer les noms des rues de cette ville, le conseil général de la commune, qui saisissait avec empressement toutes les occasions de se mettre à la hauteur des circonstances, s'empressa de prendre cette demande en considération, et arrêta que, le jour même, les rues ci-après désignées porteraient des noms révolutionnaires, et qu'une inscription serait placée au coin de chaque rue pour indiquer ces noms.

Ces noms révolutionnaires ayant été employés dans tous les actes notariés passés à cette époque, nous pensons devoir en faire mention dans cette Notice, afin qu'un jour on puisse y recourir en cas de besoin. Les voici :

rue Saint-Pierre,	*rue de la Société.*
aux Juifs,	*de Châlier.*
des Vierges,	*de Lepelletier.*
des Apôtres,	*de Marat.*
Bastien,	*Purgée.*
de la Chaîne,	*de la Montagne.*
des Trésoriers,	*des Sans-Culottes.*
du Chaperon,	*de la Régénération.*
de la Croix-de-Fer,	*de l'Expiation.*
de la Croix-Rouge,	*de la Réunion.*

place de Longpaon,	*place de la Révolution.*
de la Croix-de-Fer,	*de l'Expiation.*
de la Croix-Rouge,	*de la Réunion.*
de la Croix-l'Alouette,	*de la Fraternité.*
de la Croix-Pavée,	*de l'Unité.*
cour au Duc,	*cour de l'Egalité.*
le Mont-Maclou,	*le mont de la Liberté.*
côte de Saint-Jacques,	*côte de la Raison.*

Depuis quelques années nos rues sont entretenues avec le plus grand soin. Les rues Sainte-Marguerite, des Blatiers, de la Chaîne, Tugelée, de la Croix-Rouge, ont été élargies en partie : la rue de Longpaon, la chaussée de Carville ayant été ouvertes pour le passage des voitures, les communications sont devenues plus faciles. Sous les anciennes administrations, l'on se contentait d'étendre dans nos rues du caillou qui se trouvait bientôt enfoui, mais aujourd'hui l'on fait de véritables chaussées, et les eaux pluviales ont un écoulement. Tout en fesant de bien meilleur ouvrage que par le passé, l'on dépense, cependant, beaucoup moins d'argent. Encore quelques années, toutes les rues de Darnétal seront dans le meilleur état possible.

Le 18 ventôse suivant (9 mars), l'administration muni-cipale rendit une ordonnance qui enjoignait à chaque citoyen de faire inscrire, dans le plus bref délai, sur la façade de sa maison, et en gros caractères, ses nom, prénoms, profession, son âge, ainsi que ceux de tous les individus qui demeuraient chez lui.

Les noms révolutionnaires donnés aux rues, l'obligation imposée à chaque citoyen de placarder sur la porte de son domicile un extrait de son acte de naissance et de sa patente, toutes ces niaiseries de circonstance, et autres semblables, ont disparu quelques mois après le 9 thermidor.

Une seule grand'route, celle de Rouen à Beauvais, traverse Darnétal dans toute sa largeur ; c'est une route de troisième classe et, comme telle, assez mal entretenue. Six chemins vicinaux conduisent de Darnétal à *Isneauville*, par Saint-Martin-du-Vivier, à *Préaux* par Roncherolles, au *Bois-Lévéque* par Saint-Jacques et le bois d'Ennebourg, à *Boos* par Saint-Léger et le Mesnil-Esnard, à *Epinay* aussi par Saint-Léger et Saint-Aubin, et au *Bois-Guillaume*, en traversant une partie du territoire de Rouen. Généralement, ces chemins sont en très-mauvais état; la plupart n'ont pas même une voie convenable. Nous devons, cependant, excepter celui de la côte Lalande, fait en grande partie, il y a trois ans, aux frais de Darnétal, quoique ce chemin se trouve sur le territoire de Saint-Léger.

Le conseil général du département a arrêté, dans sa session de 1834, que les chemins vicinaux de Bois-Guillaume et de la côte Lalande à Darnétal, seraient à l'avenir entretenus aux frais du département. Ainsi, cette nouvelle route départementale lie entre elles les routes royales d'Amiens, de Beauvais et de Paris.

Rivières qui arrosent Darnétal.—Sources et cours de Robec.—Etymologie du nom de Robec.—Robec et le cardinal d'Amboise.—Le sacristain de Saint-Ouen. —Usines établies sur Robec.—Anciens droits de pêche. —Le droit de planche et le marquis de Seignelai. —Cannetons de Darnétal.

De toutes les villes du département, Darnétal est

certainement l'une des mieux partagées sous le rapport des cours d'eau, avantage précieux que cette ville doit à sa position, mais dont ses habitans n'ont peut-être pas encore su tirer tout le parti qu'il est possible d'en obtenir. Sans les rivières de Robec et de l'Aubette qui coulent dans ses murs, Darnétal n'aurait jamais été qu'un simple village dont le nom serait peut-être à peine connu. Nous devons donc regarder ces deux rivières, sur lesquelles nous allons donner quelques détails, comme l'origine et le fondement de la prospérité de cette ville.

La rivière de Robec prend sa source à Fontaine-sous-Préaux, village à une lieue et demie, au nord de cette ville, et au pied d'une côte très-escarpée dont le sommet dépend du Mesnil-Rouge-Terre, hameau d'Isneauville.

L'on voit sortir cette source d'entre les racines d'un très-vieux if, par cinq filets assez forts dont la disposition, due au hasard, représente assez bien les cinq doigts de la main. Cette rivière prend son cours à la droite du chemin, traverse une cressonnière assez considérable, fait quelques sinuosités, et, à peu de distance de sa source, elle a déjà suffisamment d'eau pour faire marcher un moulin à blé; elle poursuit son cours le long de Fontaine-sous-Préaux, de Saint-Martin-du-Vivier, coule tantôt à droite, tantôt à gauche du chemin, et entre sur le territoire de Darnétal, à une centaine de pas au-dessous du moulin de Ronche-rolles. Parvenue à la rue de Préaux, elle se détourne un peu sur la gauche, passe au milieu des propriétés de M. Angran, revient par la rue à-Faire, traverse la rue de l'Avalasse, prend par derrière la rue Maraisquet, jusqu'à la rue du Mont-Roti qu'elle traverse aussi dans sa largeur;

coule ensuite entre les rues de Longpaon et du Chaperon, Pavée et Maugendre, détourne par la chaussée de Carville, prend alors son cours parrallèlement avec l'Aubette, jusqu'au moulin du Choc où cinquante pas au-dessous elle quitte le territoire de Darnétal, pour entrer sur celui de Rouen. Cette rivière suit alors la belle vallée de Saint-Hilaire, le quartier de Robec, la rue Malpalu, et va se perdre dans la Seine, un peu au-dessus du Pont-Neuf.

Il est difficile d'assigner au juste l'époque où l'on creusa le canal dans lequel coule, depuis un grand nombre de siècles, la rivière de Robec. D'après ce que nous avons avancé au commencement de cette Notice, nous persistons à croire qu'on doit fixer cette époque à celle où l'on jeta les fondemens de Darnétal, car pourquoi aurait-on tracé un canal à cette rivière, si le pays n'avait pas été habité ?

Un écrivain, généralement estimé, don Toussaint Duplessis, dans sa Description historique et géographique de la Haute-Normandie, prétend que *Rothomagus*, nom latin de Rouen, est dérivé de Robec ou plutôt de *Rotbec*, ainsi qu'on l'écrivait anciennement. Il veut même plus, il veut que cette rivière soit regardée comme l'origine de Rouen. Nous sommes loin de partager l'opinion de cet écrivain; nous pensons, au contraire, qu'à tort il applique à Rouen, ce qu'avec plus de raison l'on doit rapporter à Darnétal. Citons d'abord le passage, nous essaierons ensuite de prouver ce que nous venons d'avancer.

« *Rot* veut dire *rouge*, et *mag* signifie *magasin, provision*, « en latin *emporium*. Le *Robec*, ou, comme on l'écrivait « anciennement, le *Rotbec*, en latin *Rotobeccus* ou *Rodo-*

» *becus*, petite rivière qui se joint à la Seine dans Rouen
» même, tire son nom de là. Il fut appelé *rouge*, de la
» couleur que lui donnait apparemment la qualité des terres
» qu'il arrosait, comme on a appelé *Rougemare* un quar-
» tier proche de Rouen, qui depuis a été enfermé dans la
» ville » (1). . . . .
. . . . . . ». Or, soit que, par le mot *Rothomagus*, on ait
» voulu dire *le marché sur le rouge*, c'est-à-dire sur le
» *Robec*, soit qu'on ait voulu exprimer simplement la
» nature du terrain sur lequel ce marché était situé, c'est
» toujours de *Rot*, dans la signification de rouge, que ce
» marché, qui depuis a donné naissance à une grande
» ville, tire son étymologie, et il ne faut pas la chercher
» ailleurs. »

Nous ne pensons pas qu'on puisse raisonnablement
admettre une semblable supposition. Un marché peut
exister dans une ville, dans un bourg, même dans un
village, si l'on veut, mais il n'est pas croyable que l'on
en ait jamais établi un en pleine campagne, dans un
endroit entièrement isolé des habitations. Si un marché,
ainsi que l'affirme Duplessis, a réellement existé sur la
rivière de Robec, l'on doit penser qu'il existait au même
endroit, soit un village, soit un bourg; l'un ou l'autre
devait avoir un nom : quel était-il ? on l'ignore.

Quoi qu'il en soit, la ville, le bourg ou le village,
auquel ce marché a donné naissance, ne peut pas être

(1) La place de la Rougemare à Rouen ne doit pas son nom à la nature du sol,
mais au sang qui y fut répandu dans divers sièges, notamment à celui de l'an
949, où l'armée de la triple alliance fut taillée en pièces, à cet endroit
même, par Richard-sans-Peur, troisième duc de Normandie.

Rouen, car cette ville existait déjà comme ville, plusieurs siècles avant que Robec ne coulât le long de ses murailles ; d'ailleurs, l'on sait qu'elle portait le nom de *Rothomagus*, lorsque les romains s'emparèrent des Gaules.

En supposant que ce soit ces conquérans qui aient donné le nom de Rothomagus à la ville de Rouen, il n'est pas probable qu'ils aient pris celui d'une petite rivière, tandis qu'ils avaient sous les yeux, au pied même de cette cité, un fleuve magnifique dont il eût été plus naturel de lui donner le nom.

Si l'on ne peut raisonnablement admettre que ce soit *le marché établi sur le Robec* qui ait donné naissance à la ville de Rouen, ne peut-on pas, avec plus de vraisemblance, regarder ce marché comme l'origine de Darnétal, ville plus voisine de la source de Robec, et qui de tout tems a été traversée par cette rivière. Cette supposition rendrait plus probable l'opinion de Toussaint Duplessis, et confirmerait celle que nous avons émise sur l'ancienneté de Darnétal, ville qui, s'il en était ainsi, aurait porté dans l'origine le nom de *bourg de Robec*.

Il demeure constant que la rivière de Robec n'a coulé dans l'intérieur de Rouen que dans le treizième siècle. Il est bien vrai que, dès le quatrième, il est fait mention de *la porte de Robec*, mais cette porte était située aux environs de la rue des Savetiers et, de ce côté, Robec servait alors de fossés à la ville. Sous le règne de Richard-le-Bon, quatrième duc de Normandie, cette rivière coulait encore dans les faubourgs, car nous voyons dans Farin, qu'en 996 ce prince donna au chapitre de Notre-Dame deux moulins, *proche la ville de Rouen*. Or, ces moulins existent encore aujourd'hui, et sont tous les deux rue Malpalu, l'un au pied du mont Saint-Denis, l'autre près le passage de la Tuerie. L'église Saint-Maclou n'ayant été comprise dans la ville qu'en 1228, Robec n'a pu y entrer qu'à la même époque. De tous ces faits il résulte que, si réellement il a existé un marché sur la rivière de Robec, on doit le placer à Darnétal et non à Rouen.

En parlant de la rivière de Robec, plusieurs écrivains modernes ont avancé à tort que c'est le cardinal Georges d'Amboise, premier du nom, qui a conduit les eaux de de cette rivière à Rouen (1). Tout en rendant justice aux vues bienfesantes et philantropiques de ce ministre, l'ami du peuple et de son roi, l'on ne peut cependant lui faire honneur d'un fait auquel il est absolument étranger, puisque cette rivière, ainsi que nous venons de le voir, coulait à Rouen plusieurs siècles avant la naissance de ce prélat. Georges d'Amboise a rendu assez de services réels à la ville de Rouen, sans qu'on ait besoin de lui en prêter d'imaginaires. Si ces écrivains, au lieu de s'en rapporter à une tradition populaire répandue, il est vrai, généralement à Rouen, avaient consulté nos anciennes chroniques, ils n'auraient pas commis une semblable erreur. L'anecdote du sacristain de Saint-Ouen, rapportée dans le roman de Rou, est encore une preuve à ajouter aux autres. La voici telle que Robert Wace la raconte :

(1) Bulletin de la Société d'Emulation, année 1807.—Essai historique sur la ville de Rouen, par Dornay, page 8.—Description historique de l'Eglise cathédrale de Rouen, par Gilbert, page 22.—Annuaire statistique du Département, année 1806, page 7.—Itinéraire de Rouen, première édition, page 178.—Journal de Rouen, 4 janvier 1829, etc., etc.

En l'Abéie Saint-Oain
Out à cel tens un Segrestain ;
Tenus esteit pur léal muine,   (moine)
E mut aveit boen testimuine :
Mez de tant com home plus vaut ,
De tant plus déable l'assaut ;
Tant le vait il plus agaitant ,
E de plusurs guises tantant.
Li Segrestain ke jo vus di ,
Par aguaitement de l'anemi ,
Alout un jour par li mostier ,   (monastère)
Pernant garde son mestier ;
Une dame vit, si l'ama ;
A merveille la coveta :
Mort est se il sun bon n'en fait;
Ne remaindra pur rien k'il ait
E tant li dist, tant li pramist ,
Ke la Dame terme li mist
Ke la nuist à l'ostel alast ,
E par la planche trespassast   (passa)
Ki desuz Roobec esteit,
Une ewe ki de soz cureit;   (rivière)
N'i poeit par aillors passer ,
Ni altrement à lié parler.
La nuit kant fud bien asséri,   (fut venue)
Ke muines furent endormi,
Li Segrestain fu en friçon ,
Ne vout ne ne quist cumpaignon ;
A la planche vint, sus munta ;
Ne sai dire s'il abuissa ,   (choppa)

4 *

U esgrilla, u meshanéa, (on se trouva mal)
Mais il chaï si se néia.

Avant la révolution, l'on ne voyait sur la rivière de Robec aucun établissement important, à l'exception de quelques teintures et des moulins à blé qu'elle fesait marcher : cette rivière semblait, depuis un grand nombre de siècles, couler inutilement pour les arts industriels. Pouvait-il en être autrement sous un gouvernement absolu, où toute espèce d'industrie était arrêtée à chaque pas par des statuts, par des réglemens, la plupart émanés d'une aveugle routine, ou d'un pouvoir arbitraire ; sous un régime qui, arrêtant l'homme inventif, l'homme de génie, au milieu de ses découvertes, l'empêchait ainsi de rien innover pour les progrès des arts et de l'industrie manufacturière. Aujourd'hui que ces entraves n'existent plus, aujourd'hui que tous les citoyens indistinctement peuvent donner l'essor à leurs talens, tous leurs efforts tendent vers la perfection ; aussi, chaque pas qu'ils font dans la carrière qu'ils ont embrassée, semble marqué par une découverte utile, par un perfectionnement. C'est principalement depuis une trentaine d'années, que le génie des arts libéraux et mécaniques s'est développé et a pris la plus grande extension ; c'est depuis la même époque, que l'industrie manufacturière, brisant les limites qui lui avaient été imposées par les anciens réglemens, a marché à pas de géant, et il faut espérer que bientôt elle touchera au terme de sa gloire.

Au moment où nous écrivons, l'on compte sur la rivière de Robec les établissemens suivans, depuis sa source jusqu'à son entrée à Rouen.

FONTAINE-SOUS-PRÉAUX.

Moulins à blé. 2
à papier. 1
Filature de coton. 1

SAINT-MARTIN-DU-VIVIER.

Moulins à blé. 2
à carton. 1
à alizari. 1
à foulon. 1
Filatures de coton. 6
Fabrique de pointes. 1
de cardes. 1

RONCHEROLLES.

Moulin à blé. 1
Filature de coton. 1
Fabrique d'indiennes. 1

DARNÉTAL.

Moulins à blé. 6
à foulon. 2
à bois. 1
Filatures de coton. 11
de laines. 3
de calicots. 2
Fabriques d'indiennes. 8
Teintures en rouge des Indes (1). 2
Mégisseries. 2
Teinture sur laines. 1
Fabrique de lacets. 1

(1) Trois teinturiers en rouge des Indes et deux filateurs en coton ont
leur établissement sur le ruisseau de la source du Robec.

Anciennement, les rivières de Robec et de l'Aubette étaient très-poissonneuses, principalement en truites, carpes, anguilles, écrevisses et tanches; mais, depuis une quarantaine d'années, ces deux rivières sont totalement désempoissonnées. Deux causes ont amené cet état de choses : la première, la révolution. Avant ce grand événement politique, qui a régénéré la vieille France, personne n'avait le droit de pêcher, même sur sa propriété. L'Assemblée Constituante ayant aboli tous les droits seigneuriaux et féodaux, chacun s'empressa de rentrer dans le sien, et usa de la liberté rendue à tous les citoyens, de chasser et de pêcher sur ses propriétés : mais au lieu d'en user, l'on en abusa ; aussi, en moins de quelques années, vit-on disparaître le poisson dans la plupart des rivières qui arrosent notre département. Une autre cause (celle-ci n'est pas la moins majeure), c'est la création d'un grand nombre d'usines de tous genres sur ces rivières ; les acides minéraux, les alcalis, les matières colorantes employées journellement dans ces usines, étant en dernier ressort jetés à la rivière, ont fait périr insensiblement tout le poisson ; aussi faut-il renoncer, pour toujours, à en revoir dans toutes les rivières sur lesquelles il existe de semblables établissemens.

Sous le régime des privilèges et du bon plaisir, le droit de pêche appartenant au seigneur du lieu, il n'était permis à personne d'user de ce droit. Malheur au *manant* ou au *vilain* qui aurait osé enfreindre la défense ! le moins qui pouvait arriver au délinquant, c'était d'être attaché, pendant vingt-quatre heures, *à l'un des carcans*, qu'en qualité de hauts-justiciers, les seigneurs de Darnétal avaient établis dans plusieurs rues de cette ville ; car , selon la gravité du cas , ou la sévérité du juge , le malheureux pouvait être condamné aux galères à perpétuité . Nous pourrions citer plusieurs condamnations semblables . Très-heureusement , pour l'humanité , que la révolution , qui a détruit tant d'abus , a fait aussi justice de toutes ces justices seigneuriales . Au moins , aujourd'hui , le pauvre diable qui pêche une carpe au clair de la lune n'est plus exposé à finir ses jours au bagne . Respectant un peu plus la liberté des citoyens , l'on ne confond plus un simple délit avec les crimes qui entraînent une peine infamante .

Au moment de la révolution , le droit d'accorder l'autorisation de placer des planches , ou de construire des ponts sur la rivière de Robec , appartenait au seigneur de Darnétal . Anciennement c'était le maire de Rouen qui disposait de ce droit , par suite de la donation faite par Louis 9 , à cette ville , des rivières de Robec et de l'Aubette . C'est aujourd'hui l'administration municipale qui accorde ces autorisations .

Le droit de planches n'avait jamais été qu'une simple formalité à remplir , une déclaration à faire à l'autorité locale . Il était réservé au marquis de Seignelay , dernier seigneur de Darnétal , d'envisager ce droit sous un autre point de vue , et de le regarder comme un droit de fief , comme une propriété privée . Affamés d'honneurs et de richesses , certains seigneurs cherchaient à faire argent de tout .

Ce qui doit nous surprendre aujourd'hui , c'est qu'en

1788 , un an avant la révolution , M. de Seignelay osa élever une si singulière prétention! En sa qualité de seigneur et de haut-justicier de Darnétal , il voulut contraindre tous les propriétaires riverains des rivières de Robec et de l'Aubette , d'enlever les planches et les ponts placés sur ces rivières , depuis des tems plus ou moins éloignés.

Sur le réquisitoire du procureur fiscal , le haut-justicier rendit le 31 juillet 1788 , une sentence dans laquelle nous remarquons les passages suivans :

« Fesant droit sur ledit réquisitoire , que dans la quin-
» zaine, à compter du jour de la publication de la présente,
» tous les propriétaires ou locataires des héritages riverains
» des rivières qui passent dans l'étendue des mouvances
» de M. le marquis de Seignelay , en sa qualité de *sei-*
» *gneur du bourg et vallée de Darnétal* , seront tenus de
» faire détruire et enlever, chacun en droit soi, *les ponts*
» *de pierre et de planche servant au passage des allans et*
» *venans , tant en voiture qu'à pied et à cheval* , ainsi que
» les planches et pieux qu'ils ont fait placer , sans droit ,
» ni qualité , sur lesdites rivières , à l'effet de procurer un
» libre cours aux eaux d'icelles. »

Vouloir faire enlever les planches qui servent journellement aux fabricans pour laver leurs laines, ce n'était que ridicule ; mais pousser la prétention jusqu'à faire démolir les ponts en pierre, et interrompre ainsi les communications publiques , c'était une absurdité révoltante.

La qualité de seigneur haut-justicier donnait bien à M. de Seignelay le droit de pêche , mais ne lui conférait nullement la propriété des rivières qui arrosent notre ville.

Aussi les habitans froissés dans leurs intérêts , ne voulant pas se laisser rançonner , s'opposèrent-ils de tout leur pouvoir à l'exécution de la sentence rendue contre eux. Au mois de novembre de la même année , ils adressèrent leur requête au ministre-secrétaire d'Etat , et publièrent en même tems un mémoire, fort de principes et de raisonnement , dans lequel ils démontraient , d'une manière sans réplique, l'illégalité et même l'absurdité des prétentions de M. de Seignelay. Enfin l'affaire fut évoquée au conseil du roi , au mois de septembre 1789.

Ce qui se passait alors aurait dû apprendre à M. de Seignelay que les tems de faire de l'arbitraire n'étaient plus ; mais le génie fiscal , mais l'avidité féodale ne lâchaient pas leur proie si facilement. On aura de la peine à croire aujourd'hui qu'au mois de juin 1790 , il ait eu la sottise de vouloir encore poursuivre cette affaire; mais les événemens qui marchaient à grands pas terminèrent le procès ; il n'y avait plus de noblesse et tous les titres honorifiques étaient abolis.

L'un de nos anciens poètes a dit quelque part :

« Le premier citron à Rouen fut confit. »

C'est la vérité ; cette ville jouit encore d'une grande réputation pour sa gelée de pommes , Sotteville pour ses crêmes, Blosseville pour ses brioches (quoiqu'on fasse des brioches partout), Caudebec pour ses éperlans, Neufchâtel pour ses fromages. Au moins ces communes n'ont pas usurpé leur renommée; mais il n'en est pas de même pour la nôtre. La plupart de nos concitoyens ne se doutent certainement pas que les canards de **Darnétal** jouissent d'une grande réputation en France, surtout à Paris où l'on voit chez tous les marchands de comestibles des écriteaux portant en gros caractère : Cannetons de Darnétal. Ce n'est pas le seul goujon que l'on fait avaler à ces bons parisiens qui, jugeant souvent sur l'étiquette du sac, ne prisent que ce qui vient de loin. Quel sera donc le désapointement des gourmets, lorsqu'ils apprendront qu'on n'en élève pas un seul à Darnétal. Fiez-vous maintenant aux réputations lointaines !

Il est vrai de dire qu'anciennement l'on élevait beaucoup de canards à Darnétal ; qu'ils étaient en grande réputation ; qu'ils la méritaient par la qualité de leur chair : mais il est vrai aussi que, depuis un grand nombre d'années, cette branche d'industrie n'existe plus dans notre ville (1).

Rivière de l'Aubette. — Saint-Aubin-la-Rivière. — Source de l'Aubette et cours de cette rivière. — Étymologie du nom d'Aubette. — La Petite-Aubette. — Usines établies sur l'Aubette. — Irrigation des prairies. — Vivier de Martinville. — Louis 9 et l'archevéque de Rouen.

Darnétal est traversé, dans sa largeur, par l'Aubette, petite rivière qui prend sa source à Saint-Aubin-la-

---

(1) Les canards de Darnétal, et, en général, tous ceux des environs de Rouen, étaient si estimés, qu'avant la révolution ils payaient aux entrées à Paris le double du droit perçu sur le canard barbotier. Cette différence, dans le droit, n'avait pas été établie seulement à cause de leur volume, mais parce qu'ils ont une chair beaucoup plus délicate.

Rivière, commune du canton de Boos, dans la propriété de M. Davranches, située au-dessus de l'église, à peu de distance et à la droite du chemin vicinal qui conduit à Epinay. Elle coule, pendant quelque tems, le long de la côte où elle reçoit d'autres petites sources, traverse la route au village proprement dit, suit alors la côte opposée, entre sur la commune de Saint-Léger-du-Bourg-Denis, un peu au-dessus de l'ancien manoir seigneurial, fait quelques légères sinuosités dans cette commune, et arrive au pont de Saint-Lô où commence Darnétal. Elle poursuit alors son cours le long de la rue aux Juifs, passe au milieu de quelques propriétés particulières, traverse la place de Carville, coule parallèlement avec Robec, jusqu'à la rue du Cat-Rouge où, prenant un peu sur la gauche, elle tourne par derrière l'emplacement des anciens Chartreux, revient par la rue du Nid-de-Chien, suit la rue Préfontaine, entre à Rouen par la porte Martinville, coule le long du clos Saint-Marc, et va ensuite se perdre dans la Seine, entre la porte Guillaume-Lion et le pont de pierres.

Le village de Saint-Aubin-la-Rivière, où l'Aubette prend sa source, situé à une lieue sud-est de Darnétal, est très-ancien et paraît avoir porté primitivement le nom de *Saint-Aubin-sur-Carville*. Dans des titres du 15e siècle, on lui donne celui de *Sancti-Albini-de-Piris*. Le surnom de *Piris* semble indiquer que les poiriers étaient très-communs dans ce village : en effet, anciennement, en Normandie, l'on voyait dans les vergers, dans les champs, beaucoup plus de poiriers que de pommiers; depuis, l'usage contraire a prévalu. Cependant, ce ne doit pas être

pour ce motif que l'on avait donné à Saint-Aubin le surnom
de *Piris*. Quoi qu'il en soit, ce village porte maintenant
le nom de *Saint-Aubin-la-Rivière*, et doit son surnom à
la rivière de l'Aubette.

D'où provient le nom que porte cette rivière ? S'il faut
s'en rapporter à Toussaint Duplessis, ce seraient encore
les romains qui, pendant leur domination dans les Gaules,
lui auraient donné le nom d'*albula*, c'est-à-dire *blanche*,
à cause de la nature du sol où cette rivière prend sa source.
En supposant qu'*albula* soit latin, ce qui n'est pas encore
bien reconnu, ce nom doit avoir une autre origine, car
le sol de cette commune et de celles environnantes est
plutôt argilo-siliceux que calcaire. Sans aller chercher si
loin, et sans toujours mettre à contribution la langue
latine pour la moindre étymologie, pourquoi le nom
d'*Aubette* ne serait-il pas tout simplement un diminutif
du nom du village : d'*Aubin* à *Aubette*, il y a certainement beaucoup moins loin que d'*alpha* à *equus* ; aussi,
c'est ce qui a fait dire si plaisamment à l'un de nos poètes :

> ALPHA vient d'EQUUS, sans doute;
> Mais il faut convenir, aussi,
> Qu'en venant de là jusqu'ici,
> Il a bien changé sur la route.

C'est à tort que Farin et ceux qui depuis l'ont copié
dans les ouvrages qu'ils ont publiés sur la ville de Rouen,
avancent que l'Aubette, une fois arrivée au couvent des
Chartreux, se divise en deux canaux que l'on appelle la
Grande-Aubette et la *Petite-Aubette*, et que la moindre
portion passe par dedans le monastère et l'autre au-dessous.
L'Aubette ne se divise point. La petite rivière, ou pour

mieux dire le ruisseau qui traverse la rue de la Chartreuse, et qui arrose les prairies de Martinville , prend sa source dans l'enclos même des anciens Chartreux , divisé aujour-d'hui en plusieurs propriétés particulières. C'est donc à tort que l'on a donné à ce ruisseau le nom de la *Petite-Aubette* , puisqu'il n'a aucun rapport avec cette rivière.

Ainsi que sur la rivière de Robec , l'on compte sur celle de l'Aubette un certain nombre de moulins à blé et d'usines de divers genres , et répartis, dans chaque localité, ainsi qu'il suit :

SAINT-AUBIN-LA-RIVIÈRE.

Moulins à blé.	2
Fabriques d'indiennes.	2
Filatures de coton.	2

SAINT-LÉGER-DU-BOURG-DENIS.

Moulins à blé.	2
à bois.	1
à foulon.	1
à alizari.	1
Filatures de coton.	8
Fabrique d'indiennes.	1
Teintures en rouge. (1)	5

DARNÉTAL.

Filatures de coton.	2
Fabriques d'indiennes.	5
Teinture en bleu.	1

(1) Il existe encore deux teintures en rouge des Indes, mais elles ne sont pas occupées depuis quelques années.

Apprêteur d'étoffes.   1
Moulin à blé.   1

Il y a quarante ans l'on n'apportait pas à l'irrigation des prairies la même importance que l'on y attache maintenant, parce qu'alors la plupart des cours d'eau n'étaient utilisés que par les fariniers. Mais aujourd'hui que l'industrie manufacturière a pris un si grand essor, les chûtes d'eau, les terrains sur le bord des rivières ont acquis une grande valeur, et, comme de juste, chacun cherche à tirer le meilleur parti possible de sa propriété. Aussi tous les administrateurs qui, depuis une quarantaine d'années, ont été à la tête de ce département, ont-ils apporté tous leurs soins pour concilier l'intérêt agricole et l'intérêt industriel. Sous l'ancien régime, chaque propriétaire rural baignait ses prairies à-peu-près comme bon lui semblait, et détournait l'eau plus ou moins de tems, sans s'inquiéter si cette prise d'eau gênait ou non ses voisins. Aujourd'hui, il n'en est plus de même ; l'irrigation des prairies est soumise à des réglemens auxquels doivent se conformer tous les riverains.

Le premier réglement relatif à ce sujet, dont nous avons connaissance, date du 9 germinal an 2 (29 mars 1794). Le Conseil général de la commune de Darnétal arrêta que l'irrigation des prairies aurait lieu chaque décade, depuis la veille du décadi, à quatre heures de relevée, jusqu'au lendemain à pareille heure. Cette heure était assurément très-mal choisie, aussi cet arrêté excitat-il de nombreuses réclamations de la part des industriels.

Il en fut de même pour ceux pris par l'administration du département, le 11 floréal, le 5 messidor an 5, et 3 brumaire an 8. Celui qui fixait le jour et l'heure de l'irrigation des prairies, le samedi, depuis six heures du soir, jusqu'au dimanche six heures du matin, causait aussi un préjudice grave aux industriels, en les forçant de suspendre leurs travaux une partie d'un jour ouvrier. Enfin, sur l'avis des maires des sept communes que traversent les rivières de Robec et de l'Aubette, qu'il ne pouvait résulter aucun inconvénient en changeant le jour et l'heure de l'irrigation des prairies dans leurs communes, M. Savoye-Rollin, préfet de notre département, prit un arrêté, en date du 16 septembre 1807, portant, en substance, que cette irrigation aurait lieu dans les communes de Rouen, de Darnétal, de Saint-Léger, de Saint-Aubin, de Saint-Martin, de Fontaine-sous-Préaux et de Roncherolles, tous les dimanches, depuis six heures du matin jusqu'à six heures du soir, à partir du 15 mai jusqu'au 15 septembre, tems consacré par l'usage. Cet arrêté est encore en vigueur aujourd'hui.

Le *vivier de Martinville* se composait de toute la rivière de l'Aubette, depuis sa source jusqu'à la porte de Martinville, à Rouen. Ainsi la partie de Darnétal, comprise entre le moulin à couteau et le pont de Saint-Lô, dépendait de ce vivier qu'on appelait aussi le *vivier de Rouen*.

Pendant tout le tems que la Normandie fut détachée de la France, le vivier de Martinville fit partie du domaine ducal. On sait que les ducs de Normandie avaient établi un rendez-vous de chasse sur la rive droite de l'Aubette, à l'endroit connu encore de nos jours sous le nom du *Nid-de-Chien*. Ces princes y prenaient tout à la fois le plaisir de la pêche et de la chasse ; car, à cette époque, les environs de Rouen , de Darnétal , étaient encore couverts de forêts dans lesquelles les bêtes fauves étaient très-communes.

Après la conquête de la Normandie , par Philippe-Auguste (1204) , le vivier de Martinville rentra dans le domaine de la Couronne. En 1259, Louis 9 en donna la propriété à Odo Rigault , archevêque de Rouen , moyennant quarante-cinq livres de rente foncière. Deux ans étaient à peine écoulés que l'archevêque Odo Rigault se trouva déchargé de cette rente, par la vente qu'il fit au roi du *Manoir de Saint-Mathieux*. Ce manoir, situé au faubourg Saint-Sever, avait été acheté par le roi pour y fonder les Emmurées. L'emplacement conserve encore de nos jours le nom de ces religieuses.

Le vivier de Martinville ne resta pas longtems la propriété des archevêques de Rouen, car , l'année suivante, ce prélat fit un nouvel échange avec le saint roi ; pour ce vivier et quatre moulins situés à Déville, où ces archevêques avaient alors leur maison de plaisance , ce prince lui céda la belle terre de Gaillon : le contrat d'échange, passé à Nevers , au mois de juillet 1262 , est en latin. En voici la traduction telle qu'on la trouve dans l'Histoire des Archevêques de Rouen , par le père Pommeraye.

« A tous ceux qui ces présentes lettres verront ;

» Frère Odo, etc. Nous faisons sçavoir que nous auons » fait un échange auec très-excellent prince Louis par la » grâce de Dieu, roy de France, à raison duquel nous lui » auons donné à lui et à ses successeurs , à perpétuité , » tous nos moulins et nostre vivier de Rouen , auec ses

(63)

» dépendances et tout le droit et justice, sans nous rien
» réseruer à la mouture des bourgeois de Rouen , ou des
» habitans des faubourgs : nous nous sommes toutefois
» rétenus franche mouture auxdits moulins , tant pour
» nostre hostel de Rouen que pour nous , en quelque lieu
» que nous logions , soit en la mesme ville ; et de plus ,
» nous auons donné au roy quatre moulins à Déville , et
» nous auons aussi donné au roy quatre mille livres tour-
» nois argent comptant. A cause de quoy le roy nous a
» cédé son chasteau et sa terre de Gaillon , sa tour et sa
» terre de Noez , les terres de Douvrend et de Humesnil,
» avec leurs appartenances , jurisdiction et justice , pour
» estre tenues et possédées à perpétuité par nous et par
» nos successeurs en pure ausmone , sans en rien retenir ,
» fors excepté les fiefs et membres de Haubert , assis hors
» des terres que nous cédons , dans lesquelles le roy a
» retenu toute justice haute et basse hors lesdites terres ,
» à condition aussi que l'église de Rouen estant vacante ,
» la jouissance desdites terres appartiendrait au roy , à
» droit de régale , etc., etc. »

*Moulin du Choq.—Moulin à Couteaux, et Moulin Papa-
voine.—Moulin de Saint-Lô.— Le Grand-Moulin et
le Moulin de l'Étrille.—Pont de Darnétal.—Pont de
Longpaon.— Pont de Carville-sur-Robec.—Pont de
Carville-sur-l'Aubette.—Pont de Saint-Lô.—La Picauderie.—Le Pont-Bellas et le Pont des Morts.*

L'on a pu considérer , pendant un grand nombre de
siècles, la vallée de Darnétal comme la *vallée des moulins,*

puisque, dans le milieu du siècle dernier, l'on ne comp·
tait encore qu'un très-petit nombre d'usines sur les rivières
de Robec et de l'Aubette. Les chûtes d'eau (toutes n'é-
taient pas même utilisées) ne servaient qu'aux meûniers,
qui, même dans leurs intérêts, ne savaient pas alors en tirer
tout le parti qu'il est possible d'en obtenir. L'art de la
mouture étoit aussi dans l'enfance ; mais, ainsi que les
autres, il a suivi une marche progressive.

Depuis une trentaine d'années, beaucoup de ces moulins ont été transformés en filatures. Si l'industrie manufacturière continue à s'emparer ainsi de toutes les chûtes
un peu importantes, il viendra un tems où, même dans
les vallées, l'on sera obligé d'élever des moulins à vent.

L'un des plus anciens moulins de cette ville est celui du
Choc, sur les Petites-Eaux, vis-à-vis un regard de la
source du Roule, à l'endroit même où les rivières de Robec
et de l'Aubette se rapprochent l'une de l'autre. Farin,
dans son Histoire de Rouen, dit, au sujet de ces deux
rivières : « comme il y aurait trop peu d'eau à celle de
» Robec, pour bien faire moudre les moulins, il y a au
». canal de celle de l'Aubette une écluse de trois à quatre
» pieds, que l'on nomme le *Choq* ou le *Chouq*, parce que
» les eaux s'entre-choquent, par laquelle coule une portion
» de la rivière de l'Aubette dans celle de Robec. » Cela
pouvait avoir lieu du tems de Farin, mais n'existe plus
aujourd'hui; car, bien certainement, les propriétaires des
usines situées sur l'Aubette, ne souffriraient pas qu'on
détournât ainsi les eaux de cette rivière, pour augmenter le cours de Robec.

L'écluse dont parle Farin existe encore, mais son usage

se borne, lorsqu'on cure ces rivières (ce qui a lieu tous les ans, pendant la semaine de la Pentecôte), à faire passer momentanément les eaux d'une rivière dans le canal de l'autre. C'est pour ce motif que l'on a donné le nom de *Moulin du Choq* au moulin situé à côté de cette écluse.

L'ancien moulin du Choq, très-vieux et très-vilain, a été reconstruit en entier, il y a quelques années, sur des dimensions beaucoup plus grandes, et la force de la chûte a permis d'établir une filature dans le même corps de bâtiment.

Le moulin du Choq appartenait aux dames de Saint-Amand de Rouen ; elles étaient propriétaires aussi du moulin qui appartient aujourd'hui à M. Cuvelier.

Le *Moulin à Couteaux* est situé à peu de distance du moulin du Choq. On l'a vu être successivement moulin à blé, à alizari, à couteaux, à blé ; depuis une vingtaine d'années, il a été transformé en filature de coton : sera-ce sa dernière métamorphose ?

Nous pensons que le Moulin à Couteaux est celui qu'on trouve désigné dans les anciennes histoires de Rouen, sous le nom de *Moulin Papavoine*. Farin, que nous citons souvent, lorsqu'il s'agit d'un fait relatif à l'histoire de Rouen, dit, en parlant de ce moulin : « qu'il est bâti » sur la rivière de Robec, en une petite isle qui contient » demi-acre environ (c'est proche de Carville) ». D'après ce peu de détails, pas de doute que ce moulin ne soit l'ancien moulin Papavoine, car la cour de M. Yvard se trouve dans une île, contient à-peu-près une demi-acre, et n'est pas très-éloignée de l'église de Carville ; et sa filature, l'ancien moulin à couteaux, est sur la rivière de Robec.

Le moulin Papavoine devait cinq livres de rente foncière à l'abbesse de Montivilliers, plus un jambon à la visite de Robec.

Le Grand-Moulin ou le moulin de Longpaon, et le moulin de l'Étrille appartenant au marquis de Seignelay, seigneur de Darnétal, étaient bannaux : en conséquence, les habitans étaient obligés d'y faire moudre leurs grains, et sans doute aussi de s'y faire étriller, puisque l'un deux avait pris le nom de *Moulin de l'Étrille*. Depuis longtems ce dernier est transformé en moulin à foulon et en filature.

Le moulin de Longpaon appartient aujourd'hui à M. François Durécu, et est, depuis une trentaine d'années, à usage de foulon. Ce sont, au moment où nous écrivons, les deux seuls moulins à foulon qui existent à Darnétal.

Si nous nous reportions dans les premiers siècles de Darnétal, nous verrions qu'il n'existait aucun pont dans cette ville : l'on passait nos deux rivières, les voitures et les chevaux à gué, les piétons sur un simple pont en planche ou plus simplement sur des troncs d'arbres jetés en travers de ces rivières. Il s'est écoulé bien des siècles avant que l'on songeât à y jeter des ponts en pierre. Aujourd'hui, nous possédons six ponts sur lesquels nous allons donner quelques détails très-succints, sans pouvoir même indiquer à quelle époque ils remontent, car toutes nos recherches ont été vaines à cet égard.

Le *Pont de Darnétal*, l'un des plus anciens de ceux qui existent dans cette ville, doit remonter à l'époque où l'on abandonna l'ancienne route, ou le *chemin du roi*, ainsi qu'on l'appelait alors , qui de Rouen conduisait à Lyons-la-Forêt, par la cavée de Carville et par Saint-Léger. N'ayant aucune donnée positive à ce sujet, nous ne pouvons indiquer à quelle époque ce changement a eu lieu.

L'ancien pont était en pierre , avait plusieurs arches, était très-étroit ; mais étant très-élevé , il était peu solide. Il y avait de chaque côté une espèce de trottoirs, que les enfans appelaient *les jattes*, sur lesquelles ils se rassemblaient pour se jouer. Vu leur peu de largeur, ces trottoirs, d'aucune utilité pour le public, avaient au contraire l'inconvénient de rétrécir la voie publique, déjà beaucoup trop étroite sur ce pont.

Ce pont, reconstruit il y a une quarantaine d'années, et posé alors sur sommiers , offrant peu de solidité , a été refait en 1819 ; mais il n'est pas plus solide : fesant partie de la route royale de Rouen à la Capelle , son entretien est à la charge du gouvernement.

Il existe deux ponts sur la place de Carville , l'un sur Robec, l'autre sur l'Aubette. Le premier a été reconstruit en 1500 , à frais communs, entre la ville de Rouen et le bourg de Darnétal, la même année où le cardinal Georges d'Amboise fit pratiquer les canaux qui conduisent les eaux de la source du Roule à Rouen , canaux qui passent sous ce pont.

Aux termes d'une transaction passée devant Maubert et Cavée, tabellions à Rouen, le pont de Carville doit être entretenu par Darnétal ; mais, en cas de destruction par force majeure, telle que guerres, inondations, etc., il doit être rétabli , moitié aux frais de notre ville , moitié à ceux de la ville de Rouen.

Avant la révolution , le trésor de Carville possédait dans ses archives une transaction et autres papiers , le tout au nombre de onze pièces concernant ce pont situé , est-il dit dans cet acte , entre l'église de Carville et le Petit-Moulin.

Il possédait aussi une autre transaction , en date du 27 octobre 1660 , entre les habitans de Rouen et ceux de la paroisse de Longpaon, touchant la *réfection* du pont de Carville , à côté de l'église.

Nous ignorons ce que toutes ces pièces, qui intéressent particulièrement notre commune , sont devenues.

Nous regardons le pont de Longpaon comme le plus ancien de ceux qui existent dans cette ville. Il a été élevé dans le tems pour donner aux habitans qui demeurent de l'autre côté de la rivière , la facilité de se rendre à l'église paroissiale : c'est le seul pont en pierre et voûté qui existe maintenant à Darnétal, sur la rivière de Robec.

Il n'y a pas encore quarante ans que l'on appelait ce pont le *Pont aux Peigneux ,* parce que c'est sur ce pont que tous les lundis les fabricans louaient les peigneurs de laine qui le matin venaient attendre là qu'on leur procurât de l'ouvrage. Cet usage n'existe plus.

Le *Pont-Bellas ,* placé au carrefour que forment les rues à-Faire, de l'Avalasse, du Pont-Bellas, Maraisquet, portait anciennement le nom du *Pont-Bellan :* ce pont n'est qu'une planche pour le passage des personnes à pied. Cependant, comme par sa position il est extrêmement utile pour ce quartier , nous pensons que l'autorité locale acquerrait un nouveau titre à la reconnaissance de ses concitoyens, si elle y fesait construire un pont en pierre. En attendant, nous l'engageons à faire placer sur celui-ci un garde-fou, pour empêcher que le soir on ne tombe dans la rivière, ce qui est arrivé plus d'une fois.

On donne le nom de *Pont des Morts* à un pont en bois qui se trouve rue du Chaperon, un peu au-dessus de la rue Tugelée. On l'appelle ainsi, parce qu'avant l'ouverture de la rue de Longpaon, c'est sur ce pont que passaient tous les enterremens qui avaient lieu sur cette paroisse.

Ce n'est que depuis 1819 qu'il existe un pont sur la rivière de l'Aubette, à l'endroit où cette rivière traverse la place de Carville. Jusqu'alors il n'y avait eu qu'une planche pour les piétons ; les voitures et les chevaux passaient la rivière à gué.

Malgré l'utilité bien reconnue de ce pont, cependant, ce n'est point l'administration qui l'a fait construire ; seulement le conseil municipal, par sa délibération du 9 août 1819, a bien voulu autoriser la construction de deux ponts, l'un auprès du moulin de Saint-Lô, l'autre au gué de Carville. Ces deux ponts ont été élevés aux frais de quelques propriétaires des communes de Rouen, Darnétal, Saint-Léger et de Saint-Aubin, qui avaient adressé à ce sujet une demande au Préfet. La ville de Darnétal a consenti seulement à se charger de leur entretien ; cette ville ne pouvait faire moins.

Déjà, en l'an 3, il avait été question de construire un pont à cet endroit ; une délibération avait été prise par le Conseil général de la commune ; mais, par des causes

.indépendantes de sa volonté, ce projet resta sans exécution.

Le *Pont de Saint-Lô*, situé à l'extrémité de la rue aux Juifs, fait de ce côté la séparation des communes de Darnétal et de Saint-Léger. Il s'écoula aussi bien des siècles, avant qu'il vînt à quelqu'un l'idée de jeter un pont à cet endroit de la rivière de l'Aubette, où certainement il est le plus utile. Ce sont les moines de Saint-Lô, grands propriétaires à Saint-Léger, qui, au commencement du siècle dernier, sentirent enfin, dans leur propre intérêt, la nécessité d'ouvrir une communication entre Darnétal, Saint-Léger et les communes circonvoisines.

Quoique ces bons pères, ainsi que tous les autres ordres religieux, eussent renoncé aux biens de ce bas-monde, ils n'en étaient pas moins propriétaires du moulin situé à côté de ce pont, du fief de la Picauderie et de la chapelle de Sainte-Marguerite : ils avaient aussi le patronage de la cure, ainsi qu'on en a la preuve par divers aveux, entr'autres par celui du 17 juin 1692. On voit qu'une partie de Saint-Léger leur appartenait, soit comme seigneurs temporels, soit par leur droit de patronage.

Le *Moulin de Saint-Lô* a été successivement à blé, à peaux, à alizari, à blé; mais, depuis une trentaine d'années, il a été mis en filature.

Le pont de Saint-Lô, étant tombé en ruines, a été en 1849 reconstruit sur sommiers, tel que nous le voyons aujourd'hui, aux frais de quelques propriétaires de Saint-Léger, de Saint-Aubin et de Darnétal.

La Picauderie était un fief peu important, et paraît avoir pris ce nom de deux hôtels qui en fesaient partie, et

dont l'un portait le nom de la *Picauderie*. L'on ignore à
Saint-Léger que ces deux hôtels y ont existé, à plus forte
raison où ils étaient situés.

Le fief de la Picauderie, comprenait tout le terrain
depuis le moulin, entre le chemin de la côte et celui de
Saint-Léger, jusqu'à la propriété appartenant à M. Pimont.
De nombreuses usines couvrent aujourd'hui ce vaste terrain et procurent de l'ouvrage à un grand nombre d'ouvriers des deux sexes, tandis que du tems des religieux
l'on n'y voyait que les deux moulins de Saint Lô et de la
Picauderie, et la maison du meûnier.

Outre le moulin de la Picauderie, il y avait aussi le
moulin de *Sainte-Marguerite*, appartenant au seigneur
de Saint-Léger. Ce moulin étant bannal, les religieux
de Saint-Lô tentèrent à diverses reprises d'établir aussi la
bannalité de celui dont ils étaient propriétaires ; ce qui
fit naître des contestations très-vives entr'eux et le seigneur. Il importait peu aux habitans de quel côté était le
droit, car ils pouvaient dire comme l'âne de la fable :

« Me fera-t-on porter double bas, double charge ? »

*Source du Roule et le cardinal d'Amboise.—Trop plein
et principaux regards.—Nouvel Aqueduc.—Fontaines
de Rouen auxquelles la source du Roule fournit de l'eau.
—Fontaine Pinnette.—Aqueduc de la Croix-Rouge.
—Ancienne Cressonnière.—Moulins à alizari.—Fontaine Puise-Argent.—Place et passage de l'Épinette.
—Sources diverses.*

Des sources qui fournissent de l'eau aux fontaines de
Rouen, la plus éloignée, la plus salubre, la plus forte

prend naissance dans nos murs. Connue sous les noms de *source du Roule* ou de *Darnétal* , elle sort du pied de la montagne du Roule , qui du côté du levant domine notre ville. On aperçoit sa principale cuve rue de la Ferme, dans le jardin d'un sieur Revel. Ce réservoir est fermé par un cône en pierre de taille. Au sommet de ce cône se trouve une ouverture de quelques pouces de diamètre , par laquelle l'on voit et l'on entend très-bien les eaux sourdre de divers points de la montagne, et se réunir au fond de ce vaste réservoir. L'on voit encore , dans un coin du jardin , le chapiteau qui fermait cette ouverture qu'il serait très-prudent de tenir toujours fermée (1). De ce réservoir , deux canaux, dans lesquels l'on peut marcher facilement , conduisent l'un au trop plein de la source , l'autre à la fontaine Pinnette.

C'est au cardinal Georges d'Amboise , premier du nom, que les habitans de Rouen doivent le précieux avantage de voir couler dans leurs murs les eaux de la source du Roule. Ce prélat philantrope, qui employa constamment une partie de sa fortune à élever des établissemens utiles au peuple, ayant reconnu la nécessité , l'urgence même de procurer de l'eau à plusieurs quartiers de Rouen , s'entendit à ce sujet avec les échevins , et voulut contribuer pour la moitié dans la dépense. Les travaux commencèrent en 1500 , et la même année l'on vit couler la fontaine de la Croix-de-Pierre.

---

(1) L'on frémit quand on pense que des malfaiteurs pourraient empoisonner une partie des habitans de Rouen, en introduisant par cette ouverture des substances vénéneuses.

La source du Roule prend son cours par la rue de la Ferme, traverse les propriétés de MM. Lefébure, suit la chaussée de Carville, entre les rivières de l'Aubette et de Robec, jusqu'au moulin de Carville, coule ensuite à la gauche de Robec jusqu'au moulin du Choq, traverse la masure de M. Gilbert, et va gagner, en fesant quelques détours, la porte Saint-Hilaire, où cette source se divise pour fournir de l'eau aux diverses fontaines que nous indiquerons plus loin.

Le premier et le principal regard de cette belle source se trouve à peu de distance de la fontaine Pinnette, à l'entrée du jardin qui fait l'encoignure des rues de la Ferme et Frambœuf. C'est une grande pierre, longue de huit à neuf pieds, sur trois ou quatre de large, sur laquelle est une ouverture d'à-peu-près un pied carré, fermée par une pierre de même grandeur. Le second se trouve chaussée de Carville, dans la cour du Dragon. Le troisième, placé près le moulin de Carville, est renfermé dans une voûte assez élevée et construite en maçonnerie dans l'intérieur de la cour. Cette voûte a été reconstruite en 1770. La cuve qui reçoit les eaux est en plomb et n'est pas très-grande; un robinet placé à l'un des tuyaux, à la hauteur de quelques pieds, prouve que le propriétaire de la maison a le droit d'y prendre de l'eau. Cette concession lui aura sans doute été faite en échange du terrain qu'il aura cédé pour y construire ce regard.

Le quatrième et dernier regard de cette source, sur le territoire de Darnétal, est vis-à-vis le moulin du Choq, et fermé par une petite porte en bois.

Le trop plein de la source du Roule se trouve sous la

rue de la Ferme, à-peu-près à vingt pas du premier regard: l'entrée en est fermée par une porte en bois. Après avoir descendu cinq ou six marches, l'on passe sous cette rue et l'on va ainsi jusqu'au pied de la côte où se trouve la première cuve. De chaque côté de la porte d'entrée est un écusson représentant , à ce que nous présumons, les armoiries du cardinal d'Amboise et celles de la ville de Rouen ; mais ces écussons sont dans un tel état de dégradation, que nous n'osons l'affirmer. Sur celui à gauche, l'on distingue encore assez bien une croix pastorale, un chapeau de cardinal et quelques ornemens ; sur l'autre, l'on reconnaît un animal : c'est sans doute un mouton, puisqu'il porte un étendard fleurdelisé ; mais on le prendrait plutôt pour un cheval qui se cabre.

Il existe, à côté de la fontaine Pinnette, un autre conduit qui aboutit aussi à la première cuve , fermé par des barreaux en fer; l'on y accède par l'escalier du trop plein.

Un travail bien utile, commencé il y a quelques années , c'est le nouvel aqueduc dans lequel passent les canaux de la source du Roule, assez élevé pour qu'un homme y marche facilement ; maintenant les fontainiers peuvent trouver de suite la perte d'eau , ce qu'ils n'avaient pu faire jusqu'alors, puisque souvent ils étaient obligés de creuser à vingt endroits, avant de trouver celui où l'eau se perdait. C'est un beau et bon travail qui coûtera certainement beaucoup à la ville de Rouen , mais qui aussi lui évitera à l'avenir de grandes dépenses. En 1833, les travaux ont été prolongés jusqu'au pont de Carville ; ainsi, l'on peut espérer que dans quelques années ils seront entièrement terminés.

Les Fontaines de Rouen, alimentées par la source du Roule, sont au nombre de treize, et ont commencé à couler aux époques suivantes :

FONTAINES.

1500.   De la Croix-de-Pierre.
1500.   De Sainte-Croix-Saint-Ouen (1).
1513.   De la rue de l'Epée.
1513.   Des dames de Sainte-Claire, rue Saint-Hilaire.
1516.   De la rue Martinville , contre l'église Saint-
         Maclou.
1516.   De l'ancien couvent des Célestins.
1528.   De la rue Saint-Vivien , contre l'église.
1531.   De la rue des Augustins, contre l'ancien mo-
         nastère.
1658.   De l'Hospice-Général, l'une du côté des hommes,
         l'autre du côté des femmes.
1703.   Des Pénitens , rue Saint-Hilaire.
         De Bicêtre, rue du Fer-à-Cheval.
1830.   De la rue de l'Abreuvoir, faubourg Saint-Hilaire.
1834.   Rue Saint-Hilaire , à l'encoignure de l'impasse
         de Romulus.

On voit la fontaine Pinnette soudre à-peu-près à vingt pas de la source du Roule, avec laquelle , dans l'origine, elle ne devait former qu'une seule et même source. Aujourd'hui, cette fontaine coule dans le canal qu'on lui a tracé dans la propriété de MM. Lefébure , traverse la rue aux Juifs ,

---

(1) Le père Pommeraye, dans son Histoire de l'Abbaye de Saint-Ouen, prétend que cette fontaine a été construite en 1451, par l'ordre de Jean Richard, abbé de ce monastère; c'est une erreur, puisque la source de Darnétal, qui fournit de l'eau à cette fontaine, n'a été amenée à Rouen qu'en 1500.

passe sous la maison portant le N° 11, et va se perdre dans l'Aubette. Primitivement, elle se perdait dans les terres, et formait, avec les rivières de Robec et de l'Aubette, le marais qui, pendant tant de siècles, couvrit cette partie de Darnétal.

En 1805, M. Baptiste Lefébure, se regardant sans doute comme propriétaire de la fontaine Pinnette, en fit clore une partie. En 1812, il voulut la clore entièrement et en interdire l'usage au public; mais M. Auber, alors maire, s'y opposa dans l'intérêt de ses administrés. Le conseil municipal fut appelé plusieurs fois à émettre son avis sur la contestation élevée entre la ville et M. Lefébure. Persistant dans son opinion que la ville était et devait rester propriétaire de cette fontaine, il prit, dans sa séance du 16 mai 1817, une délibération spéciale par laquelle il autorisait le maire à faire tout ce qui conviendrait pour conserver à la ville la propriété de la fontaine Pinnette. Depuis ce moment, M. Lefébure paraît avoir abandonné ses prétentions et reconnu les droits de la ville.

Nous avons vu à l'article de la rue de la Ferme, dont une partie a porté, pendant longtems, le nom de rue Pinnette, que le vrai nom de la rue et de la fontaine est *Pinel* et non Pinnette.

Depuis longtems l'*incommodo* du ruisseau qui prend sa source dans la propriété de MM. Turgis, et qui traversait la place de la Croix-Rouge et la rue Pavée, pour se perdre dans la rivière de Robec, était connu : cependant, ce n'est qu'en 1818 que le conseil municipal autorisa le maire à faire construire un aqueduc pour recevoir ses eaux, et débarrasser ainsi la voie publique. Une partie de la dépense a été payée par quelques propriétaires voisins qui, ayant demandé ce changement, ont bien voulu faire une souscription entr'eux, et qui a produit onze cents francs.

C'est à-peu-près à la même époque que l'on construisit aussi un aqueduc pour le ruisseau de la rue de Préaux, qui était pour le moins aussi incommode, surtout pour les personnes à pied.

L'on vit, pendant bien des siècles, une vaste cressonnière dans l'emplacement compris aujourd'hui entre les rues de la Croix-Rouge, Pinel, Frambœuf, aux Juifs et Pavée. Cette cressonnière, que formaient les eaux de la source du Roule et de la fontaine Pinel, existait encore en grande partie dans le commencement du siècle dernier. Pendant longtems, l'on n'y vit qu'une seule maison, celle du marchand de cresson, qui se trouvait du côté de la rue Frambœuf ; mais depuis l'on y a élevé un certain nombre de maisons particulières et d'établissemens plus ou moins importans, qui ont changé totalement la physionomie de ce quartier.

Dans l'enclos même où la fontaine Pinel commence à couler, cette fontaine fait marcher deux moulins à alizari dont l'un, situé du côté de la rue aux Juifs, vient d'être transformé en filature : ce dernier, construit dans le tems par un sieur d'Harystoi, parait être la première usine élevée sur l'emplacement de cette ancienne cressonnière.

Il existait encore, il y a une soixantaine d'années, rue de la Brasserie, contre la maison occupée aujourd'hui par M. Adam, une fontaine publique que l'on appelait la *Fontaine du Puits-d'Argent*. Il fallait descendre plusieurs marches pour y puiser de l'eau. Nous ignorons pourquoi on lui avait donné ce nom, et pour quel motif on l'a supprimée. Dans des titres relatifs à la propriété de MM. Goulé, il est fait mention de cette fontaine, sous le nom de fontaine *Puise-Argent*.

On appelait *place de l'Epinette*, un terrain vague, le long de la rivière de Robec, entre la fontaine Puise-Argent et le passage du moulin à foulon. On voit aujourd'hui, sur cette petite place, quelques maisons peu importantes construites, il y a une soixantaine d'années, par un sieur Hucher, fabricant de draps.

Le Mont-Pilon et la Belle-Etoile.—Vallée Dame-Jeane. —Côte de la Vigne et anciens Vignobles.—Fosse à Pétrémol.—Côte de Saint-Jacques.—Côte Pigache.— Four à chaux.—Montagne du Roule.—Cave et Chateau de Raoul.—Le Mont-Maclou.—La Croix-Lalouette et la procession de Saint-Marc.—La Cavée et les marais de Carville.—La Chapelle et l'Ile Saint-Gilles.—La Tonne et la Belle-Epine.

Des collines qui dominent Darnétal, le *Mont-Pilon* est la plus haute et la plus escarpée ; aussi, une fois parvenu à son sommet, jouit-on d'un coup-d'œil magnifique, enchanteur ; c'est un véritable panorama que l'on a sous les yeux. Non-seulement l'on découvre Darnétal dans tout son entier, mais la vue plane encore sur les belles et riches campagnes de Blosseville, du Mesnil-Esnard, de Franqueville, dont on aperçoit, dans le lointain, les modestes clochers qui, de ce lieu, malgré leur simplicité et leur peu d'élévation, semblent se perdre dans les nues. Les communes de Saint-Léger, Saint-Jacques, Roncherolles, Saint-Martin-du-Vivier, du Bois-Guillaume, coupées en grande partie par des coteaux boisés, offrent aussi aux regards l'aspect le plus pittoresque, forment des paysages très-variés que l'on contemple toujours avec un nouveau plaisir.

Sous le rapport du sol, le Mont-Pilon présente des différences notables. Le versant qui domine le chemin vicinal du Bois-Guillaume, est formé, en grande partie, de terres calcaires, mais surtout de carbonate de chaux ; c'est, sans doute, pour ce motif, que beaucoup de personnes donnent à cette portion du Mont-Pilon le nom de *Côte Blanche.* Sur l'autre versant, la partie supérieure offre, au contraire, une terre franche, mêlée d'un peu de silex, très-favorable à la végétation ; mais, contre l'ordinaire, plus on descend ce versant, plus le terrain devient médiocre, au point que, dans beaucoup d'endroits, ce n'est plus qu'un mélange de terres calcaires, et d'une très-petite portion de terre végétale.

Il y avait anciennement, sur le Mont-Pilon, un moulin à vent dont on voyait encore quelques vestiges au commencement de la révolution. Peut-être a-t-on donné à cette montagne le nom du meûnier ou celui du propriétaire du moulin.

C'est sur le Mont-Pilon qu'en 1793 les frères et amis de Darnétal ont célébré la fameuse fête de la Montagne.

Il existe sur le plateau qui domine le Mont-Pilon une très-grande et très-jolie plantation connue sous le nom de la *Belle-Etoile*, appartenant aux hospices de Rouen.

Malgré sa proximité de notre ville, cette superbe promenade est cependant peu fréquentée ; nous pouvons même dire qu'il y a beaucoup de personnes à Darnétal qui n'ont jamais porté leurs pas de ce côté, et peut-être aussi beaucoup qui ne la connaissent pas même de nom. N'est-ce pas le cas de dire avec un ancien écrivain :

Turpe est in patriâ peregrinari et esse hospitem in iis rebus quæ ad patriam pertinent.

Le lycée, toutes les pensions, même le grave séminaire, connaissent très-bien la Belle-Etoile. Il n'existe pas, en effet, aux environs de Rouen de promenade plus propice, plus commode pour les écoliers, où ils puissent plus facilement faire une partie de barres ou de biche. Une pelouse unie, à l'abri du soleil, leur permet de se livrer à ces jeux avec toute l'ardeur de leur âge. Quant aux jeunes lévites, auxquels nous ne savons trop pourquoi l'on défend dans les séminaires les jeux bruyans, si nécessaires, cependant, au développement des facultés physiques, il n'est pas non plus de lieu plus favorable pour méditer en silence sur les préceptes de la religion, ainsi que sur les devoirs que leur impose l'état qu'ils ont embrassé.

L'on donne, nous ne savons trop pourquoi, le nom de *vallée Dame-Jeane* au chemin ou rue du Mont-Pilon, qui de la rue de Préaux conduit, en fesant quelques sinuosités, sur le plateau de la Belle-Etoile, et au hameau du Mesnil-Grémichon. Une simple inspection prouve que ce chemin n'a pas été tracé par la main de l'homme, mais que ce sont les eaux pluviales qui, en s'écoulant avec force pour se perdre dans la vallée, ont formé insensiblement cette gorge entre les deux montagnes. Ainsi, la vallée Dame-Jeane est tout simplement une ancienne et forte ravine, dont on a su tirer parti pour établir un chemin de communication, pour les voitures, entre Darnétal et le Mesnil-Grémichon, hameau de Saint-Martin-du-Vivier.

Beaucoup de personnes pensent que la *côte de la Vigne* était anciennement plantée en vignes, et que c'est de là que vient l'origine de son nom. S'il en était ainsi, elle n'aurait pas cessé de porter ce nom, ce qui n'est pas ; car dans des titres du 15ème siècle, on ne lui en donne aucun : cependant, ce n'est que dans les commencemens du 14ème, que l'on a abandonné entièrement la culture de la vigne en Normandie. Nous ne contestons pas l'existence de cet ancien vignoble, mais il n'y a pas cinquante ans que la côte de la Vigne porte ce nom, qu'elle doit à un ancien propriétaire nommé Gady de la Vigne. Peut-être avait-elle, dans des tems plus reculés, porté aussi celui de *côte des Vignes*. Dans ce cas, la similitude de ces deux noms est une singularité assez particulière.

Avant l'introduction des pommiers en Normandie, culture qui n'a été généralement répandue que dans le 14ème siècle, cette province possédait un grand nombre de vignobles plus ou moins estimés. Parmi ceux qui étaient situés dans notre département, et dont nos anciennes chroniques font mention, nous devons citer particulièrement les vignobles de Graval-Port-Mort, d'Oissel, de Freneuse, de Watteville, de Bouteilles, de Longueville, de Jumièges, de Pierrecourt, de la côte Sainte-Catherine, etc. Charles-le-Chauve, dans une charte confirmative des privilèges de l'abbaye de Saint-Ouen, de Rouen, relate les vignes qui appartenaient à cette abbaye, soit dans les murs, soit hors l'enceinte de la ville. » *Videlicet mansuræ intrà et juxtà » civitatem, quæ ad jàm dictum monasterium pertinent, » habentes agros,* VINEAS, *prata, sylvas et piscatorias.* »

Le père Pommeraye, dans l'histoire de cette abbaye, nous apprend qu'en 1254 ces vignes formaient encore une grande partie de ses revenus. Nos chroniques nous apprennent aussi que l'on avait alors l'usage de bénir le vin nouveau *du pays*, cérémonie qui, chaque année, avait lieu le 14 septembre, avant la grand'messe de la cathédrale. D'après ces faits, l'on ne peut mettre en doute l'existence d'anciens vignobles dans notre département ; il n'y a donc rien d'extraordinaire qu'il y en ait eu sur la côte de la Vigne, d'ailleurs, on ne peut plus favorablement exposée pour ce genre de culture.

L'usage du cidre, dit Rosier dans son Cours d'Agriculture, n'est pas très-ancien en Normandie. L'on trouve dans quelques abbayes de cette province des réglemens économiques pour la subsistance des religieux : l'on y désigne leur boisson, soit en vin, soit en bière, mais il n'y est nullement mention de cidre : plusieurs rentes seigneuriales y sont pareillement stipulées en vin. Il y a beaucoup d'apparence que l'origine de la plantation des pommiers à cidre ne remonte pas au-delà de 1300.

Les pommiers étaient certainement connus en Normandie, avant l'époque fixée par Rosier ; mais toutefois l'usage du cidre n'y était pas généralement répandu. Lorsque les normands s'emparèrent de la Neustrie, des actes de l'époque font mention des allées de pommiers qui entouraient l'abbaye de Saint-Vandrille, que ces conquérans détruisirent de fond en comble. L'on voit encore dans un titre du 12ème siècle, les religieux de Jumièges recevoir une donation en pommes pour faire le cidre nécessaire à leur consommation.

Qui a pu donc déterminer les normands à substituer le cidre au vin ? En voici, nous pensons, la raison. L'on sait qu'anciennement la Normandie était couverte de hautes forêts qui, formant un vaste réseau, garantissaient les coteaux, plantés en vigne, des vents du nord, et facilitaient, par conséquent, la maturité du raisin ; mais à mesure que ces forêts ont été abattues, la quantité et la qualité du vin dégénérant d'années en années, les habitans se sont vus forcés de remplacer cette liqueur par une autre boisson dont la culture, présentant plus d'avantage, était en même tems moins sensible aux intempéries des saisons.

Revenons à la côte de la Vigne. Ainsi que tous les terrains vagues, cette côte était sans doute une vaine pâture. S'il faut s'en rapporter à une ancienne chronique, Rollon donna en propriété aux religieux de Saint-Ouen, toutes les terres, depuis l'église de Longpaon jusqu'à l'église Saint-Hilaire, en mémoire de saint Ouen, évêque de Rouen et patron de leur abbaye. A l'article des églises de cette ville, nous verrons quel motif porta le prince scandinave à faire cette donation dans laquelle se trouvait comprise la côte de la Vigne, mais qui, dans ces tems reculés, n'avait pas encore de nom particulier.

Avec le tems, les religieux de Saint-Ouen aliénèrent tout ou partie de ces terrains, car l'on voit dans un contrat du 7 juin 1455, que *Jeanne Lallu* vendit et céda aux Chartreux de Rouen une pièce de terre en pâture, nommée les *paturages de Beaurepaire*, contenant 120 acres, dont la côte de la Vigne fesait partie, sur lesquels les paroissiens de Saint-Hilaire, de Carville, de Long-paon, du Mesnil-Grémichon et de Saint-Martin-du-Vivier, avaient droit de parcourt.

D'après l'acte de vente, les habitans de ces paroisses n'étaient tenus qu'à une faible redevance ; mais il paraît qu'ils ne l'ont jamais payée, ou que du moins il ne la payaient plus depuis longtems. Les Chartreux n'avaient donc sur ces terrains qu'un droit de seigneurie, droit stérile, quand la jouissance de la chose est aliénée à perpétuité.

Il est vrai que, d'un autre côté, les habitans n'avaient que des droits d'usage ; mais, sous la législation féodale, ces droits emportaient l'usufruit du fond : ainsi la côte de la Vigne était inaliénable comme propriété commu-nale. La ferme de la Grande-Mare, appartenant aux Chartreux, a été vendue dans les premières années de la révolution, comme bien national, par les adminis-trateurs du district. Un sieur Chemin, qui s'en était rendu adjudicataire, prétendit, par suite de cette ac-quisition, être propriétaire aussi de la côte de la Vigne ; mais loin qu'on lui ait vendu cette côte, l'on a ex-pressément déclaré dans l'acte d'adjudication, qu'il n'au-rait que les paturages en nature de commune, dépendant de ladite ferme, c'est-à-dire qu'il aurait le droit de participer aux paturages en nature, comme les autres habitans.

L'administration municipale de Darnétal ne regardait pas non plus le sieur Chemin comme propriétaire de la côte la Vigne, puisque le 15 germinal, an 2 (4 avril 1794), elle prit une délibération portant que le quintiti suivant, les officiers municipaux, à la tête de la garde nationale, se transporteraient sur cette côte pour la défricher.

En effet, on commença ce défrichement, mais les travaux furent suspendus par ordre supérieur. L'administration de département invitait le Conseil général de Darnétal à lui produire les titres en vertu desquels cette côte, ou partie, appartenait à la commune de Darnétal.

Sur la motion du citoyen Dran, agent national, le Conseil général arrêta, dans sa séance du 28 germinal, que le procès-verbal dressé le 20, du défrichement d'une partie de cette côte, serait envoyé dans le plus bref délai à l'administration de département, à laquelle en outre il serait écrit : « que des citoyens, devenus libres, » ayant droit aujourd'hui de réclamer des propriétés » qui leur avaient été usurpées, demandent à rentrer » dans l'entière et pleine possession de cet objet im- » portant ; en conséquence, ils demandent que ladite » administration leur donne connaissance des titres qui » lui ont été remis par le citoyen Chemin se prétendant » propriétaire de l'objet en question, ainsi que celui-ci » l'a déclaré, à l'effet de jouir du bénéfice que la loi du » ..... (1) leur accorde individuellement. »

(1) La date de la loi est restée en blanc sur le registre des délibérations.

Malgré la délibération du Conseil général , cette réclamation , quoique fondée en droit, ne paraît pas avoir
eu de suite, puisque, jusqu'à ce jour, la côte de la
Vigne est restée propriété particulière.

On voit sur la côte de la Vigne, à peu de distance du
sentier qui conduit sur le plateau , un trou assez grand ,
que l'on appelle la *Fosse à Pétrémol*. Il paraît qu'anciennement cette fosse était très-profonde , mais qu'insensiblement elle s'est trouvée remplie avec le caillou
que l'on retire journellement de la côte. Les anciens du
pays n'ont pu nous apprendre à quel usage a pu servir
cette fosse, ni à quelle époque elle remontait. Ils l'ont
toujours vue et leurs pères l'ont toujours vue aussi. Peut-
être avait-elle été creusée à l'époque de nos guerres de
religion, car Darnétal prit aussi une part active à ces
guerres désastreuses.

Quoi qu'il en soit , cette fosse doit son nom à un
nommé Pétrémol , de Darnétal, qui fut pendu, il y a à-
peu-près une soixantaine d'années, sur la place de Longpaon , pour avoir violé une jeune fille dans cette fosse.
La tradition ne rapporte pas si, après avoir assouvi sa
passion , Pétrémol fit comme le curé Maingrat, s'il de-
péca sa victime.

Après l'exécution de Pétrémol , son corps fut suspendu , pendant plusieurs jours , au chêne qui marque les
limites de Darnétal et de Saint-Martin-du-Vivier.

C'est ce que la tradition rapporte au sujet de la fosse
à Pétrémol ; mais un simple viol entraînait-il la peine capitale? Nous ne le pensons pas. Au surplus, le crime de
viol n'était point de la compétence des hauts-justiciers,

la connaissance en était réservée aux juges royaux. Il faut qu'il y ait eu d'autres circonstances dont on n'aura pas conservé le souvenir, pour que cet homme ait été condamné à mort par une haute-justice.

La côte qui de Darnétal conduit à Saint-Jacques, porte, dans sa partie supérieure, le nom de *côte de Saint-Jacques*, et, dans l'autre, celui de *côte de Darnétal*, quoique ce ne soit réellement qu'une seule et même côte. Pourquoi donc lui a-t-on donné deux noms ? Nous l'ignorons.

La côte de Darnétal n'a rien de remarquable. Comme beaucoup d'autres, elle est très-longue, très-rapide et beaucoup trop étroite, principalement à l'entrée de Darnétal. Il existe un projet de la changer de direction et de la reporter de l'autre côté du cimetière. On lui donnerait alors une plus grande largeur et une pente beaucoup plus douce. Espérons que l'on ne tardera pas à voir ce projet réalisé (1).

En examinant avec un peu d'attention la côte de Darnétal, telle qu'elle est aujourd'hui, l'on reconnaît que cette voie publique a fait anciennement partie de la montagne du Roule. En effet, à partir de la partie boisée de cette montagne, jusqu'à l'avalasse, au pied du Mont-Roti, le terrain va toujours en décroissant d'une manière sensible, et forme là une espèce de vallée étroite où les eaux de la côte Pigache viennent former une forte ravine. On ne peut préciser aujourd'hui l'époque où l'on a percé cette route, mais tout porte à croire qu'on l'ouvrit lorsqu'on

---

(1) Ce projet reçoit son exécution, au moment où nous remettons cette Notice à l'impression. La nouvelle côte sera livrée au public dans le courant de l'année 1836.

abandonna le chemin du Roi qui passait par la cavée de Carville, traversait Saint-Léger et conduisait à Lyons-la-Forêt, en coupant les bois de Saint-Jacques. On voit encore dans ces bois quelques vestiges de cette ancienne route.

- La *Table-de-Pierre*, qui a donné son nom à un des hameaux de Darnétal, compris depuis la première côte jusqu'au chemin vicinal du Bois-d'Ennebourg, était, si nous pouvons nous exprimer ainsi, une espèce de tribunal en plein vent. C'était une pierre carrée, en forme de table, supportée par quatre pillers, placée sous un vieux chêne, sur lequel était attaché un Christ. Dans quelques circonstances particulières, le bailli de Darnétal tenait sa juridiction dans ce prétoire dont la disposition rappelait un peu le chêne de Vincennes sous lequel Saint-Louis rendait la justice à ses sujets. Il paraît aussi que tous les gardes des forêts appartenant au prince de Soubise, étaient obligés, avant d'entrer en fonctions, de venir à ce tribunal prêter serment de fidélité au prince, entre les mains du bailli qui, lorsqu'ils avaient prêté ce serment, les déclarait installés dans leurs fonctions.

. Nous avons peu de choses à dire de la *côte Pigache* qui n'offre rien de particulier, et qui, sans doute, doit le nom qu'elle porte à l'un des propriétaires auxquels elle a pu appartenir. Longtems inculte, aujourd'hui cette côte est cultivée en entier, mais le terrain y est de la plus mauvaise qualité.

Il y a eu, pendant longtems, un four à chaux sur cette côte, à peu de distance du bois, dans la portion exploitée par un sieur Marchand. On voit encore quelques vestiges de ce four que personne à Darnétal n'a connaissance d'avoir vu exploiter, et qui paraît, en effet, être abandonné depuis longtems. La charrue ramenant quelquefois à la surface du sol des débris de cet ancien four, c'est ce qui nous l'a fait découvrir, nous trouvant par hasard au moment où on labourait la pièce de terre dans laquelle il se trouve.

Au bas de cette côte on voit quelques maisons qui forment le hameau de la côte Pigache ; ce hameau n'aura jamais une grande importance.

A peu de distance de la côte Pigache, à gauche du chemin qui conduit à Quevreville, l'on voit aussi les restes d'un ancien four à chaux, abandonné depuis longtems, mais qui existe encore presqu'en entier.

La *montagne du Roule*, située à l'est de Darnétal, s'étend aussi sur la commune de Saint-Léger. La partie supérieure est seule boisée, mais tout porte à croire que, dans l'origine, elle était entièrement couverte de bois. Cette côte, aujourd'hui en nature de culture, est devenue propriété particulière, et appartient, en grande partie, à M. Dantan, cultivateur à Darnétal.

Du haut de la montagne du Roule, l'on jouit d'un point de vue magnifique. Les regards se portent naturellement sur notre ville que l'on voit dans son entier ; si, au contraire, ils se dirigent sur Saint-Léger, l'on aperçoit, pour ainsi dire à ses pieds, les nombreuses usines qui vivifient cette petite commune, et dans lesquelles, au moment où nous écrivons, règne la plus grande activité. Dans le lointain, l'on découvre la ville de Rouen qui, de cette position, semble se déployer aux regards comme un vaste tableau ; c'est un spectacle ravissant. On voit la Seine rouler majestueusement ses flots argentés aux pieds de cette antique cité, et ses eaux dessiner ces nombreuses sinuosités dont les rives de ce beau fleuve sont parsemées, et qui flattent si agréablement la vue par la variété des paysages. Avec quel plaisir, quelle avidité l'œil contemple ces superbes basiliques élevées sur divers points, et dont les tours, qui semblent se perdre dans les nues, annoncent de loin aux étrangers qu'ils approchent d'une grande et antique cité.

Généralement le bois du Roule est peu fourni : l'on y voit de nombreuses clairières, et, dans beaucoup d'endroits, l'on trouve à peine quelques pieds de bruyère, de genevrier, ce que l'on doit sans doute attribuer à la nature du sol où domine le silex, surtout du côté qui regarde Saint-Léger.

On distingue le bois du Roule, sous les noms du grand et du petit Roule. Le grand Roule comprend la partie du bois qui se trouve au haut de la côte de Saint-Jacques, derrière la Table-de-Pierre ; le petit Roule domine la montagne et se prolonge vers Saint-Léger.

D'après une tradition généralement répandue dans le pays, il existait anciennement un château-fort sur la montagne du Roule. Suivant la même tradition, cette forteresse aurait été construite par Raoul, duc de Normandie. Nos anciennes chroniques ne fesant aucunement mention de Darnétal, nous ne devons pas être surpris de ne posséder aucun renseignement sur les anciennes fortifications de cette ville. Faute de témoignages historiques, nous ne pouvons affirmer que ce château ait été élevé par Raoul, mais l'on ne peut mettre en doute qu'il n'ait réellement existé quelques fortifications sur cette côte. En l'absence de preuves contraires, nous pensons qu'on doit ici s'en rapporter à la tradition populaire, car ne sait-on pas que souvent la voix du peuple est la voix de dieu, *vox populi, vox dei*. Si le nom que porte encore ces vestiges n'est pas une preuve positive, c'est au moins un fort indice, puisqu'ils ne sont connus dans le pays que sous le nom de *cave* et de *château du Roule*.

Il y a aussi la *butte du Roule*, tout à l'entrée du bois. C'est un monticule encore assez élevé, mais cependant beaucoup moins qu'il ne l'était primitivement. D'après sa position, cette butte pourrait servir aujourd'hui à y placer une batterie ; mais, avant l'usage de l'artillerie, nous ne voyons pas à quoi elle pouvait servir. C'est à-peu-près à cent cinquante pas de ce tertre, en s'avançant un peu dans le bois, dans la direction de Saint-Léger, qu'on trouve la *cave du Roule*. Cette fosse, plantée depuis longtems, comme le reste du bois, servait d'entrée à deux vastes souterrains, dont l'un conduisait à Saint-Léger, aux environs de la Picaudrie, l'autre vers le pont de Darnétal.

Ces souterrains existent encore en grande partie. En 1786, deux particuliers de cette ville, MM. Tanquerel et Rodier, firent ouvrir celui dans la direction de Darnétal, y pénétrèrent avec beaucoup de peine à-peu-près l'espace de quatre-vingt à cent pas, sans pouvoir aller plus loin, parce qu'ils trouvèrent le passage fermé par une grille en fer. Beaucoup de personnes eurent aussi la curiosité de visiter ce souterrain, mais, comme eux furent arrêtées par cette grille. Au mois d'août 1829, des ouvriers, occupés à extraire du caillou dans ce bois, ont retrouvé l'ouverture d'un de ces souterrains, celui qui conduit au pont de Darnétal; mais comme l'entrée en était très-difficile, qu'il fallait même se coucher à plat ventre pour y pénétrer, peu de personnes ont voulu le faire. D'après leur rapport, elles n'ont pu y marcher plus de trente à quarante pas, encore ont-elles été obligées de se courber dans la plus grande partie du chemin. L'on trouve, à gauche, deux espèces de cachots de six à sept pieds carrés, et à droite, mais un peu plus en avant, une pièce plus grande, plus élevée, dans laquelle on peut au moins se tenir debout. Ce souterrain est voûté en pierres de taille et en bloc; il deviendra de plus en plus difficile de le parcourir, à cause des éboulemens que l'infiltration des eaux y opère journellement, ainsi que par les terres que les eaux pluviales y entraînent avec elles.

Dire que ces souterrains avaient été creusés pour mener les chevaux boire en tems de guerres, c'est répéter l'histoire vraie ou fausse de la plupart des souterrains des châteaux-forts: quoi qu'il en soit, l'un conduisait à la rivière de Robec, et l'autre à celle de l'Aubette.

Il y a une cinquantaine d'années, en creusant les fondemens d'une maison, rue du Pont, N° 8, occupée aujourd'hui par M. Vincent, instituteur, les ouvriers trouvèrent une grande voûte en pierres de taille, se prolongeant dans la direction du Pont, et qui devait faire partie du souterrain qui aboutissait à Robec.

Si l'on n'aperçoit plus aucun vestige du château-fort attribué à Raoul, au moins l'on reconnaît encore très-bien l'emplacement qu'il occupait. Il est même facile de se faire une idée de son étendue et de sa forme, par les fossés qui l'entouraient, et dont on distingue encore très-bien les traces, malgré le laps de tems qui s'est écoulé depuis la démolition de cette forteresse. En creusant seulement à quelques pouces de profondeur, soit sur le plateau, soit sur les bas côtés, l'on trouve une grande quantité de débris, tels que mortier, ciment, briquetons, mais principalement des tuiles : celles-ci sont plus longues, plus larges, plus épaisses que celles en usage aujourd'hui, cependant ce ne sont pas des tuiles romaines.

L'espace occupé par cette forteresse et ses dépendances, étant planté aussi en bois-taillis, paraît avoir toujours fait partie du bois du Roule. Si ce n'est les inégalités que l'on remarque sur le terrain, les débris de toutes espèces que l'on rencontre, pour ainsi dire, à chaque pas, qui attestent que la main de l'homme a élevé là quelque construction à son usage, l'on ne se douterait jamais que dans ce lieu isolé, que sur cette côte escarpée, a existé, pendant plusieurs siècles, une forteresse, image du despotisme et l'effroi de la liberté ; que là peut-être un haut et puissant seigneur fesait sentir le poids de son autorité, et dictait des lois aux paisibles habitans de Darnétal, forcés comme tous les français, à cette époque humiliante de notre histoire, de courber la tête sous le joug féodal.

Cette forteresse, dont on ne peut contester l'existence, avait-elle réellement été élevée par Raoul ? Nous avons peine à le croire. Si l'on se reporte à l'époque où ce grand homme dictait des lois à la Neustrie, Darnétal n'étant encore qu'un simple village, sans importance par lui-même, ni par sa position dans une vallée, l'on ne voit pas par quel motif on l'aurait fortifié. Si ce château n'existait pas avant la conquête des normands, nous ne voyons pas non plus quel motif aurait pu déterminer Raoul à le faire élever, puisqu'il était maître de la Neustrie entière, et que Darnétal était trop près de sa capitale, pour que ses ennemis conçussent seulement l'idée de s'emparer de ce village.

Si l'on excepte l'échauffourée du vicomte du Cottentin aux portes même de Rouen, le règne de Guillaume-Longue-Epée ne nous offre aucun événement qui ait nécessité ce prince à fortifier cette partie de ses Etats. Ce n'est donc que pendant la minorité de Richard-sans-Peur, duc de Normandie, qu'on aurait pu élever quelques fortifications à Darnétal. En effet, lorsqu'au mépris de la reconnaissance et de la foi jurée, Louis-d'Outremer se fut emparé de Rouen, nous voyons que *Raoul-Tourte* (1), qu'il avait placé dans cette ville, en qualité de gouverneur-général de la province, fit démolir un grand nombre d'églises et de monastères, pour faire construire des forts, principalement dans les environs de Rouen. Celui qui nous occupe pourrait donc bien avoir

______

(1) Quelques historiens, entr'autres Guillaume de Jumièges, le nomment RAOUL-LE-TORT. C'était un brigand de la première force; et, ainsi que le dit ce dernier chroniqueur, il était plus méchant que les payens, car ceux-ci s'étaient contentés de piller et de brûler les églises et les monastères, tandis que Raoul-Tourte, pour satisfaire sa haine et son avarice, les fit démolir de fond en comble.

été élevé par ses ordres, non pour défendre Darnétal ,
mais pour mettre de ce côté la ville de Rouen à l'abri
d'une surprise. S'il en a été ainsi, la tradition n'aurait
pas tout-à-fait tort d'attribuer ce château à Raoul, seulement ce Raoul ne serait pas le prince scandinave qui
a rendu son nom immortel, comme guerrier et comme
législateur, mais un simple officier de la cour de Louis 4.
La ressemblance du nom a seule occasionné l'erreur.

Maintenant, le château du Roule était-il bien une forteresse, dans le sens généralement attaché à ce mot ?
n'était-ce pas plutôt la demeure fortifiée de quelque
châtelain ? L'on sait que dans le bon tems de la féodalité,
il n'existait pas de haut et puissant seigneur qui n'eût
son château avec ses tours, ses créneaux, ses donjons,
ses ponts-levis; la Normandie en était couverte : aussi, en
parlant de cette province, les voyageurs anglais disent-ils
qu'elle était la patrie des châteaux, des églises, des monastères , ce qui prouve que les seigneurs, les prêtres et
les moines s'étaient fait la part du lion, dans les tems
où la force décidait de tout.

De nos jours, une forteresse, où était le château de
Raoul, pourrait certainement défendre Darnétal , et, en
même tems , incommoder la ville de Rouen : l'on conce-
vrait alors son utilité ; mais, avant l'usage de l'artillerie,
à quoi celle-ci pouvait-elle réellement servir ? Nous le
répétons, malgré ces deux souterrains, nous pensons que
ce prétendu fort n'était qu'un simple château fortifié
comme l'étaient ceux de Blainville, de Préaux, de Saint-
Denis-le-Thibout , de Martinville, de Saint-Léger , qui

tons ont joué un rôle plus ou moins important dans nos guerres de religion.

Quoi qu'il en soit, à quelle époque le fort ou le château du Roule a-t-il été détruit? Nous n'avons à ce sujet que des données incertaines. Nous trouvons dans l'histoire universelle du président de Thou, qu'en 1562 les protestans de Rouen s'étant emparés de Darnétal, en rasèrent les fortifications, mirent le feu dans plusieurs quartiers, et commirent dans ce bourg une infinité de désordres. Par fortifications faut-il entendre ce château? Nous le pensons, car nous n'avons pas connaissance que notre ville ait jamais été fortifiée sur d'autres points.

Originairement le *Mont-Maclou* fesait partie de la côte de la Vigne, qui s'étendait jusqu'à la cavée de Carville, et dont il s'est trouvé séparé, lorsqu'on a percé la nouvelle route qui, depuis quelques siècles, traverse Darnétal. Un certain nombre d'habitations, des jardins légumiers, quelques masures couvrent aujourd'hui le sol de ce monticule sur lequel ne croissaient, dans ces tems reculés, que quelques plantes incultes et inutiles.

D'où vient le nom de Mont-Maclou? Il existe à Rouen une église sous l'invocation de Saint-Maclou, dont le le véritable nom est *Marcouf*. Est-ce en son honneur que nos ancêtres lui ont donné son nom? Nous l'ignorons. Nous savons seulement que saint Maclou vivait dans le milieu du 6ème siècle, sous l'empereur Justinien; que ce saint n'est jamais venu à Rouen, et encore moins à Darnétal.

Le nom de ce monticule ne viendrait-il pas plutôt du nommé *Dumont-Maclou*, hôtelier qui vivait en 1610, et qui demeurait sur la route de Rouen , un peu au-dessus de la rue Saint-Pierre. La ressemblance du nom doit porter à le croire. Le 26 octobre de l'année précitée, cet hôtelier fit une donation à la fabrique de Carville , d'une rente de sept livres deux sols, d'une maison et d'un jardin situés rue de la Chaîne, paroisse de Longpaon. On voit dans le contrat qu'à cette époque les deux paroisses n'en fesaient encore qu'une , sous la dénomination de paroisse de *Carville* ou de *Darnétal*.

. La *Croix-Lalouette* a donné son nom à un quartier de cette ville. Il fut un tems où nos ancêtres, guidés par un sentiment sans doute très-pieux, mais assurément très-mal entendu, se plaisaient à planter des croix sur les grand'routes , dans les carrefours, sur les places publiques, pour exciter la vénération des fidèles. Nous pensons, cependant, que tout ce qui a rapport au culte ne devrait jamais être exposé hors l'enceinte des temples consacrés à célébrer les mystères de la religion. C'est dans ces lieux saints , seulement dans ces lieux, que les croyans doivent adresser leurs prières à l'Être-Suprême, et non sur un grand chemin ou au milieu du forum. Cet usage pouvait être toléré dans les premiers tems du Christianisme, où l'on ne pensait qu'à son salut, mais aujourd'hui que chacun pense aussi à faire ses affaires , peu de personnes s'avisent de venir s'agenouiller dévotement aux pieds des croix, des calvaires, que depuis quelques années l'on semble avoir pris plaisir à replacer sur les grand'routes, surtout à l'approche des villes et des bourgs. Ceux qui plantent ainsi des croix sur la voie publique, ignorent certainement que chaque chose a son

7 *

tems, que chaque époque a ses usages, et que les hommes doivent marcher avec leur siècle. Dans un pays où, par la loi, chacun est libre de professer sa religion, c'est blesser toutes les convenances sociales et religieuses que d'afficher extérieurement l'exercice exclusif d'un culte, quand ce culte n'est pas professé par tous les habitans de ce pays.

Je reviens à la Croix-Lalouette sur laquelle, cependant, j'ai peu de choses à dire. Cette croix était placée sur la route de Rouen, à la pointe de la cavée de Carville, à la place même où est aujourd'hui le bureau de l'octroi. L'on voyait encore, il y a quelques années, la pierre sur laquelle elle était posée. A quelle époque avait-on élevé cette croix? Pourquoi lui avait-on donné le nom de Lalouette? C'est ce que nous n'avons pu découvrir.

Avant la révolution, le jour de Saint-Marc, les curés de Sainte-Croix-Saint-Ouen, de Saint-Nicaise, à Rouen, allaient avec leur clergé chercher celui de Saint-Vivien; et, lorsque les trois paroisses étaient réunies, elles se rendaient processionnellement à Saint-Pierre-de-Carville, à Darnétal, où, à son tour, chaque curé fesait la prédication. Le curé de Saint-Vivien récitait une oraison en l'honneur de Saint-Marc, en entrant dans l'église de Carville. Au retour, la procession fesait une assez longue station à la Croix-Lalouette, où le curé de Sainte-Croix-Saint-Ouen récitait aussi une oraison. Rentrée en ville, cette procession fesait une semblable station devant la Croix-de-Pierre; là, c'était le curé de Saint-Nicaise qui, pour la clôture des stations, récitait une dernière oraison, après quoi le clergé de chaque paroisse rentrait processionnellement dans son église.

Chacun sait que la procession de Saint-Marc est extrêmement utile pour les biens de la terre, puisque si on ne la fesait pas tous les ans, il ne pleuvrait pas dans les tems de pluie, ou il ne ferait pas beau tems, lorsque le soleil luit de tout son éclat : aussi, chaque année, le clergé de notre ville fait-il cette procession avec toute la pompe convenable, et, comme de juste, il en obtient toujours les meilleurs effets.

Pendant longtems la *Cavée de Carville* a porté le nom de *Cavée de Lalouette ;* nous l'avons trouvée désignée ainsi dans plusieurs titres : serait-ce cette cavée qui aurait donné son nom à la Croix-Lalouette, ou la Croix-Lalouette qui l'aurait donné à la Cavée? C'est ce qu'il nous a été encore impossible de découvrir.

Anciennement, la Cavée de Carville était le chemin du Roi, de Rouen à Lyons-la-Forêt. Nous avons déjà parlé de cette ancienne route. Restée simple chemin rural, elle était, avec le tems, devenue impraticable, par défaut d'entretien. Enfin, en l'an 3 (13 février 1795), le Conseil général de la commune prit un arrêté portant la construction d'un pont sur l'Aubette, la réparation de la Cavée de Carville, et l'élargissement de la partie supérieure de la rue Sainte-Marguerite, beaucoup trop étroite pour le passage de deux voitures. Malgré l'utilité bien reconnue de ces travaux, pour établir une communication facile entre les communes de Rouen, de Darnétal, de Saint-Léger, de Saint-Aubin, d'Epinai, du Mont-Main, aucun, cependant, par des causes indépendantes de l'administration, n'a été exécuté dans le tems. Nous avons vu que plutard le pont a été élevé aux frais de quelques particuliers. La Cavée aujourd'hui est entretenue avec soin ; il ne reste donc plus qu'à élargir la portion trop étroite de la rue Sainte-Marguerite , travail indispensable, surtout si l'on veut retirer de la côte Lalande tout l'avantage qu'on s'en est promis (1).

Entre la rive droite de Robec et la rue de la Cavée de Carville , il existe une portion de terrain vague , séparée de la voie publique par quelques bornes placées de distance en distance. A qui appartient ce terrain? Dans un tems, les propriétaires de la rive opposée ont prétendu qu'il leur appartenait, mais, comme ils n'ont jamais pu en produire les titres de propriété, l'autorité locale n'a eu aucun égard à leur demande, et les choses sont restées *in statu quo*. La ville de Rouen a fait plus, elle s'est permis d'en aliéner la portion comprise depuis la rue Saint-Pierre jusqu'à la filature de M. Vilain. Avait-elle ce droit? Non. Nous défions cette ville de produire les titres qui lui en confèrent la propriété, aussi ne concevons-nous pas comment l'administration de Darnétal a pu, dans le tems, souffrir qu'on s'emparât ainsi de son territoire.

Serait-ce comme représentant les anciens Chartreux que la ville de Rouen s'est crue propriétaire de ce terrain , parce que le fief de la fontaine Jacob, dont il dépendait, appartenait à ces religieux? Mais, ce terrain n'étant point dans les limites de Rouen, les Chartreux

(1) La commune de Saint-Léger vient enfin de se décider à faire élargir la portion de la rue Sainte-Marguerite qui dépend de son territoire, et à faire les travaux nécessaires pour ne donner à cette ancienne cavée qu'une pente très-douce.

eux-mêmes dépendant de la commune du Petit-Quevilly,
la ville de Rouen n'a aucun droit sur ce terrain, puisqu'en vertu des lois de l'époque, il appartient, en toute
propriété, à Darnétal.

Quoi qu'il en soit, c'est le 10 pluviôse an 12 (31
janvier 1804), que l'administration municipale de Rouen
a concédé à un sieur Olivier, teinturier à Darnétal, la
jouissance de 48 mètres de longueur de ce terrain.

Comme les tuyaux de conduite de la source du Roule
passent précisément dans ce terrain, l'acte de concession
porte que le sieur Olivier sera obligé de faire construire
un aqueduc en pierre, à ses frais.

L'article 9 lui impose l'obligation de réparer et entretenir
aussi à toujours, en bon état, le talus de la rive droite
même le *chemin public*, sur toute l'étendue de ce terrain.

L'article 10 porte : « qu'il sera tenu de faire le curage
» de la rivière, dans le tems prescrit; de n'embarrasser,
» en aucune manière, le libre cours des eaux, et de
» conserver au canal la largeur voulue par les réglemens;
» parce que le citoyen Olivier aura le droit de faire cons-
» truire sur le terrain ci-dessus désigné, tels hangars ou
» lavoirs qu'il jugera convenable, lesquels ne pourront
» excéder *huit mètres d'élévation au-dessus du niveau du*
» *sol :* enfin, à la charge encore par le citoyen Olivier,
» ou ses représentans, de payer au bureau de la recette
» de la ville, trois francs par an, *tant que durera sa*
» *jouissance,* par forme de reconnaissance des obliga-
» tions à lui imposées. »

Ainsi, pour une misérable rente de trois francs, et
seulement pour la convenance d'un particulier, la

commune de Rouen a aliéné la jouissance d'un terrain qui d'abord ne lui appartient pas, et qui ensuite était indispensable pour donner à la voie publique la largeur convenable, la rue n'ayant, dans cet endroit, que 5 mètres 8 décimètres de large.

A la suite des hangars que le sieur Olivier était autorisé à construire, l'on a élevé, depuis quelques années, plusieurs maisons dont certainement la hauteur dépasse celle prescrite dans l'acte de concession. Il est présumable que celui qui les a fait construire ignore les clauses contenues dans cet acte ; qu'il regarde ce terrain comme sa propriété, tandis qu'il n'en a réellement que la jouissance, et que celle-ci peut lui être retirée, lorsque le maire de Rouen le voudra, ou quand la ville de Darnétal voudra rentrer en possession d'une propriété qui lui appartient.

En 1833, la ville de Darnétal s'est enfin décidée à faire acte de propriété, non pour la portion de ce terrain, cédée au sieur Olivier, mais pour celle restée vague, et dans laquelle passent les conduits de la source du Roule.

Par arrangement entre les deux villes, le conseil municipal de Rouen, dans sa séance du 9 juillet 1833, a concédé à la ville de Darnétal, à perpétuité, deux filets d'eau de chacun six lignes, de la source du Roule. Le 23 août suivant, le conseil municipal de Darnétal a accepté cette concession, et renoncé en échange au droit de propriété du terrain.

Dans la même séance, le conseil a décidé qu'au moyen de la concession faite par la ville de Rouen, deux fontaines publiques seraient établies, l'une sur la place de la Croix-Rouge, l'autre dans la rue Saint-Pierre.

Ces fontaines ont commencé à couler dans les premiers
jours de juillet de cette année. Elles seront d'une grande
utilité pour les habitans de ces quartiers. Il est fâcheux
qu'il n'ait pas été possible d'amener jusqu'aux environs
du Mont-Maclou, celle que l'on a placée au bas de la tour
de Carville, parce que, là, elle eût été utile à un plus grand
nombre de citoyens.

Si nous nous reportions à l'origine de Darnétal, nous
verrions que les *marais de Carville* avaient alors une bien
plus grande étendue que celle qu'ils ont aujourd'hui.
Toute la partie basse de notre ville était elle-même sous
les eaux. Ce n'est que lorsqu'on eut donné un cours à
nos deux rivières, et que l'on eut fait perdre dans celles-ci
les sources nombreuses qui coulent à Darnétal, que les
terrains se sont desséchés peu à peu, et qu'ils sont devenus
habitables. Ainsi, les marais de Carville et le fameux
marais du Pré-aux-Loups, à Rouen, avaient la même
origine, et peut-être n'ont-ils formé, pendant longtems,
qu'un seul et même marais.

Au surplus, il nous importe fort peu maintenant de
savoir ce qu'étaient ces marais il y a plusieurs siècles,
voyons seulement ce qu'ils sont aujourd'hui. Devenus
propriétés particulières, la plus grande partie a été trans-
formée en jardins légumiers ; mais leur étendue est bien
circonscrite, étant bornés, dans leur largeur, par l'Aubette. Ces marais commencent à la rue des Trésoriers et
se prolongent jusqu'à la rue du Cat-Rouge. La portion
qui appartient à Darnétal ne s'étend pas au-delà de
l'impasse de Carville, le reste dépend de Rouen. Toute la

partie qui avoisine l'Aubette est maintenant couverte d'usines , plus importantes les unes que les autres.

La langue de terre entre les rivières de l'Aubette et de Robec , presqu'en face l'ancien moulin à couteaux , portait autrefois le nom d'*île Saint-Gilles*, du nom de l'ancienne chapelle de Saint-Gilles-de-Répainville à qui elle appartenait. Cette chapelle , située à l'encoignure des Petites-Eaux et de la rue Saint-Gilles , était une succursale de l'église de Saint-Hilaire. Supprimée à la révolution , elle a été vendue et démolie de fond en comble , et, depuis, l'on a élevé à sa place un établissement en rouge des Indes. L'église et le cimetière ont été vendus au mois d'avril 1792 , pour le prix de 4100 livres. Ce terrain contenait 255 toises de superficie.

Tout porte à croire qu'anciennement le hameau de Saint-Gilles-de-Répainville était plus considérable et plus peuplé qu'aujourd'hui, puisque, dans l'origine , la chapelle de Saint-Gilles était église paroissiale et entièrement distincte de Saint-Hilaire. dont , par la suite des tems , elle était devenue la succursale.

Selon Toussaint Duplessis, le hameau de *Répainville* tire son nom du latin *ripœ villa*, parce qu'il est situé sur les rivières de Robec et de l'Aubette.

Il y a bien longtems que l'on appelle la *Tonne*, la masure sise à l'encoignure des Petites-Eaux et de la Cavée de Carville, ainsi nommée, parce que le fermier, y donnant à boire, avait pris une tonne pour enseigne. La masure a changé plusieurs fois de maître , mais elle n'a pas changé de destination , aussi les ouvriers en conaissent-ils très-bien le chemin, surtout le dimanche et le lundi.

A peu de distance de la Tonne, il y avait une autre maison connue sous le nom de la *Belle-Epine*, mais celle-ci était le rendez-vous de la haute société de l'époque. On sait qu'anciennement nos pères allaient au cabaret, comme aujourd'hui nous allons au café. Les gourmets de Darnétal, même ceux de Rouen, connaissaient très-bien la Belle-Epine, et souvent l'on y vit couler à grands flots le Champagne et le Bourgogne. En France, tout étant de mode, les amateurs portèrent peu à peu leurs pas vers un autre côté, et cette maison qui, pendant un si grand nombre d'années, avait joui d'une réputation bien méritée, perdit tout-à-coup la vogue.

Nous terminons ici la description topographique de cette ville : de plus grands détails dépasseraient le but que nous nous sommes proposé. Dans les chapitres suivans, nous traiterons des administrations ecclésiastique, civile et judiciaire qui existent ou qui ont existé à Darnétal. La troisième et dernière partie contiendra un aperçu historique et statistique sur les divers genres d'industrie exercés dans cette ville, depuis des tems plus ou moins éloignés, et sur l'état actuel de nos manufactures.

Administration ecclésiastique.—Cure de Darnétal.—Ancien Doyenné.—Eglise de Carville.—Vitraux remarquables.—Tour de Carville.—Baptéme des Cloches.—Henri 4 et le boulet de canon.—Eglise de Longpaon.—Vitraux remarquables.—Saint-Ouen, patron de cette église.—Le calvaire et l'abbé Duval.—Cimetières publics.—Rollon et le paysan de Longpaon.—Pompes funèbres.

Le catholicisme romain est la religion généralement

professée à Darnétal. On n'y compte aujourd'hui qu'un très-petit nombre de protestans, encore la plupart sont-ils des étrangers, principalement des suisses qui viennent travailler dans les fabriques d'indiennes. Cependant, lors de la réforme, beaucoup d'habitans de cette ville avaient embrassé avec ardeur la croyance de Luther et de Calvin, que depuis ils abandonnèrent pour retourner au giron de l'église romaine. Les dragons de Louis 14, très-bons missionnaires, comme on le sait, commencèrent ces conversions; l'odieuse révocation de l'Edit de Nantes a fait le reste.

A cette époque de douloureuse mémoire (1685), Darnétal a vu aussi une grande partie de sa population émigrer et porter chez l'étranger ses bras, son industrie, sa fortune. Nous verrons, dans un autre chapitre, quel coup funeste cette émigration a porté aux manufactures de cette ville, alors si florissantes, et qui occupaient un si grand nombre d'ouvriers. Dans tous les tems, l'intolérance religieuse a produit des fruits bien amers! Quand cessera-t-on de tyranniser les consciences? Quand les hommes seront-ils assez sages pour laisser chacun libre de prier et d'honorer la divinité à sa manière?

Darnétal a conservé les deux églises qu'il possédait avant la révolution. Pour le spirituel, cette ville dépendait de l'archevêché de Rouen, du grand-archidiaconé et du doyenné de la Chrétienté. Cette hiérarchie n'existe plus. Les curés de canton correspondent directement avec les évêques diocésains, et les desservans avec les curés de canton. Il existe une cure dans chaque justice de paix, plusieurs succursales, et, dans quelques communes, des annexes ou chapelles vicariales.

Darnétal étant le siège d'une justice de paix, l'une de ses deux églises, Saint-Pierre-de-Carville, a le titre de cure. Comme curé de canton, le titulaire de cette paroisse exerce sa juridiction sur les succursales suivantes : Auzouville-sur-Ry, Bois-Guillaume, Grainville-sur-Ry, le Héron, Isneauville, Longpaon, Martinville-sur-Ry, Préaux, Ry, Saint-Denis-le-Thibout, Saint-Martin-du-Vivier, Saint-Jacques-Quevreville et sur les chapelles du Bois-d'Ennebourg, du Bois-Lévêque, de Roncherolles, de Saint-Léger et de Servaville.

Avant la révolution, le diocèse de Rouen était partagé en six archidiaconés, dont le plus considérable, celui de Rouen, portait aussi les noms d'*Archidiaconé* de la Chrétienté et de *Grand Archidiaconé*.

L'archidiaconé de Rouen était composé de huit doyennés, formant ensemble 356 paroisses et 94 chapelles, connus sous les noms des doyennés de la Chrétienté, du Bourg-Theroulde, du Pont-Audemer, de Saint-Georges-l'Abbaye, de Pavilly, de Cailli et de Périers. Le doyenné de la Chrétienté, dont Darnétal fesait partie, contenait 49 paroisses et 36 chapelles. Les paroisses de Carville et de Longpaon étaient au nombre de celles du doyenné de la Chrétienté dont les curés fesaient corps avec ceux de Rouen, dans les assemblées diocésaines, et qui avaient voix délibératives dans ces assemblées.

L'église de Carville semble, on ne sait trop pourquoi, avoir été jetée dans un coin de Darnétal, au milieu des marais, et, pour ainsi dire, au pied de la montagne qui de ce côté domine notre ville. Ainsi que la plupart des églises paroissiales qui naguères couvraient encore le sol de l'antique Neustrie, il est présumable que celle dont nous nous occupons n'aura été, dans l'origine, qu'une simple chapelle élevée pour l'usage des habitans qui étaient venus se fixer au milieu de ces marais. Nous avons des preuves historiques que l'église de Longpaon existait, au moins comme chapelle, dans le 10ème siècle, mais nous n'avons aucun document semblable sur l'époque où celle de Carville a été érigée, soit comme simple chapelle, soit comme église. Tout ce que l'on peut conclure, c'est qu'ayant toujours eu la suprématie sur celle de Longpaon, sa fondation doit être antérieure au 10ème siècle.

L'on voit, dans d'anciens titres, qu'en l'année 1160 un *Radulphe*, fils d'Etienne, seigneur de Carville, donna cette église aux religieux du Mont-aux-Malades. Ces religieux desservaient la maladrerie du Mont-Saint-Jacques, fondée en 1131 par les habitans de vingt paroisses de Rouen, pour y placer leurs malades attaqués de la lèpre. Au mois de novembre de l'année suivante, Hugues d'Amiens, archevêque de Rouen, confirma la donation faite à ces religieux. L'église de Longpaon qui, à cette époque, n'était encore qu'une simple chapelle, fut comprise dans la donation faite par Radulphe, quoique le territoire sur lequel elle est assise n'ait jamais fait partie du fief de Carville, mais parce que cette chapelle était dans la dépendance et sous la juridiction de l'église paroissiale.

Ce Radulphe, seigneur de Carville, paraît être la souche d'une ancienne famille de Rouen, dont plusieurs ont eu l'honneur d'être maires de cette ville, dans les 13ème et

14ème siècles ; Nicaise de Carville en 1230 , le même ou son fils en 1238, Pierre de Carville en 1281 et 1282, et Pierre de Carville , son fils , en 1303.

Lorsque Radulphe fit cette donation aux religieux du Mont-aux-Malades , la population de Darnétal était bien peu considérable , puisque, d'après le pouillé de l'archevêque Odo Rigault, dressé dans le milieu du 13ème siècle, cette ville ne comptait encore que cent-vingt communians répartis, tant sur la paroisse de Carville, que sur la dépendance de la chapelle de Longpaon : ainsi, en mettant trois personnes par feu, nombre le plus bas qu'on puisse prendre, Darnétal ne se composait alors que d'une quarantaine de maisons.

L'ancienne église de Carville s'étendait jusqu'à la tour, qui en a été séparée à la fin du 17ème siècle, et qui vraisemblablement accompagnait le grand portail. Il existe dans le pays deux traditions au sujet de cette église. L'une dit qu'elle fut brûlée par la foudre, l'autre qu'elle s'écroula par vétusté ; l'une et l'autre sont inexactes. Nous pouvons donner à ce sujet des détails certains, les ayant puisés dans les anciennes archives de cette paroisse, qui, au moment de la révolution, ont été déposées à la mairie, mais qu'un heureux hasard nous a fait retrouver au milieu d'un tas de paperasses jetées sans soin dans un grenier.

En l'année 1683 , cette église tombant en ruines pouvait, il est vrai, s'écrouler d'un moment à l'autre, mais on prévint ce danger. La prudence ne permettant plus d'y célébrer l'office divin, les marguillers s'assemblèrent plusieurs fois, dans le courant de cette année, pour

aviser aux moyens de la réédifier. Enfin, par leur délibération du 24 mars 1684, ils autorisèrent le trésorier en
charge à traiter avec un sieur Petit, marchand de bois
à Bellencombre, pour la fourniture du bois nécessaire à
sa réédification. Le marché fut conclu au prix de 29 sous
la marque, rendue dans le cimetière de Carville. Dans
une délibération postérieure, le même trésorier fut autorisé à passer un semblable marché pour la maçonnerie,
pour la charpente et pour tous les matériaux nécessaires
à la couverture.

Le 22 juillet 1687, les marguilliers traitèrent avec le
sieur Jacques Gravois, maître maçon et architecte à
Rouen, pour la construction d'un portail, conformément
au plan présenté par lui, seulement pour la main-
d'œuvre, la pierre devant lui être fournie par la fabrique.

La même année il s'éleva une contestation entre les
trésoriers et le sieur Grosmesnil, maître charpentier, au
sujet de la charpente de l'église qu'il ne voulait pas livrer
au prix convenu. Le procès fut porté devant le lieutenant-
général du bailli de Rouen. Par leur délibération du 23
novembre, les marguilliers donnèrent plein pouvoir aux
trésoriers en charge de soutenir ce procès devant tous les
tribunaux compétens.

Dans une autre assemblée convoquée *ad hoc*, le 1er janvier suivant, on nomma deux commissaires pour examiner l'état dans lequel se trouvait la charpente, et pour
constater ce qu'il en restait encore à faire ; ils étaient
autorisés à transiger avec le sieur Grosmesnil, s'il y avait
lieu : cependant, on leur recommandait expressément de
ne rien conclure, sans, au préalable, avoir pris l'avis du
vicomte de Rouen.

Nous n'avons pu trouver comment s'est terminé ce procès. Pendant que l'on plaidait, les travaux avançaient, bien lentement. Sur la réclamation générale des habitans, le conseil de fabrique, par sa délibération du 8 septembre 1688, autorisa les trésoriers en exercice à faire terminer, dans le plus bref délai, *d'une façon ou d'autre*, la clôture de l'église. Dans cette délibération, on leur donnait encore l'injonction de ne rien faire sans l'avis et les conseils du vicomte de Rouen. Il paraît que les marguillers de Carville avaient une grande confiance dans les lumières de ce vicomte, ou que celui-ci portait un bien grand intérêt à cette église.

L'ancienne église, ainsi que nous l'avons dit plus haut, s'étendait jusqu'à la tour ; mais, faute de fonds suffisans, l'on fut obligé d'en supprimer une grande partie. Le chœur, les deux chapelles latérales, ainsi que quelques parties de la nef, qui n'avaient besoin que de légères réparations, ont été conservés dans leur entier (1).

-Les frais de réédification se sont élevés à-peu-près à la somme de quarante mille livres, et ont été payés, en grande partie, par les paroissiens, au moyen d'une souscription ouverte à ce sujet. Quelques-uns d'entr'eux ayant refusé de payer la somme qu'ils avaient promise, y furent contraints judiciairement.

(1) Dans un manuscrit relatif au cours des fontaines de la ville de Rouen, portant la date de 1525 , l'on voit qu'à cette époque le chœur de l'église de Carville n'était pas encore entièrement terminé. Ce fait nous prouve que c'est sous François Ier que cette église a été primitivement reconstruite. Cependant, comment se fait-il qu'un siècle et demi était à peine écoulé, lorsqu'il a fallu la reconstruire en grande partie? Nous ne pouvons le dire. Dans ce manuscrit, le bourg de Darnétal est désigné sous le nom de DERNESTAL.

Outre le chœur, l'église de Carville se compose d'une nef et de deux collatéraux. Cette église, dans l'état où nous la voyons aujourd'hui, est un monstre en architecture, non pas tant à cause de l'association du style moderne avec le style gothique, que par les dévastations que l'ignorance la plus stupide et le goût le plus barbare ont apportées aux parties anciennes conservées, surtout aux portails latéraux, aujourd'hui murés, qui étaient accompagnés de tourelles, de contre-forts pyramidaux et de scupltures dont on ne voit plus que la masse ou les traces.

Ces deux portails ont été supprimés lors de la reconstruction de l'église, sur le motif que l'église nouvelle ayant une moins grande étendue que l'ancienne, ils devenaient inutiles. Il fallait alors les fermer, mais non les murer et les mutiler ainsi qu'on l'a fait ; nous n'aurions pas aujourd'hui à regretter deux beaux morceaux d'architecture.

Les anciens vitraux, réduits aujourd'hui à un bien petit nombre, sont les seuls objets sur lesquels l'ami des arts puisse reposer sa vue affectée de tant de dévastations (1).

Ceux du sanctuaire existaient encore, il y a quelques années, dans leur totalité, mais la fantaisie d'élever aussi un grand rétable en plâtre, comme à Longpaon, a exigé la suppression de celui du fond qui s'est trouvé entièrement brisé par l'incurie des préposés aux travaux, et par

(1) Nous devons à l'extrême obligeance de M. de la Quérière, auteur de la Description historique des Maisons de Rouen, les détails que nous donnons sur les vitraux des églises de Carville et de Longpaon.

la maladresse des ouvriers. Cette suppression est d'autant plus regrettable, que les sujets qui restent sont d'un excellent goût de dessin, et très-variés dans leurs ornemens. Ces vitraux sont du milieu du 16ème siècle.

Du côté de l'évangile, sous des espèces de portiques, saint Pierre et saint Paul, et la Vierge au milieu. Au-dessous, une petite frise fort légère, jolie grisaille dans le vrai goût de l'antique. L'on y voit des hommes combattant à pied et à cheval, des éléphans, etc.

Dans les tableaux inférieurs, sont deux vases de fleurs de la forme la plus élégante, la plus gracieuse, et plusieurs saints personnages.

L'un des panneaux de l'amortissement représente Jésus-Christ donnant ses pouvoirs à saint Pierre, et prononçant ces paroles inscrites sur un phylactère, en lettres gothiques : Tu es Petrus.

Du côté de l'épitre, les panneaux offrent, comme les précédens, un grand nombre de fractures et de morceaux de verres blancs. Parmi ces jolis vitraux, il faut remarquer une Annonciation indiquée par ces mots tracés sur un cartouche, en lettres gothiques :

Ave Gratia plena Dominus tecum.

Au-dessus est un Saint-Nicolas.

Les autres tableaux, au nombre de quatre, non compris ceux qui sont sous l'ogive, offrent des personnages de petite proportion, dont les costumes élégans, les poses gracieuses et les airs de tête charmans, composent un ensemble des plus flatteurs à la vue, et du meilleur style.

8 *

La nef est formée de deux rangées d'arcades portées sur des pieds-droits ornés de pilastres ïoniques.

Les anciens piliers, transformés en colonnes doriques, séparent les bas-côtés des chapelles; quelques anciennes moulures à leur base les font reconnaître.

Avant la révolution, le chœur était entouré d'une grille en fer, haute de dix à douze pieds, remarquable sous le rapport du travail; mais elle a été enlevée, en 1793, pour les besoins de la République. Celle que l'on a replacée, il y a quelques années, seulement du côté de la nef, n'a que douze à quinze pouces de hauteur : les deux barrières qui ferment l'entrée du chœur, ne dépassent pas la hauteur des stales : tout cela est bien mesquin.

Darnétal est l'une des cinq villes du département où il y ait en même tems une cure et une ou plusieurs succursales.

La cure de Darnétal, occupée aujourd'hui par l'abbé Lefebvre, est de première classe.

Depuis l'année 1661, les titulaires de la cure de Carville ont été :

1661. MM. Pierre Demarets, mort en 1689.

1685. Pierre Sémond. C'est sous lui qu'a été réédifiée l'église de Carville.

1694. Denis Laffecteur. Un arrêt du parlement de Normandie lui adjuge le bénéfice-cure de Carville : il avait un compétiteur.

1728. Thomas Thinel.

1743. Pierre-Bernard Chapais.

1788. MM. Pierre Moudré, né à Rouen, le 24 septembre 1758, mort à Darnétal, le 9 avril 1846.

1791. Dessaissy, nommé le 15 mai, à cette cure, par les habitans, conformément à la Constitution civile du clergé.

1792. Alexandre Arnoult, nommé de même par les habitans.

1798. Pierre Moudré, celui qui était titulaire en 1788.

1816. François-Nicolas Bizet, né à Darnétal, le 6 décembre 1759, mort dans la même ville, le 12 mars 1825.

1825. François Lefebure, précédemment titulaire à Saint-Aubin-la-Campagne.

Beaucoup de personnes, à Darnétal, pensent que la *tour de Carville* a été construite par Jules-César : ces personnes ne se doutent certainement pas que César n'est jamais venu dans la partie des Gaules que nous habitons, qui fut conquise par ses lieutenans; que ce grand homme avait des affaires plus importantes à s'occuper qu'à bâtir des églises, et que, d'ailleurs, le Christ n'étant pas encore né à cette époque, l'on ne pouvait élever des temples en son honneur. Il est donc inutile de réfuter sérieusement de pareilles traditions.

La simple inspection de la tour de Carville prouve qu'elle date de l'époque de la renaissance, et qu'elle a été construite en même tems que l'ancienne église dont elle fesait partie. Cette tour et l'église de Longpaon sont les seuls monumens de cette ville, qui, sous le rapport de l'art, offrent vraiment quelqu'intérêt. Malheureusement l'une et l'autre sont dans un état complet de dégradation. En 1828, l'autorité locale a fait faire, il est vrai, quelques réparations à la tour de Carville, mais comme elles sont insuffisantes, l'on n'a fait que pallier le mal, tandis qu'il fallait le réparer. On y songera quand il ne sera plus tems.

La tour de Carville, d'un fort joli gothique, est terminée par une galerie en plate-forme, d'un travail assez délicat, sur laquelle se trouve la cloche de l'horloge. Elevée de cent-quinze pieds, on la découvre très-bien de tous les environs de Darnétal. On accède à la plate-forme par un escalier circulaire de deux cents marches.

Au sujet de cette tour, nous avons lu dans le Journal des Sciences morales et politiques, tome 1er, no 3, 17 décembre 1831, qu'on venait de la démolir et que les pierres avaient servi à construire une fabrique vis-à-vis le cimetière. En vérité, c'est par trop fort, et c'est pourtant comme cela que beaucoup d'individus écrivent l'histoire.

Avant la révolution, l'on comptait quatre cloches dans la tour de Carville, une grosse et trois petites; aujourd'hui, il n'y en a plus qu'une, et c'est assez.

Deux fois, dans le siècle dernier, la grosse cloche cassa, la première en 1754, la seconde en 1773.

Lorsqu'elle cassa en 1773, le curé et les trésoriers firent marché, le 24 mars, avec Jacques Gilot et Charles Morel, fondeurs à Sainte-Claire-sur-l'Epte, pour la refondre, moyennant cinq cents francs pour tous les frais. Par leur marché, les fondeurs étaient tenus de la livrer solidement suspendue à son mouton, sonnant librement en accord avec les trois autres cloches.

Elle fut descendue le 19 juin, transportée le même jour dans la cour de M. Hucher, où demeure aujourd'hui M. Alexandre Durécu, pesée le 21, mise en morceaux et placée dans la chambre du fourneau le 22. Le lendemain, à six heures du matin, l'on alluma le feu. La matière étant entrée en fusion entre onze heures et midi, on la coula dans le moule. Au moment où les fondeurs avertirent qu'ils allaient couler le métal, M. Chapais, curé de la paroisse, entonna le *Veni Creator !* et donna ensuite sa bénédiction. Lorsque l'opération fut entièrement terminée, le clergé chanta, en action de grâces, un *Te Deum*, au milieu de la cour.

Reportée le lendemain au pied de la tour de Carville, cette cloche fut remontée le 26 juin, bénite par M. le curé, en présence de son clergé et d'un grand nombre de personnes; nommée *Marie-Barbe*, par madame veuve Dufresne; et le même jour mise en branle à cinq heures du soir.

Cette cloche avait perdu 130 livres à la fonte; elle ne pesait plus que 3584 livres, perte dont les fondeurs furent obligés de tenir compte, à raison de trente sous la livre.

On lisait sur cette cloche l'inscription suivante :

« L'an de grâce 1773, j'ai été bénite par M. Pierre-
» Bénard Chapais, docteur en théologie, bachelier, curé
» de cette paroisse, et nommée *Marie-Barbe*, par
» MM. Pierre Caron, Pierre Auber fils aîné, Michel-
» Adrien Brochy et Charles Thinel, trésoriers du banc,

» et par madame Marie-Barbe Talon, veuve de M. Robert
» Dufresne, ancien trésorier de cette paroisse; et refondue
» au mois de Juin, à Carville, dans la cour de M. Jean-
» Baptiste Hucher, ancien trésorier, époux de dame Eli-
» sabeth Clotilde Lorgueilleux.

» J'ai été faite par Jacques Gilot et Pierre-Charles
» Morel. »

Conformément à la loi du 23 juillet 1793, les quatre cloches de Carville, ainsi que celles de Longpaon, ont été enlevées par le gouvernement révolutionnaire, pour être transformées en canons.

La société populaire de cette ville, qui était loin d'être un conservatoire, a été, cependant, la première à réclamer contre l'enlèvement de toutes les cloches, car la loi précitée en laissait une, dans chaque commune, à la disposition de l'autorité locale.

Ce n'est qu'en 1805 que la fabrique de Carville fit enfin l'acquisition d'une cloche pour le service de la paroisse. Celle-ci pesait 3343 livres, mais elle n'a pas eu une longue durée, car elle a été cassée en 1824. Refondue et remontée au mois de septembre de la même année, elle fut bénite et baptisée de nouveau avec toutes les cérémonies en usage dans ces sortes de baptêmes. Elle a eu l'honneur d'avoir pour parrain et marraine, M. Mouchet, alors maire, et madame François Durécu, qui lui donnèrent le nom d'*Adèle*.

Tout le monde sait que lorsque Henri 4 fit le siège de Rouen, en 1591, il avait établi son quartier-général à Darnétal; mais tout le monde ne sait pas que ce prince se donnait la peine de monter, plusieurs fois par jour, sur la tour de Carville, pour observer du haut de cette tour ce qui se passait dans la ville, et diriger ses attaques en conséquence. Un jour donc qu'il était sur cette tour occupé à faire ses observations, et qu'il écrivait ses ordres, un boulet de canon lui enleva sa plume, sans le blesser. Voilà ce qu'à Darnétal beaucoup de personnes vous racontent sérieusement.

M. Goube, dans son Histoire de Normandie, dit que l'on voit encore, dans la rue du Pont, la maison dans laquelle Henri 4 logea. Nous qui habitons Darnétal, depuis un grand nombre d'années, nous n'avons pas encore été aussi heureux que M. Goube.

Il existait, au pied de la tour de Carville, une inscription assez longue, gravée sur la pierre, mais dont aujourd'hui il est impossible de déchiffrer un seul mot, ayant été effacée à coups de ciseau, en 1793, sans doute par l'ordre de l'administration locale de l'époque. Il est fâcheux qu'on n'ait pas au moins conservé ce que portait cette inscription, parce qu'il est présumable qu'elle indiquait l'origine de l'église et de la tour.

Si nous n'avons aucune donnée certaine sur l'église de Carville, avant le 12ème siècle, nous sommes plus heureux pour l'*Eglise de Longpaon*, puisque nous avons des témoignages historiques qui prouvent que celle-ci existait déjà, au moins comme chapelle, lorsque Rollon fit la conquête de la Neustrie.

Lors des diverses irruptions des normands dans la Neustrie, les habitans de Rouen sachant, par expérience, que ces farouches guerriers ne respectaient pas même les objets les plus sacrés, avaient transporté le corps de saint Ouen à Condé-sur-Noireau, pour le soustraire à leur fureur. Mais Rollon, ce guerrier-législateur, étant devenu paisible possesseur de la Neustrie, et apportant tous ses soins à faire succéder les bienfaits et les douceurs de la paix aux horreurs et aux dévastations de la guerre, les rouennais, qui depuis longtems désiraient ravoir le corps du saint prélat, vinrent supplier ce prince d'obtenir du roi de France la permission de le rapporter à Rouen.

Arrivés à Darnétal, les religieux chargés de ces précieuses reliques, les ayant déposées dans une petite chapelle sise à Longpaon, pour y passer la nuit, voulant le lendemain matin continuer leur route jusqu'à Rouen, furent bien surpris de ne pouvoir lever de terre la chasse qui les renfermait. Ne comprenant rien à un événement aussi extraordinaire, ils en firent prévenir le duc Rollon et l'archevêque Francon. Ceux-ci pensant que le saint se refusait à rentrer dans la ville, parce qu'on ne lui rendait pas assez d'honneurs, décidèrent d'aller au-devant de son corps, en procession solennelle, avec toute la cour et le clergé de toutes les paroisses, et que, par humilité, ils y marcheraient les pieds nuds. Cette marque de respect et d'humilité produisit son effet. La procession étant arrivée à Longpaon, le bon saint, satisfait des honneurs qu'on lui rendait, ne fit plus de difficultés et laissa enlever son corps. Alors les moines, transportés de joie, l'emportèrent à Rouen, suivis d'une foule innombrable de fidèles accourus de toutes parts pour honorer le saint prélat.

Voici comme l'une de nos anciennes chroniques rapporte le fait :

« Les bourgeois de Rouen prièrent un jour le duc Rou

» estre moyen envers le roy de France , que le corps de
» saint Ouen , jadis archevesque de Rouen et chancelier
» de France, en l'an six cent trente-cinq, fut rapporté du
» lieu de France où il avait esté transporté pour la fureur
» des normands : et pour ce faire il envoya ambassade au
» roy, lequel en fit aucun refus. Rou de rechef luy manda
» que s'il ne lui envoyait son prebstre, ainsi appelait-il
» saint Ouen , qu'il yrait lui rompre la teste jusques au
» lieu où il serait. Le roy par cette menace ne l'osa escon-
» duire : ains permit ledict corps estre enlevé , par ceux
» qui estaient là venus pour cet effort. Et fut honeste-
» ment apporté jusques à Dernétal, au lieu à présent
» nommé Longpaon. Les religieux et abbé de Sainct-Pierre
» et Sainct-Paul-les-Rouen , furent au-devant pour l'ac-
» compagner révéremment jusques en leur abbaye. Mais
» ils ne purent mouvoir le corps sainct , jusques à ce que le
» duc Rou y fut allé nu-pieds, accompagné de l'arche-
» vesque Francques , de tout le clergé et de la plupart des
» bourgeois de la ville, auxquels le duc Rou donna grands
» blasmes qu'il n'y estaient allez avec ledict abbé et les
» religieux. Ledict corps sainct fut apporté par eux en
» ladicte abbaye, toujours chantants hymmes et létanies,
» depuis le lieu où il s'arresta, qui dès-lors fut nommé
» Longpaon : c'est-à-dire, come qui dirait Longpaon :
» c'est-à-dire longue louange donnée à Dieu et à l'hon-
» neur de Dieu et dudit sainct. Le duc Rou donna à la
» dicte abbaye tout le territoire qui s'estend dudit lieu
» de Longpaon jusques aux portes de Rouen. »

Le père Pommeraye , dans son Histoire de l'Abbaye de
Saint-Ouen, prétend , au contraire, que ce lieu fut nommé

Long-pan, par l'ordre du prince Rou qui, s'entretenant avec quelques seigneurs de sa cour de cette action de piété, dit qu'il fallait à l'avenir nommer ce lieu *long pan*, en mémoire de ce qu'ils avaient été si loin à pied. Pour donner plus de poids à son opinion, Pommeraye cite ce passage de Guillaume de Jumièges : *Hunc locum, quem Pau'o longinùs ab urbe digressi huc usque pedanei convenimus, à modo longum pedanum nuncupari censeo.*

Le curé de Manneval, dans son Histoire de Normandie, veut aussi que *lonpan* signifie longues louanges; il aurait dù au moins écrire *longpan*. Il rapporte le fait à-peu-près de la même manière; et lorsque Rollon fut arrivé auprès de la châsse, il le fait parler ainsi, comme s'il avait été témoin auriculaire : «Permettez, ô glorieux saint Ouen ,
» l'honneur des archevêques de Neustrie , et le bonheur
» des habitans de Rouen, permettez, je vous supplie,
» qu'on transporte vos précieuses reliques en la cité où
» vous avez fait l'office d'évêque, et donné tant de béné-
» dictions au peuple; et, d'un cœur ardent de piété , je
» vous donne, et à votre église, toutes les terres qui
» bornent ce chemin, depuis ce lieu jusques aux murailles
» de la ville. »

Farin, dans sa Normandie Chrétienne, fait parler Rollon beaucoup plus longuement, et dit que ce fut ce prince lui-même qui porta sur ses épaules le corps du bienheureux saint Ouen. Lui seul donne la date de cette translation qui eut lieu le 1er février 918.

C'est, dit-il, pour perpétuer ce miracle, et pour marque des hymmes qui furent chantées par le chemin , **en** l'honneur de Dieu et de son confesseur, qu'on donna à ce lieu le nom de Longpan , qui veut dire *longues louanges*.

Dans ces siècles d'ignorance et de barbarie , l'on pouvait croire à de semblables miracles : y ajouter foi aujourd'hui , ce serait faire preuve d'un jugement borné. Nous n'avons rapporté celui-ci, que parce qu'il rappelle un fait historique relatif à notre ville. Le miracle de Longpaon n'a été qu'une véritable jonglerie de la part des moines de Saint-Ouen , qui, pour se faire faire quelques nouvelles donations par Rollon, ont joué cette comédie. Ils étaient bien persuadés que ce prince nouvellement converti au Christianisme , et qui avait déjà enrichi un grand nombre d'églises et d'abbayes, ne balancerait pas, dans une semblable circonstance , à donner une nouvelle preuve de sa munificence. Cette supercherie leur a parfaitement réussi. Dans tous les tems , les prêtres et les moines se sont mocqué des princes et du peuple.

Jusqu'au milieu du 17ème siècle, il n'y a eu qu'une seule paroisse à Darnétal , comprenant l'église de Carville et la chapelle de Longpaon , desservie par un simple vicaire. Cependant , lorsqu'on a réédifié la chapelle dédiée à saint Ouen, il fallait que la population, dans ce quartier, fût déjà considérable, pour que l'on ait dans le tems construit un vaisseau aussi vaste, et qui a toujours passé plutôt pour une église que pour une simple chapelle.

Les habitans de Longpaon avaient tenté plusieurs fois, mais toujours inutilement , de faire ériger leur chapelle en église paroissiale. Ils renouvelèrent leur demande, en 1617 , mais le curé et les trésoriers de Carville , jaloux de leurs prérogatives, firent tous leurs efforts pour que ce démembrement n'eût pas lieu. Cependant, malgré les obstacles qu'ils opposèrent, une sentence du 31 mai 1622, ordonna cette division et détermina la circonscription de chaque paroisse. Les habitans croyaient avoir gain de cause, mais ils n'étaient pas encore arrivés au terme de leurs désirs, car, sur de nouvelles chicanes élevées par le titulaire de Carville, il fallut plaider de nouveau, et ce ne fut qu'en 1655 que la division des deux paroisses reçut enfin son exécution.

Par suite de la donation faite par Radulphe, en 1160, donation dont nous avons parlé à l'article de l'église de Carville, les religieux du Mont-aux-Malades étaient les patrons-nés de ces deux églises; à ce titre, ils avaient seuls le droit de nommer les titulaires aux deux cures.

L'*église de Longpaon* date des 15ème et 16ème siècles. Grande et belle, elle présente une nef, deux bas-côtés et des chapelles formant sous-ailes; ces dernières étaient destinées à être voûtées en pierre, mais le travail est resté imparfait.

L'on voit que le plan primitif de l'église du 15ème siècle, a été agrandi et exhaussé au 16ème, dans les collatéraux.

L'intérieur de cette église n'offre rien de remarquable que des vitrages peints, dont quelques-uns se distinguent par l'excellent style de leur exécution. Le plus frappant, et fort heureusement le mieux conservé, présente, dans deux tableaux qui occupent les quatre travées de la première fenêtre, du côté de l'évangile (nord), tout ce que l'art de la peinture sur verre, au tems des Jean Cousin et des Pinaigrier, a produit de plus agréable de couleur, de plus riche et de plus varié de détails, de plus gracieux de composition et de dessin.

D'un côté, est la Nativité de la Vierge ; de l'autre, sa Présentation au Temple.

Sainte Anne, reposant dans un lit garni de riches étoffes, est servie par trois femmes, parmi lesquelles il y en a une qui tient une coupe.

A droite, près du chevet, est une table ornée de vases de fleurs. Sur le devant, deux femmes dont l'une élégamment parée, plongent l'auguste enfant dans un vase d'airain, tandis que deux autres femmes préparent le berceau. Aux pieds du lit, une femme, dont les vêtemens ont un éclat éblouissant, est occupée à un dressoir.

Dans le deuxième tableau, Joachim, sainte Anne et leur suite sont arrivés au Temple. La sainte Vierge, dans l'âge heureux qui précède l'adolescence, monte avec une grâce naïve les degrés du Temple, et le grand-prêtre s'avance pour la recevoir; quelques guerriers sont témoins de cette scène.

Au-dessous de ces deux belles compositions, sont quatre grandes figures isolées, deux évêques dont un Saint-Nicolas, et deux autres saints personnages fort bien exécutés.

Le sanctuaire offrait sans doute jadis des vitres dignes aussi de fixer l'attention, mais il n'y en existe plus que de blanches; celles du fond ont été même enlevées, il y a dix à douze ans, pour faire place à une grande machine en plâtre, appelée *gloire*, derrière laquelle des rayons de lumières descendent sur l'autel, imitation malheureuse, partout trop fréquente, de ce que l'on voit dans quelques églises de Paris.

Des fragmens de l'histoire de Job, de celle de Joseph, etc. se voient dans les chapelles du côté du sud. Les autres chapelles renferment encore quelques portions de vitraux dignes d'exciter la curiosité. Il est indubitable que l'église entière était vitrée de verres peints, que plusieurs causes, et notamment l'absence de grillage, ont fait disparaître.

La voûte en bois de la nef est peinte de cartels et chiffres : les piliers qui existent n'auraient pu supporter une voûte en pierre ; les arcs que supportent ces piliers sont en cintre surbaissé.

L'extérieur de cette église offrait, sur les corniches et aux portes latérales, une richesse de sculptures que n'ont épargnées ni les ravages du tems, ni le vandalisme révolutionnaire. Des réparations maladroites accusent l'ignorance et le peu de goût de ceux qui les ont exécutées.

Le portail principal, où se voit une rosace avec quelques restes de verres peints, est flanqué, vers le nord, d'une tour non achevée, peu élevée, terminée par une charpente en toît pointu, sur les murs de laquelle est répété une espèce de rébus relatif au nom de cette église.

Le mot *long* sur un côté, celui de *lom* sur l'autre, sculptés sur la pierre et suivis de la figure d'un paon, prouvent que l'auteur de ce rébus ne savait pas comment il devait écrire le mot *longpaon* : pour se tirer d'affaires, il l'a écrit de ces deux manières. Beaucoup de personnes pensent que c'est à cause de ces paons que l'on a donné à cette église le nom qu'elle porte ; nous avons vu qu'elle le doit à un autre motif.

Dans les angles de la tour, l'on remarque de jolis dais de la renaissance ; et des arrachemens, au-dessus de la rosace, prouvent qu'il y avait anciennement un porche à la suite du portail En effet, lorsqu'au mois de janvier 1833, l'on a défoncé le cimetière de quelques pieds, pour dégager la base de l'église, l'on a retrouvé les fondemens de cet ancien porche.

Deux statues, aujourd'hui mutilées, accompagnent la porte dont le linteau est soutenu par un pilier portant une troisième statue où l'on croit reconnaître la Vierge.

Les portails latéraux sont privés de leurs pignons aigus, des sculptures, des tympans, ainsi que des linteaux des portes, et cependant le pilier du milieu est resté debout, tout mutilé qu'il est. Les arceaux des voussures ogives sont très-ornés, ainsi que les jambages, surtout au côté méridional où l'on voit une jolie dentelle bordant l'un des arceaux, et de petites figures d'hommes et de femmes, d'une pierre très-nette, fort habilement exécutées dans un des contours de la voussure.

A peu de distance du grand portail de l'église de Longpaon, l'on voit encore quelques restes d'un ancien calvaire adossé contre la côte, et que, par sa forme, l'on pouvait prendre pour une petite chapelle en plein vent. En 1793, le Christ qui ornait ce calvaire fut descendu, brisé et ensuite brûlé sur la place de Longpaon. Dans ce fait, il n'y a rien d'étonnant, parce que la profanation et la destruction des monumens consacrés au culte étaient l'idée fixe de l'époque ; mais ce qui paraîtra surprenant , c'est que, parmi les acteurs de la journée , l'on vit figurer en tête l'abbé Duval , curé de la paroisse , comme capitaine des vétérans et membre de la société populaire. On a vu ce ministre des autels traîner lui-même le Christ dans la fange , avant de le livrer aux flammes. L'on dit plus , l'on dit........ mais ma plume se refuse à rapporter une semblable infamie. Ce même Duval fut fortement secondé dans cette expédition par un fabricant de cette ville, qui , membre aussi de la société populaire , avait déjà fait ses preuves d'impiété dans l'église de Carville. C'est ce dernier que l'on accuse d'avoir détruit les principaux vitraux peints de nos deux églises..... le stupide vandale !

Lorsque la tourmente révolutionnaire fut apaisée, l'on a vu l'abbé Duval reprendre tranquillement ses fonctions de prêtre, et cela dans le pays même où, pendant quelques années , il avait joué le rôle d'un véritable démagogue. Devenu sur la fin de ses jours un ardent défenseur du trône et de l'autel , cet homme, qui savait jouer tous les rôles et prendre tous les masques, se fesait remarquer par son intolérance religieuse et politique.

La cure de Longpaon est occupée aujourd'hui par M. l'abbé Picard , qui a été installé dans ses fonctions, le 25 mai de cette année.

Depuis 1724, cette paroisse a eu pour curés :

1724. MM. Pierre Lecesne.
1740.   Gaillard.
1750.   .   De Longuemare.
1754.   . Heurtault.
1774.   Pierre Duval.

1825.   MM. Paul Dumouchel.
183o.   Jacques Lemaignen , décédé le 15 avril
                1835 (1).
1835.   François Picard.

Le nom de saint Ouen , patron de l'église de Longpaon,
tient un rang distingué dans les fastes de l'antique
Neustrie , surtout dans les mille et une légendes que
nous ont transmises nos très-pieux , mais aussi très-cré-
dules ancêtres. Laissant les miracles de côté , et pour
cause , nous nous bornerons à donner les principales circonstances de la vie de ce prélat.

Saint Ouen naquit en l'année 600 , à Sancy , village
près de Soissons , et porta dans sa jeunesse le nom de
Dadon. On ignore le motif qui , dans la suite , le détermina à prendre celui de Ouen. Issu d'une famille noble
du pays , son père lui fit faire de brillantes études.
Clotaire 2 , informé du mérite du jeune Dadon , l'attira à
sa cour , et l'honora de sa confiance. Il s'y lia de la plus
étroite amitié avec saint Eloi qui était alors monétaire du
prince , mais qui plutard embrassa aussi l'état ecclésiastique. Dagobert ayant succédé à Clotaire , nomma d'a-
bord saint Ouen ministre d'Etat , et ensuite grand réfé-

______

(1) L'abbé Lemaignen s'étant suicidé dans un accès de fièvre cérébrale, l'on
a vu avec plaisir que le clergé de cette ville ne lui a pas refusé ses prières,
et qu'il l'a inhumé avec toutes les cérémonies de l'église. Dans cette circonstance , le clergé a donné une preuve de tolérance et de sagesse dont
on lui a su généralement gré. Ainsi , d'après cet antécédent , que toutes
les personnes sensées approuvent , si jamais quelques-uns de nos concitoyens avaient aussi le malheur de mettre fin à leurs jours , l'on doit
penser que l'église ne leur refuserait pas ses prières.

9 *

rendaire à la place de saint Romain appelé à l'évêché de Rouen.

Saint Ouen s'acquit dans cette place une si grande réputation de vertus et de sagesse, que ses amis l'engagèrent à entrer dans les ordres. Cédant à leurs vives instances, ou plutôt obéissant à sa vocation, il se fit ordonner prêtre ; et pensant que le séjour de la cour était incompatible avec les fonctions de son nouveau ministère, il se démit de la charge de chancelier. De concert avec Eloi, qui aussi avait quitté la cour et ses vains plaisirs, pour se consacrer au service des autels, ils se mirent à parcourir la France, principalement les provinces qui étaient encore plongées dans les ténèbres du paganisme, pour y annoncer la parole de Dieu, et y prêcher la morale évangélique.

Ces zélés missionnaires firent de nombreuses conversions, car, prêchant par conviction, ils croyaient ce qu'ils avançaient. Ils ne bornèrent pas leur zèle à la France, ils parcoururent aussi les contrées étrangères, pour y porter le flambeau de la Foi. Malgré le danger qu'il y avait alors à entreprendre ces sortes de missions, l'un et l'autre eurent le bonheur de revenir sains et saufs dans leur patrie.

Saint Romain ayant terminé sa carrière le 23 octobre 644, le peuple, qui avait alors le droit d'élire ses pasteurs, droit bien naturel et fondé sur la raison, choisit saint Ouen, quoiqu'il fût alors sur une terre étrangère, pour succéder au pieux évêque que la ville de Rouen avait eu la douleur de perdre. Le roi ayant confirmé son élection, saint Ouen revint à Rouen, et le 14 mai de l'année

646, il fut sacré évêque, dans l'église du monastère de Saint-Pierre-et-Saint-Paul, aujourd'hui église Saint-Ouen, du nom de ce prélat.

Pénétré des devoirs que lui imposaient les fonctions sacrées auxquelles ses vertus et sa grande piété l'avaient fait appeler, saint Ouen maintint avec la plus grande vigueur la discipline ecclésiastique, et réforma, autant qu'il fut en son pouvoir, les nombreux abus qui déjà s'étaient introduits parmi le clergé. Toujours prêt à donner l'exemple, il visitait souvent les villes, les bourgs, même les plus simples villages de son diocèse; partout où il portait ses pas, il prêchait la parole de Dieu, et cherchait à répandre de plus en plus les maximes si belles, mais si peu suivies, de l'évangile.

Pendant le cours de son épiscopat, saint Ouen assista à plusieurs conciles, notamment à celui tenu à Châlons, en 650, où l'on arrêta vingt canons relatifs à la discipline ecclésiastique. Le roi Thiéry ayant la plus grande confiance dans sa probité et dans ses grandes connaissances, le chargea de plusieurs affaires importantes. A la fin de l'année 688, il le nomma son ambassadeur pour traiter de la paix avec Pepin, roi d'Austrasie. Toujours empressé d'être utile à l'Etat, saint Ouen, malgré son âge avancé, partit pour Cologne, et s'acquitta de cette mission délicate, à la satisfaction du roi. De retour en France, ce prélat se rendit à Clichy où Thiéry tenait sa cour, pour lui rendre compte de ses négociations. Etant tombé malade quelques jours après son arrivée, il y termina sa longue et honorable carrière, le 24 août 689, à l'âge de quatre-vingt-neuf ans.

Selon les désirs de ce pieux évêque, son corps fut apporté à Rouen, et déposé dans l'église du monastère de Saint-Pierre. Toute la cour assista à ses obsèques, et, pour prouver la haute vénération qu'elle avait pour ses vertus, elle accompagna son corps jusqu'à Pontoise.

C'était un usage bien vicieux d'inhumer les morts dans l'intérieur des villes. Nous ne nous étendrons pas sur les inconvéniens qui pouvaient en résulter; ils sont connus de tout le monde. L'on peut certainement attribuer en grande partie à cet usage les épidémies plus ou moins meurtrières qui, à diverses époques, ont désolé la France.

Louis 16 est le premier qui ait tenté une réforme dans cette partie vicieuse de l'administration civile et religieuse. Son ordonnance portant la translation des cimetières hors de l'enceinte des villes et des bourgs, à des distances marquées, est de l'année 1776. Cette sage mesure ne fut cependant pas généralement adoptée; elle ne le fut, à Rouen, qu'en 1784. Malgré les lois rendues postérieurement sur les sépultures, elle ne l'est, à Darnétal, que depuis 1822.

Si c'était une coutume bien vicieuse de placer les cimetières dans le sein des villes, c'était une coutume bien plus dangereuse encore d'enterrer dans l'intérieur même des églises. Cet usage ne s'était introduit que par l'avarice et la cupidité des prêtres, puisque, dans les premiers siècles du Christianisme, il était expressément défendu d'inhumer dans l'intérieur des temples consacrés au culte. La révolution, qui a réformé tant d'abus, a réformé aussi celui-ci, et aujourd'hui nos églises ne sont plus infectées par ces foyers pestilentiels. Les fidèles peuvent, sans crainte de respirer un air méphitique, aller dans les temples adresser leurs prières à l'Etre-Suprême; ils ne sont plus exposés à fouler à leurs pieds les ossemens de leurs parens, et à troubler ainsi le sommeil des morts.

A Darnétal, chaque paroisse avait son cimetière, l'un et l'autre placés près de l'église. Celui de Carville était assez grand pour la population, mais il n'en était pas de même de celui de Longpaon : aussi, dans celui-ci ne pouvait-on laisser entre les fosses la distance prescrite par les réglemens de police. Souvent en creusant une nouvelle fosse, le fosseyeur retrouvait des corps qui n'étaient pas encore entièrement décomposés ; nous l'avons vu plusieurs fois de nos propres yeux.

Le conseil municipal devant craindre avec raison les inconvéniens graves qui, pour la salubrité publique, pouvaient résulter d'un semblable état de choses, s'empressa d'y apporter quelque remède. Considérant donc que le cimetière de Carville pouvait, par son étendue, suffire momentanément au besoin des deux paroisses, il arrêta, dans sa séance du 18 mars 1817, que, depuis Pâques jusqu'à la Saint-Michel de chaque année, les personnes qui décéderaient à Longpaon seraient inhumées dans le cimetière de Carville, à l'exception des enfans au-dessous de l'âge de quinze ans, qui continueraient d'être enterrés à Longpaon.

Cette mesure n'était que provisoire; d'ailleurs, elle palliait le mal sans y remédier : aussi, le conseil municipal qui le sentit, arrêta, dans sa séance du 16 mai suivant, que, pour se conformer à la loi du 23 prairial, an 12, la ville ferait l'acquisition d'un terrain éloigné des habitations, pour servir de cimetière.

En prenant cette décision, le conseil avait omis une formalité indispensable, celle de voter une somme suffisante, tant pour l'acquisition du terrain, que pour les frais de clôture : aussi, cette délibération resta-t-elle sans effet.

Les habitans voyant que l'autorité locale ne prenait aucune détermination sur un objet qui intéressait aussi essentiellement la salubrité publique, adressèrent une pétition au préfet, dans laquelle ils se contentèrent d'exposer les faits : d'ailleurs, deux cimetières dans l'intérieur d'une ville populeuse, c'était une violation flagrante de l'article 2 de la loi du 23 prairial an 12.

Le conseil municipal, convoqué extraordinairement pour statuer sur la demande des pétitionnaires, considérant que cette demande était fondée en fait et en droit, arrêta, à l'unanimité, dans sa séance du 19 avril 1819, qu'il serait acquis, au nom de la ville, un terrain de la contenance de deux acres ; que le terrain serait enclos de murs, et que, conformément au décret précité, il serait planté en arbres verts. Cette fois, le conseil vota pour ces dépenses une somme de huit mille francs, mais que, vu son insuffisance, il porta à seize mille francs, par sa délibération du 13 janvier 1820.

Le nouveau cimetière, situé au bas de la côte de Darnétal, a été béni le 31 décembre 1821, par l'abbé Bizet, curé de Carville, avec toutes les cérémonies religieuses usitées dans ces sortes de circonstances. Le clergé des deux paroisses, le corps municipal et les principaux fonctionnaires de cette ville assistèrent à cette cerémonie.

En entrant, à main gauche, on voit un petit coin de terrain séparé du cimetière par une haie vive, c'est le lieu destiné pour la sépulture des protestans. On sent bien que ce serait un très-grand scandale que des personnes proféssant la religion réformée, fussent inhumées dans un lieu bénit. Cependant, la haie n'ayant été plantée que longtems après la bénédiction, nous craignons bien que ce petit cimetière n'ait reçu aussi sa part de l'aspersion et des prières, à moins que mentalement le célébrant n'ait ordonné aux prières et à l'aspersion de ne pas passer outre.

Le nommé Sémel, plâtrier, chargé de faire les murs du nouveau cimetière, y a été enterré le premier, le jour même de la bénédiction. Une pierre incrustée dans le mur, et placée devant sa tombe, rappelle cette particularité.

Dans ses séances des 30 mai et 16 juillet 1822, le conseil municipal a arrêté qu'il pourrait être concédé, dans le cimetière de cette ville, cinq cent mètres superficiels, pour sépultures particulières, et que chaque famille aurait la faculté d'en acheter jusqu'à douze mètres. Le prix du mètre a été fixé à cent francs, dont, conformément à l'article 13 du décret du 23 prairial an 12 (12 juin 1804), soixante-cinq francs sont pour la ville et trente-cinq pour l'hospice.

L'on serait tenté de croire qu'il ne s'est jamais trouvé sur la paroisse de Longpaon, de bons pères, de tendres épouses, de filles chéries, car l'on ne voyait dans le cimetière de cette paroisse , aucun monument funèbre , aucune pierre tumulaire , pas même un simple souvenir, une croix sur la tombe d'un parent , d'un ami. Cette froide indifférence paraîtra bien extraordinaire ; cependant , c'est un fait que nous constatons.

Au moins , l'on voyait dans le cimetière de Carville , un certain nombre de tombes sur lesquelles étaient exprimés quelques regrets pour les personnes qu'elles renferment. Mais ce cimetière ayant été transformé en place d'armes , les croix, les pierres tumulaires ont été enlevées, le terrain nivelé , les arbres abattus, et le jour d'une revue nous foulons froidement les cendres de nos parens , de nos amis , et cela au bout de dix ans.

L'on ne peut qu'applaudir à l'établissement dans cette ville des *chars funèbres*. Au moins, aujourd'hui, les inhumations se font avec la décence et le recueillement convenables à ces tristes cérémonies. L'on ne voit plus de porteurs ivres, tomber, se culbuter les uns sur les autres , entraîner le cercueil avec eux dans la boue, ou scandaliser le public par leurs propos indécens et grossiers , ainsi que l'on en a été trop souvent témoin.

La délibération du conseil municipal autorisant le nouveau mode de transport , et fixant en même tems le tarif des frais , est du 17 juin 1830. Cette délibération a été approuvée par ordonnance du roi , en date du 16 novembre 1831.

L'ordonnance du maire, qui fixe au 1er avril 1832, l'époque où l'on commença le transport des corps par les chars funèbres, est du 25 février, et l'approbation du préfet du 12 mars suivant.

Guillaume de Jumièges , Robert Wace et quelques autres chroniqueurs normands , rapportent un fait que nous devons consigner dans cette Notice , parce qu'il confirme ce que nous avons avancé au sujet de l'origine de Darnétal que nous avons fait remonter au-delà du 10ème siècle. La translation du corps de saint Ouen , en laissant le miracle de côté , le jugement prononcé par Rollon contre le paysan de Longpaon , sont des faits qui prouvent que cette ville existait antérieurement à cette époque , soit comme bourg , soit comme un simple village.

Rollon devenu paisible possesseur du duché qu'il avait conquis à la pointe de l'épée , prouva à ses sujets qu'il était aussi bon administrateur que grand capitaine. Grand ami de l'ordre et de la justice , il apporta surtout ses soins à réprimer le vol dans ses États : pour atteindre ce but , il fit des lois aussi sévères contre les recéleurs que contre les voleurs , en appliquant aux uns et aux autres la peine de mort. Chassant un jour dans la forêt de Roumare , l'un de ses courtisans dit tout haut qu'il n'oserait passer seul la nuit dans cette forêt. Pour toute réponse , Rollon, qui avait entendu ce propos, détacha l'un de ses bracelets en or , le suspendit à un arbre , et assura aux seigneurs de sa suite , que , tant qu'il vivrait , personne n'oserait enlever ce bracelet. En effet, à sa mort, arrivée quelques années après , on le retrouva à l'endroit même où ce prince l'avait suspendu.

Le duc ayant fait publier dans ses États qu'il indemniserait les personnes qui auraient été volées, la femme d'un paysan de Longpaon , voulant éprouver si le prince tiendrait ses promesses , déroba , en l'absence de son mari , plusieurs objets de labourage qu'il avait laissés dans les champs, et les cacha dans sa maison. Celui-ci ayant été se plaindre à Rollon du vol qu'on lui avait fait, ce prince lui fit payer cinq sols. De retour chez lui, sa femme lui dit qu'ils avaient doublement gagné, et lui montra les objets qu'elle lui avait dit avoir été volés. Le duc ayant appris plutard qu'il avait été trompé par ces deux paysans, les fit amener en sa présence, leur reprocha leur crime, et donna l'ordre de les pendre, sentence qui fut exécutée de suite.

Voici comme Robert Wace rapporte ce fait dans son Roman de Rou, ouvrage composé dans le 12ème siècle, et écrit dans le langage que parlaient nos pères :

> A Lungevile (1) aveit un vilain païsant
> Ki aveit si bels boefs è sa charue avant.
> Fame aveit espusée, ne sai s'oult nul enfant,
> Mez la fame esteit aukes de ses mainz aerdant
> Chape chaete prist s'ele n'out bon garant ;
> Tant ala cel mestier come fole menant ,
> Ke la fin en fu male, è ço fu avenant.
> Un jor come altrefeiz li païsant ara ;
> A l'hore de disner à l'ostex repaira ;

(1) Comme Robert Wace cite Longueville et non Longpaon, l'on pourrait croire, si l'on n'avait pas d'autres témoignages historiques, que le fait se serait passé à Longueville, près Dieppe ; mais le nom de LONGA PETENTIS VIILLA, donné au village par Dudon de Saint-Quentin et Guillaume de Jumièges. chroniqueurs antérieurs à Wace, et dont il a emprunté ce fait, ne nous permet pas de douter qu'il s'agit ici de Long- paon, que l'on a appelé longtems LONGUE PETE, car LONGA PETENTIS VILLA ne signifie pas autre chose que CAMPAGNE, MAISON, VILLAGE DE LONGPAON.

A la charue apleit, soc è coltre leissa ;
Ne vout rienz remuer, en la paiz se fia ,
Et à ço ke li Dus si les pert les rendra.
La fame el païsant, dementre * k'il menja (* pendant.)
A la charue vint, li fers prist è mucha.
Quant cil revint el champ è li fers ne trova ,
Tuit à mont et à val a quis è sa fame escolta.
Sa fame venir fist, forment la conjura ,
Se ne tient mie si fers , die li kel les a :
La fame ert convoitose , escondit è noia. *   (* nia,)
Li vilain vint à Rou, de sis fers se claima ;
Rou out de li pitié , è cinc sols li dona ;
Cil revint à l'ostel , ki li deniers porta.
Bien ait , ço dist la fame , ki cest nos gaaingna ;
Or arez vos cinc sols , è véez vos fers là :
Donc se beissa verz li , soz le banc li mostra.
Fole fu ki embla , * è fole ki mucha ;   (* enleva.)
Voir * est , ê Dex le dist , è chose est esprovée : (* vrai.)
N'est chose si reposte ki ne seit révélée ,
Ne ovre tant oscure ki ne seit desmotrée.
Chescune bonté deit estre gueredonée, * (* récompensée.)
E to te félonie deit estre comparée. *   (* punie.)
Tant fu la chose quise , è tant fu demandée ,
Tant furent li homs destraint de la cuntrée,
Ke par feu ke par ewe , ke l'ovre fu trovée ;
Ne pout la félonie lunges estre celée.
La vilaine fu prise et el Duc Rou menée ;
Cele recongnut tot, ki prise fu provée ;
Donc fist li vilain prendre è mener devant sei.
Quant il fu devant li : Sai tu , dist-il, dis mei,
Se ta fame embla rienz poiz k'ele vint o tei ,
E s'ele est costumiere d'estre de male fei ?
Oil, Sire, dist-il, mentir ne vos en dei.
En moie fei, dist Rou, noient ne t'en mescrei.
De ta buche meisme as jugié ta lei ;
O lié seras pendu, asez as dist porkei
Tu meisme , dist Rou, as fet ton jugement ;
Esgal leis , esgal paines , esgal mal vos atent.

Esgal jugement ont ki emble è ki cunsent.
La fame fu pendue è li Sire ensement.
Par cest ovre è par altre fu Rou cremu forment ;
A honor et à joie veski bien lungement.

Ancienne Administration.—Haute-Justice.—Le Manoir ducal.—La duchesse de Valentinois et le duc de Vendôme.—La Geole et les Carcans.—La franche Mairie. —Les Fourches patibulaires.

Il serait difficile aujourd'hui de donner, d'une manière satisfesante, la forme dans laquelle cette ville était administrée anciennement. Il n'existe à ce sujet aucun document que l'on puisse consulter avec certitude, et, d'un autre côté, la tradition ne nous apprend non plus rien de positif à cet égard. L'on doit présumer qu'il en a été longtems pour cette commune, comme pour beaucoup de bourgs en France : une justice seigneuriale, un syndic, des trésoriers de paroisse pour percevoir la taille et la capitation, devaient composer toute l'administration municipale et judiciaire.

En nous reportant seulement à quelques années avant la révolution, nous voyons que l'administration civile et judiciaire à Darnétal se composait ainsi qu'il suit :

Un procureur fiscal, un tabellion, un bailli, un lieutenant du bailli, un procureur en l'élection, un sergent et commissaire de police en second, un commis au greffe, un jaugeur pour les poids et mesures, un coutumier.

Les trésoriers en charge des églises de Carville et de Longpaon percevaient, chacun dans sa paroisse, la capitation et la corvée.

On était forcé d'accepter cette place, sous peine de cent écus d'amende. Nous ignorons en vertu de quelle loi l'on pouvait imposer ainsi à un citoyen l'obligation de remplir une fonction publique, alors quelle peine l'on pouvait infliger à celui qui ne voulant ou ne pouvant la remplir, ce serait également refusé à payer l'amende.

Malgré toutes nos recherches, nous n'avons pu remonter à l'origine de la haute-justice de Darnétal. Les archives de cette juridiction, dans lesquelles nous aurions pu trouver des renseignemens certains, ont été, dans les premières années de la révolution, portées au département. Il est présumable, si toutefois elles n'ont pas été dispersées comme tant d'autres, qu'elles sont reléguées aujourd'hui dans les combles du Palais-de-Justice, où, au milieu d'une quantité immense de paperasses, se trouvent des titres précieux concernant l'histoire de notre département. Tous ces papiers y ayant été jetés pêle-mêle, qui aura le courage de s'enterrer vivant dans ces combles, pour disputer aux vers et aux rats ces anciens titres, et faire le choix de ceux qui méritent d'être conservés? Ce serait, sans doute, un grand service que l'on rendrait aux écrivains qui s'occupent des antiquités de notre province; mais, nous le répétons, qui aura ce courage?

Si nous ne pouvons remonter à l'origine de cette institution, nous pouvons au moins affirmer qu'elle comptait plusieurs siècles d'existence, car parmi quelques anciens titres que nous avons parcourus, nous avons remarqué ce passage dans un acte de l'année 1558 : « immédia-
» tement ressortissaient en la cour (le parlement de Nor-
» mandie), ainsi qu'elle fesait apparoir par l'érection de

» ladite justice et *possession immémoriale* ; d'icelle
» justice , par plusieurs arrêts de cette cour. »

Par la même raison, nous n'avons pu trouver non plus
en faveur de qui cette haute-justice avait été érigée. La
première personne dont nous avons trouvé le nom comme
possédant la haute-justice de Darnétal, c'est la maîtresse
en titre de Henri 2, la célèbre Diane de Poitiers, duchesse
de Valentinois.

La duchesse de Valentinois étant morte en 1566, nous
ignorons dans quelles mains passa cette haute-justice. Nous
trouvons seulement qu'en 1635 messire César de Vendôme, pair de France, fils naturel de Henri 4 et de la
belle Gabrielle d'Estrée, en était le titulaire.

Le duc de Vendôme mourut en 1665, et laissa trois
enfans. Louis qui décéda en 1669, François, duc de
Beaufort, et Isabelle mariée au duc de Némours tué, en
1652, par la main du duc de Beaufort, son beau-frère, si
connu, pendant les guerres de la fronde, sous le nom de
roi des Halles.

La duchesse de Vendôme posséda cette haute-justice
jusqu'en 1669 ; mais dans un titre du 20 mai de l'année
suivante, l'on voit qu'elle appartenait alors à Louis-Philippe, duc de Vendôme, fils de Louis et petit-fils de
César.

Il paraît que plutard la haute-justice de Darnétal
était rentrée, du moins en partie, dans le domaine de la
Couronne; car dans plusieurs titres de la fin du 17ème
siècle, l'on voit qu'une portion de ce bourg (la paroisse
de Carville) était alors sous la juridiction d'un juge royal,

tandis que tout le territoire de Longpaon était resté sous celle du haut-justicier.

Par un échange fait avec la maison de Vendôme, le 30 septembre 1686, la haute-justice et la baronnie du Vivier, les fiefs de Longpaon et de la Geôle passèrent dans la famille de Jean-Baptiste Colbert, fils du Grand Colbert. D'après le contrat d'échange, auxdits fiefs appartenait le droit de marché tous les jours de la semaine. Le droit de fouage et de pêche par toute la rivière, depuis Fontaine-sous-Préaux jusques et compris le moulin, près l'église de Carville.

Jean-Baptiste Colbert, marquis de Seignelay, baron de Sceau et du Vivier, châtelain de Blainville, etc., étant mort le 3 novembre 1690, la haute-justice de Darnétal passa à ses enfans mineurs.

En 1710, elle était possédée en titre par Jean-Baptiste Colbert, fils aîné du précédent.

Par contrat passé le 20 avril de la même année, Louis 14 concéda, à perpétuité, le droit de juridiction qu'il avait à Darnétal, ainsi que celui de pêche et de chasse dans l'étendue de la paroisse de Carville; mais le roi se réserva expressément l'hommage des vassaux, les domaines et les droits domaniaux qui pouvaient lui appartenir.

1715.   Marie-Sophie, Marie-Joséphine-Honorate, Marie-Emilie Colbert, filles mineures et héritières de Jean-Baptiste Colbert.

1730.   Charles-François de Montmorency, duc de Luxembourg, pair et premier baron chrétien de France, gouverneur de la Normandie, au droit et comme ayant épousé Marie-Sophie Colbert. Il mourut le 18 mai 1764.

1748. Anne-François de Montmorency-Luxembourg, duc de Montmorency, marquis de Seignelay, de Blainville, comte de Tancarville, chambellan et connétable héréditaire de la province de Normandie, au droit et comme ayant épousé Marie-Honorate Colbert, héritière de sa sœur, morte sans enfans, en 1745 (1).

1778. Anne-Léon, duc de Montmorency, premier baron chrétien, connétable héréditaire de la province de Normandie, au droit et comme ayant épousé Françoise-Charlotte de Montmorency—Luxembourg, fille et héritière du précédent.

1778. Louis-Jean-Baptiste-Antonin Colbert, marquis de Seignelay et de Blainville, maréchal des camps et armées du roi, fils de Charles-Éléonor Colbert, comte de Seignelay, qui était fils, troisième puîné de Jean-Baptiste Colbert, et frère de Jean-Baptiste-Marie Colbert.

Par suite d'une transaction passée à Paris entre Antonin Colbert et les membres de sa famille, le 4 février 1778, relative à la succession de son père, ainsi qu'à celle de son oncle, le marquisat de Blainville et la haute-justice de Darnétal lui furent cédés irrévocablement.

Lorsqu'on cédait *irrévocablement* ces titres honorifiques

---

(1) Elle avait eu deux filles mortes en bas-âge, et un fils tué à l'armée.

avec les revenus qui y étaient attachés , au marquis de Seignelay , il était, sans doute, loin de s'attendre que douze ans seraient à peine écoulés, qu'une révolution , unique dans les annales du monde, anéantirait plus irrévocablement ces titres, et que les titulaires, hauts et puissans seigneurs, comme ils s'appelaient alors, seraient réduits à mendier un asîle sur une terre étrangère.

Le marquis de Seignelay n'avait en propriété , à Darnétal, que le Grand-Moulin , le moulin de l'Étrille et onze acres de prairies , le tout sur la rivière de Robec , et afferné sept mille livres.

Le fermier avait droit de banalité sur les vassaux des fiefs de la Geôle et de Longpaon, ainsi que sur les vassaux de la baronnie de Saint-Martin-du-Vivier , *récéants et domiciliés dans ledit bourg de Darnétal.*

Le fermier avait aussi la coutume , droits de poids , jauge et étalonnage des mesures, tant sèches que liquides , de la terre, seigneurie et haute-justice de Darnétal, circonstance et dépendance, droits de poids et mesurages aux marchés de Darnétal (1), avec les droits qui se percevaient sur la place du domaine (2) où se tenait le marché aux boissons, le tout conformément aux titres de la seigneurie de Darnétal. Il avait encore, sauf la réserve du seigneur, le droit de pêche dans la rivière de Robec, depuis le moulin à papier (3) jusqu'à l'église de Saint-Gilles-de-Répainville.

(1) Il y avait alors trois marchés à Darnétal.

(2) C'est aujourd'hui la place de Longpaon.

(3) Ce moulin transformé depuis quelques années en filature, était situé rue de Préaux.

Une haute-justice donnant le droit de glaive, *jus gladii*, le seigneur haut-justicier de Darnétal pouvait condamner à mort, à l'exception, cependant, de certains cas dont la connaissance était réservée aux juges royaux. On frémit aujourd'hui lorsqu'on pense que, pendant un si grand nombre de siècles, l'honneur, la vie d'un citoyen dépendaient d'un seul juge, et souvent encore quel juge!

Comme haut-justicier, le seigneur de Darnétal avait donc le droit d'avoir fourches patibulaires, pilori, carcans et autres gentillesses semblables. Beaucoup de nos concitoyens se rappellent encore avoir vu, dans cette ville, des carcans placés dans divers endroits, entr'autres rue du Pont, place de Longpaon, Cour-au-Duc, et ces carcans n'étaient pas pour la forme. Dans le cours de cette Notice, nous avons eu l'occasion de rapporter une condamnation à mort prononcée dans le milieu du siècle dernier. Ce n'est pas malheureusement le seul exemple de l'application de la peine capitale, par le haut-justicier de Darnétal (1).

La prison seigneuriale était rue de Préaux, à peu de distance de l'ancien manoir ducal, dans une propriété appartenant aujourd'hui à M. Foulongne. L'article 55 d'une ordonnance de Charles 9, rendue aux Etats d'Orléans, en 1560, enjoignait à tous les hauts-justiciers d'avoir une prison sûre et un geolier, ces prisons ne devaient servir qu'à la garde des prisonniers; cette

______

(1) Entr'autres, nous pourrions citer une condamnation à mort que beaucoup de nos concitoyens se rappellent encore, celle d'un nommé Pigny, ouvrier mégissier. La sentence a été exécutée sur la place de Longpaon, et son corps exposé pendant plusieurs jours aux fourches patibulaires.

ordonnance portait qu'elles fussent sûres et saines, et défendait expressément qu'elles fussent au-dessous du sol : en effet, ce n'est plus alors une prison, c'est un cachot.

Il paraît que le seigneur de Darnétal avait pensé pouvoir se dispenser de se conformer à cette ordonnance, car il n'y avait pas de prison plus malsaine que la *geole*, c'est le nom que portait celle de cette ville. C'était un grand bâtiment du plus mauvais goût, comme le sont généralement toutes les prisons. Il représentait un carré long, avait plusieurs étages et paraissait fort ancien. L'on voyait les armoiries du marquis de Seignelay, sur la porte d'entrée, ainsi que dans la grande salle qui servait de prétoire. Le premier était composé de plusieurs pièces, toutes décorées, à l'antique et ornées de peintures à fresque réprésentant des sujets féodaux. Il ne reste plus aujourd'hui aucun vestige de cette prison, ni du manoir ducal.

Une partie de la paroisse de Carville, celle située en-de-çà de la rivière de Robec, était en franche mairie, c'est-à-dire sans seigneurs, comme dépendant de la banlieue de Rouen. Les habitans jouissaient des privilèges, franchises, immunités des villes ou bourgs en franche mairie; ils étaient libres et leurs propriétés étaient franches de tous droits seigneuriaux.

Cependant, il y avait eu anciennement le *fief de Carville*, dont il est encore fait mention dans les 13ème et 14ème siècles. Comme il n'y avait point de fiefs sans seigneurs, ni de seigneurs sans droits féodaux, les habitans n'avaient donc pas toujours joui de ces franchises. Nous n'avons pu savoir pour quel motif, ni à quelle époque le fief de Carville s'était trouvé éteint. Nous présumons que cet affranchissement a pu avoir lieu à la fin du 17ème siècle, époque où une partie de Darnétal était rentrée dans le domaine de la couronne.

Le seigneur de Darnétal n'avait donc, sur cette partie de notre ville, que le seul droit de pêche dans la rivière de Robec, tandis que les habitans de Longpaon étaient restés ses vassaux, ses *sujets*, comme il les appelait lui-même.

Darnétal avait aussi ses fourches patibulaires : l'on ne pouvait éviter ce spectacle hideux dans toutes les localités où il y avait une haute-justice. Ordinairement, on les plaçait sur les grand'routes, à l'entrée des communes, et toujours, autant que possible, sur un lieu apparent, sans doute pour que l'exemple fut vu de plus loin. Ces exemples n'ayant jamais servi à rien, c'était donc blesser inutilement les regards des citoyens. Qu'importe à un criminel condamné à la peine capitale, la sentence une fois exécutée, que l'on fasse de son corps ce qu'on voudra ; si l'idée de la peine de mort ne l'arrête pas au moment où il va commettre un crime, peut-on penser, raisonnablement, que celle de savoir qu'après son exécution son corps restera exposé pendant plusieurs jours aux yeux du public, aura plus d'influence, plus de force sur lui ? Non. Au surplus, un semblable spectacle n'est plus dans nos mœurs, et tout porte à croire que la peine capitale elle-même disparaîtra aussi de notre législation criminelle.

C'est à un chêne qui marquait les limites de notre commune, du côté de Saint-Martin-de-Vivier, que l'on exposait le corps des suppliciés à Darnétal. Ces fourches patibulaires avaient été placées sur ces limites, sans doute parce que M. de Seignelay était en même tems seigneur des deux communes. Ce chêne existe encore, et beaucoup de personnes en se reposant sous son ombrage, ne se doutent pas aujourd'hui de l'usage auquel il a servi, pendant plusieurs siècles, ni qu'elles foulent à leurs pieds des ossemens humains.

Administration municipale—Mairie de Longpaon et mairie de Carville.--Mairie constitutionnelle.—Conseil révolutionnaire de la Commune.—Rétablissement de la Mairie.—Hôtel-de-Ville. — Octroi municipal. — Revenus communaux et dépenses locales.—Justices de paix. — Commissaires de Police.— Gendarmerie et Maison de Sûreté.

La première administration municipale qui a existé à Darnétal, est la municipalité de Longpaon créée en 1788. Sa première délibération est du 6 août. L'on voit figurer dans cette municipalité le marquis de Seignelay et l'abbé Duval, curé de la paroisse de Longpaon : elle siégeait dans la maison curiale.

Un haut et puissant seigneur ne pas dédaigner de siéger avec ses vassaux ! Un curé partager volontairement son tems entre les fonctions de son saint ministère et celles d'administrateur municipal ! Il y avait là, pour l'époque, quelque chose d'étonnant. L'un et l'autre avaient-ils deviné la révolution importante qui devait s'opérer quelques mois plutard ? Cela se pourrait bien.

Pourquoi et comment s'était formée cette municipalité à une époque où la France, gémissant encore sous le pouvoir absolu, quelques villes seules avaient le privilège d'élire leurs officiers municipaux? On se le demande aujourd'hui et personne ne peut le dire. Quoi qu'il en soit, cette municipalité était composée de douze membres, et présidée par un simple fabricant nommé Michel.

Dans sa séance du 3 février 1790, elle nomma, à l'unanimité, M. Bocage, l'un de ses membres, pour faire l'ouverture de l'assemblée générale des habitans de la paroisse de Longpaon, fixée au 8 février, pour, conformément aux lettres-patentes du roi, du mois de décembre 1789 et janvier 1790, relatives à la formation des administrations municipales, procéder à la nomination des citoyens qui devaient composer la nouvelle municipalité de Longpaon.

Cette assemblée se tint dans l'église de Longpaon : il ne s'y trouva que soixante-douze votans. Cependant, un recensement, fait au mois d'octobre 1789, avait donné, pour résultat, une population de 2864 habitans.

M. Pierre Fiquet, fabricant, fut élu maire, et M. François Durécu, procureur de la commune. Il y avait cinq officiers municipaux et douze notables.

L'ancienne municipalité de Carville avait fixé au 15 février l'assemblée générale des habitans de cette paroisse, qui devaient concourir à la nomination de la nouvelle municipalité; mais cette assemblée n'eut pas lieu.

Le 3 mars suivant, elle envoya une députation à la

municipalité de Longpaon, pour lui demander de ne former qu'une seule administration municipale pour le bourg de Darnétal; à cette demande, quoique très-juste et très-sage, il fut répondu négativement.

La municipalité de Carville ne pouvant se rendre compte d'un semblable refus, adressa au directoire de département une requête tendant à ce que les paroisses de Carville et de Saint-Léger fussent réunies à celle de Longpaon, pour ne former qu'une seule et même municipalité. Cette requête sagement rédigée, et d'ailleurs fondée en droit, fut prise en considération par la commission intermédiaire. La municipalité de Longpaon qui, on ne sait par quel motif, ne voulait pas cette réunion, répondit par une adresse bien longue, il est vrai, mais aussi bien faible de raisonnement. En la lisant on voit bien qu'elle défendait une mauvaise cause.

La réunion des deux paroisses en une seule et même municipalité, ayant été ordonnée par l'autorité supérieure, l'on procéda en conséquence à la nomination des membres qui devaient la composer. L'assemblée générale eut lieu dans l'église de Longpaon, le 3 mai 1790, mais il ne s'y trouva que cent trente électeurs. Leur choix tomba sur messieurs :

Pierre Fiquet, maire.

Pierre Bénard, Baptiste Hucher, Duval, curé de Longpaon, Toussaint, fabricant de papier, François Lecerf, Pierre Dézaubris, Join Lambert, Pierre Thinel, officiers municipaux ;

Bernard Auber, procureur de la commune.

Le 13 novembre 1791, l'administration municipale

ayant été renouvelée, M. Pierre Fiquet fut encore appelé, par ses concitoyens, aux fonctions de maire, et M. Join Lambert à celle de procureur de la commune.

Conformément à la loi du 19 octobre 1792, l'administration municipale fut renouvelée en entier le 23 novembre suivant. L'on s'aperçoit que l'horison politique commençait à se rembrunir, car beaucoup de citoyens nommés aux fonctions municipales, refusèrent de remplir ces fonctions.

Enfin, un sieur *Emmanuel Buée*, qui avait obtenu quelques voix, ayant bien voulu accepter, fut proclamé maire de Darnétal, et un nommé *Fiacre Guimare*, premier officier municipal. *Trente-deux* citoyens refusèrent d'être officiers municipaux. L'on éprouva les mêmes difficultés pour la nomination des dix-huit notables. M. Baptiste Dézaubris accepta les fonctions de procureur de la commune.

Au mois de janvier 1794, le procureur de la commune ayant été remplacé par un *agent national*, les citoyens Thomas Barbier, Jacques Dran, Louis Delamare, furent appelés successivement à en remplir les fonctions.

Emmanuel Buéé, démissionnaire, est remplacé, le 20 février, par M. Alexandre Lambert. Le même jour, l'administration prend le titre de *Conseil révolutionnaire de Darnétal*.

La constitution de l'an 3 supprima les mairies et créa des administrations municipales. A Darnétal, cette administration fut composée d'un président, de quatre administrateurs et d'un commissaire de pouvoir exécutif.

Les élections eurent lieu le 1er novembre, mais les

citoyens qui avaient été nommés à ces fonctions, ne les ayant pas acceptées, le conseil révolutionnaire convoqua une seconde fois les assemblées primaires, pour procéder à une nouvelle élection, mais il ne s'y trouva personne.

Informée de ce fait assez extraordinaire, l'administration supérieure enjoignit aux membres du conseil révolutionnaire de continuer à remplir leurs fonctions, jusqu'à ce qu'ils fussent légalement remplacés. Ceux-ci protestèrent contre cet arrêté, mais l'on n'eut point égard à leur protestation.

Enfin, nommés par l'administration départementale, le 5 février 1795, et ayant accepté, MM. Nicolas Delamare, Auzout, Duval, ex-curé de Longpaon, Pierre Bocage et Dudan, composèrent la nouvelle administration. M. Nicolas Delamare en fut élu président, et M. Savourel, ancien greffier, fut installé, quelques jours après, dans les fonctions de *commissaire du Directoire exécutif.*

Le 15 mars 1797, il y eut un renouvellement partiel ; les membres sortans furent remplacés par MM. François Durécu, Bernard Auber et Pierre Duval.

Le 20 avril 1798, M. Alexandre Lambert reparut à la tête de l'administration, comme président, mais il fut remplacé, le 1er avril suivant, par M. Le Rasle.

Les mairies ayant été rétablies sous le Consulat, le corps municipal fut composé à Darnétal d'un maire, de deux adjoints et de trente notables.

MM. Le Rasle, maire, Bernard Auber et Baptiste Saulnier, ses adjoints, nommés par le premier consul, furent installés dans leurs fonctions, le 17 juillet 1800.

Depuis cette époque, nous avons eu successivement pour maires, messieurs :

1804.   Bernard Auber.
1816.   François Durécu.
1819.   Dominique Mouchet.
1829.   Nicolas Lépine.

Aujourd'hui, l'administration se compose de MM. Cuvelier fils, maire, Hauvel et Closmesnil, adjoints, installés dans leurs fonctions, le 10 avril 1832, et de vingt conseillers municipaux.

Nous avons vu que ce n'est que depuis 1788 qu'il existe une administration municipale à Darnétal. Avant cette époque, il n'y avait point d'hôtel-de-ville.

C'était chez le seigneur, ou plutôt chez son subdélégué, qu'était le siège de l'administration civile et judiciaire, si toutefois l'on peut donner ce nom au simulacre d'administration que l'on avait alors à Darnétal. C'est donc en 1788 que l'on vit, pour la première fois, une maison commune dans cette ville. C'est, il est vrai, l'époque où l'on commença à compter les citoyens pour quelque chose. La ville de Darnétal est peut-être l'une des premières qui a joui en fait d'un droit qui n'a été proclamé qu'un an plutard par l'assemblée nationale.

L'on plaça l'hôtel-de-ville provisoirement au bureau des drapiers, situé rue de Longpaon, et devenu, depuis, propriété particulière. Le 27 octobre 1791, le conseil général transféra la mairie rue du Pont, dans une maison occupée aujourd'hui par le receveur de l'enregistrement.

Quelques années après, l'administration transforma le presbytère de Longpaon en hôtel-de-ville. Elle y transféra ses bureaux le jour de Noël 1795. Le 27 mars 1799 , elle abandonna le presbytère et alla s'établir rue du Pont où est aujourd'hui la Société du Commerce. Il paraît que cette administration avait du mal à se fixer , puisque quelques années plutard nous la voyons siéger rue Maugendre , dans une maison connue encore sous le nom de *l'ancienne commune.*

Enfin , le 12 septembre 1808 , le conseil municipal , sans doute fatigué d'être promené ainsi de maisons en maisons et de rues en rues , autorisa le maire à louer , pour dix-huit ans, la propriété de M. Pelletier , et à y **transférer** de suite les bureaux de l'administration.

En 1821, cette maison a été acquise par la ville, et est devenue ainsi une propriété communale.

La ville vient de faire une nouvelle acquisition plus importante et beaucoup plus convenable , sous tous les rapports , pour un hôtel-de-ville. Par sa délibération du 29 août 1834 , le conseil municipal a autorisé le maire à acheter , au nom de la commune , pour le prix de soixante-dix mille francs , la belle maison d'habitation appartenant à M. Duhamel.

Au moins , cet hôtel-de-ville , l'une des plus belles propriétés de Darnétal , aura une grandeur convenable , sera mieux placé , et sa distribution intérieure permettra d'y réunir tout ce qu'il est nécessaire , indispensable même, d'avoir dans une mairie. En outre, nous aurons l'avantage d'avoir une place d'armes grande , régulière , plus au centre du pays , sur laquelle se tiendra aussi le marché du jeudi et la foire de Saint-Pierre ; de plus , derrière l'hôtel de la mairie , un jardin public assez grand, ce qui fera une très-jolie promenade dans l'intérieur de notre ville.

Dans les bâtimens accessoires, l'on pourra placer le presbytère, l'école des sœurs de Carville, et péut-être plutard une salle d'asile, une bibliothèque publique : attendons.

Depuis un grand nombre d'années, l'hôtel-de-ville de Rouen percevait à Darnétal un droit d'octroi sur les boissons. Ce droit, assez injuste, avait été accordé à la ville de Rouen, en 1689, par Louis 14, mais nous n'avons pu trouver pour quel motif. Il fut prorogé en 1719, pour la réédification du pont de bateaux, qui ne fut point réédifié, parce qu'il n'en avait pas besoin ; en 1741, pour subvenir au soulagement des pauvres dont le nombre s'était considérablement augmenté par la rigueur de l'hiver, et par suite des grosses eaux ; en 1758, pour la reconstruction de la chambre de la Tournelle, et pour les frais de casernement, comme si Darnétal devait supporter seul ces frais. Enfin, ce droit qui aurait dû cesser, en même tems que le motif qui l'avait fait créer, existait cependant encore à l'époque de la révolution.

Le 28 octobre 1790, l'administration municipale de Darnétal, en rendant son compte au Directoire de district de Rouen, de l'état annuel de ses dépenses (à cette époque celles-ci ne s'élevaient encore qu'à 2100 fr.), demandait, pour faire face à ces dépenses, que l'administration supérieure lui accordât les droits d'octroi que depuis plus de cent ans la ville de Rouen percevait à Darnétal.

Le Directoire de district refusa cette demande, et motiva son refus sur les besoins que la ville de Rouen avait elle-même de ce revenu : malgré ce refus, qui pouvait être fondé en fait, mais qui certainement ne l'était pas en droit , la municipalité de notre ville renouvela cette demande le 15 janvier 1794 : elle insista surtout, et avec raison, sur ce que Darnétal n'ayant aucun revenu, il était de toute impossibilité à l'administration de pouvoir faire face aux dépenses communales. Malgré ses instances, malgré la justice bien reconnue de sa réclamation, elle éprouva constamment le même refus. Cependant, ce droit, par suite des événemens, se trouva supprimé peu de tems après, et notre ville fut enfin affranchie d'un impôt onéreux et illégal.

Nous avons dit qu'en 1790 les dépenses communales ne s'élevaient qu'à 2100 fr. ; en 1794, elles se sont élevées à 3640 fr.; en 1797 , à 5237 fr. 90 c. ; en 1798, à 6345 fr. , mais en les augmentant ainsi d'années en années , l'on est parvenu à les faire monter à plus de 50 mille francs.

Les ressources communales n'étant pas en rapport avec les dépenses locales , il y avait chaque année un déficit plus ou moins considérable dans les finances de la ville. En 1800 , l'on essaya de combler ce déficit, en créant un rôle d'abonnement sur quelques objets de consommation , rôle basé sur celui de la contribution mobilière , et sur lequel, pour ce motif, n'était portée qu'une partie des habitans.

En 1802 les revenus n'allaient pas encore à 5000 fr. et se composaient ainsi qu'il suit :

Centimes additionnels sur la contribution
    foncière.   1400 fr.

Centimes additionnels sur les patentes.   400

                      A reporter... 1800 fr.

Report.... 1800 fr.

Adjudication des boues de la ville (1).	272
Amendes de police.	50
Produit du rôle d'abonnement.	2400
	4522 fr.

Ces revenus étaient insuffisans pour éteindre la dette arriérée, et pour couvrir en même tems les dépenses annuelles.

Ces dépenses augmentant chaque année, tandis que les ressources restaient toujours à-peu-près les mêmes, il fallut enfin songer sérieusement à trouver les moyens d'élever les recettes au niveau des dépenses. Il n'y en avait qu'un, celui de créer un octroi. C'est enfin celui qu'on a pris.

Le 11 janvier 1808, le conseil municipal arrêta la création d'un octroi à Darnétal : dans sa séance du 25 février, il s'occupa du tarif qu'on devait suivre pour la perception. Dans celle du 16 mai, il proposa à l'autorité supérieure la réunion de Saint-Léger à Darnétal, motivant sa demande sur la proximité de cette commune dont une partie, s'enclavant dans Darnétal, faciliterait la fraude. Les habitans de Saint-Léger, en s'opposant à cette réunion, ont méconnu leurs véritables intérêts, ainsi que nous l'avons démontré dans un autre endroit de cette Notice. La ville de Darnétal doit s'applaudir aujourd'hui que cette réunion n'ait pas eu lieu.

(1) Depuis quelques années cette adjudication ne s'élève pas à plus de 40 francs.

La création d'un octroi à Darnétal, le réglement et le tarif arrêtés par le conseil municipal ayant été approuvés par le ministre des finances, le 18 juillet 1808, cet octroi a été mis en activité le 15 octobre suivant.

Jusqu'en 1818, les produits ne s'étaient pas élevés à plus de 26,000 francs; mais, depuis, le tarif ayant été augmenté, ces produits, dans de certaines années, ont depassé 55,000 francs.

Le conseil municipal désirant faire jouir aussi les contribuables du bénéfice de l'article 48 de la loi sur les finances, du 25 mars 1816, qui autorise les villes à remplacer les contributions personnelle et mobilière par des droits d'octroi, arrêta, dans sa séance du 16 mars 1817, qu'à dater du 1er avril 1818, la contribution mobilière serait prise sur l'octroi.

Pénétré, plus que jamais, que le remplacement de la contribution mobilière par une taxe sur les consommations, aurait l'avantage de faire payer à chacun suivant sa dépense, et cela d'une manière presqu'insensible ; que c'était d'ailleurs le seul moyen de faire contribuer un plus grand nombre d'individus et d'arrêter l'effet toujours croissant des impositions ; le conseil municipal confirma en entier, dans sa séance du 29 mai, sa délibération du 16. Il arrêta, dans la même séance, un nouveau tarif pour l'octroi, dans lequel il imposa de nouveaux articles, et augmenta les droits de ceux déjà imposés, dans la proportion nécessaire pour remplir la contribution mobilière.

En 1816, l'octroi avait produit brut 26,461 francs 80 centimes ; mais par l'augmentation du tarif, il devait produire 46,635 francs 50 centimes , pour l'année 1818 , ce qui donnait en plus une différence de 20,173 francs 70 centimes , sur laquelle devait être prise la contribution mobilière.

L'on ne peut disconvenir que ce mode d'impôt ne présente quelques avantages aux habitans en général ; mais, d'un autre côté, il offre un très-grave inconvénient dont plus d'un électeur a eu à se plaindre. La contribution mobilière étant un impôt direct, compte comme tel dans le cens électoral. Que de personnes à qui il ne manque souvent qu'une faible somme, pour avoir le cens voulu par la loi, qui, cependant, se voient frustrés de leurs droits, parce qu'elles payent *indirectement* un impôt très-direct dont il ne leur est tenu aucun compte dans le relevé de leurs impositions ! C'est ce qui arrive tous les jours dans les villes où les contributions personnelles et mobilières sont prélevées sur les produits de l'octroi.

Pour accroître encore plus les produits de cet octroi , l'administration supérieure a tenté plusieurs fois de le faire mettre en régie intéressée, mais le conseil municipal a toujours , dans l'intérêt des habitans , rejeté cette proposition.

Plusieurs motifs doivent faire désirer que cet octroi continue à être régi administrativement. Darnétal étant ouvert de tous les côtés, il est impossible de placer un nombre suffisant de bureaux pour empêcher la fraude , ce qui fait que beaucoup de points restent à découvert. Alors la moindre contravention , souvent très-involontaire , serait regardée, par l'adjudicataire, comme une fraude , au lieu que le maire juge paternellement les discussions qui peuvent s'élever entre les employés et les contribuables, et ne punit que la fraude manifeste.

Une autre considération, maintenant bien sentie dans toutes les villes où l'octroi est affermé, c'est l'impossibilité de pouvoir toucher au tarif, pendant toute la durée du bail, ce qui empêche l'administration de diminuer ou d'augmenter les droits, selon les circonstances, et de faire ainsi le moindre changement au tarif.

Pendant plusieurs années, il n'y a eu qu'un seul bureau de perception, placé aux environs de la mairie, où chacun était obligé d'aller faire ses déclarations. Un receveur et trois préposés-surveillans composaient alors tout le personnel de cette administration. Ce mode de perception, très-gênant pour le public, était d'un autre côté très-propre à favoriser la fraude. L'autorité locale reconnut enfin ces inconvéniens, et y remédia en partie en créant, en 1849, un second bureau à la Croix-Lalouette. Le personnel fut alors augmenté d'un contrôleur, d'un receveur et d'un préposé-surveillant.

Administré ainsi, cet octroi fut assez productif, pendant quelques années, parce que les affaires allant très-bien, la consommation était plus forte; mais insensiblement l'on vit diminuer les produits, au point que les recettes pouvaient à peine couvrir les dépenses communales. Soit que cette diminution dans les produits provînt du peu de consommation, soit qu'on dût l'attribuer à la fraude que l'on fesait presque ouvertement, il devenait urgent de remédier à un état de choses aussi préjudiciable à la ville. L'affermer c'eût été se mettre en opposition avec tous les habitans : d'ailleurs, nous avons déjà signalé les inconvéniens d'une régie intéressée. M. Lépine, maire, conçut l'idée de fermer cet octroi et de suivre ainsi l'usage des grandes villes. Le conseil municipal appréciant tout l'avantage de cette mesure, adopta, à une grande majorité, le projet soumis à son approbation, décida, dans sa séance du 13 janvier 1830, qu'il serait créé cinq nouveaux bureaux de perception , et que ces bureaux seraient placés sur les routes de Saint-Jacques , de Préaux , du Bois-Guillaume , de Saint-Léger et de Saint-Aubin.

Les changemens apportés dans le mode de perception ont nécessité une augmentation dans le personnel, qui se compose aujourd'hui d'un préposé en chef, d'un contrôleur , de six receveurs et de cinq préposés-surveillans.

Les droits d'entrée et d'octroi sur les boissons, ayant été diminués par la loi du 12 décembre 1830 , et fixés par cette loi d'après la population des villes, l'octroi de Darnétal a éprouvé une diminution sensible dans ses produits sur ce chapitre : cette différence dans la recette peut être évaluée de 7000 à 8000 fr. par année; en 1832, elle s'est éleveé à 7409 francs 33 centimes.

Les charges communales restant toujours les mêmes ; la plupart ne pouvant être supprimées ni même diminuées, il devenait urgent de prendre une mesure pour maintenir, autant que possible, la recette au niveau de la dépense, et pour combler en même tems le déficit assez considérable qui existait déjà dans les finances de la ville, déficit qui ne pouvait qu'augmenter, puisque les produits de l'octroi diminuaient de mois en mois, et pouvaient diminuer encore tant que durcrait la crise commerciale que l'on éprouvait alors, et qui a porté un si grand préjudice à la prospérité de nos manufactures.

En conséquence, le conseil municipal, dans sa séance du 8 février 1831, arrêta, à l'unanimité, que les 10,142 francs 77 centimes, principal de la contribution mobilière, qui depuis 1818 étaient payés par l'octroi, seraient, à partir du 1er janvier de la même année, reportés comme contribution directe. Dans sa séance du 19 septembre suivant, il arrêta aussi un nouveau réglement et un nouveau tarif. Quelques articles qui n'avaient pas été imposés jusqu'alors, furent portés sur ce tarif, plusieurs furent augmentés, principalement les comestibles et les combustibles. Ce réglement, approuvé par ordonnance du roi, du 19 janvier 1832, a été mis à exécution le 15 février suivant.

Depuis la création de cet octroi jusqu'en 1835, nous comptons sept tarifs, aux années 1808, 1810, 1813, 1816, 1818, 1822 et 1832; mais nous pensons qu'il est tems de s'arrêter, car en élevant encore le tarif des droits, ce serait à la fin apporter des entraves au développement de l'industrie dans cette ville, que l'administration doit, au contraire, protéger et chercher à augmenter par tous les moyens en son pouvoir.

Nous donnons, dans le tableau ci-dessous, un relevé des produits de notre Octroi, depuis sa création, jusqu'en 1834 inclusivement. Le total de ces recettes s'élève à un million trente-deux mille cinq cent soixante-douze fr. trente centimes. Quelques personnes s'étonneront peut-être qu'on ait pu dépenser une somme aussi forte dans cette ville; mais quand elles verront le sommaire que nous donnons plus bas des dépenses annuelles, leur étonnement cessera certainement.

ETAT récapitulatif des Produits de l'Octroi, par année, depuis sa création, jusqu'en 1835.

ANNÉES.	PRODUIT.		ANNÉES.	PRODUIT.	
				Report...	
1808	4725 f.	82 c.		...385887 f.	62 c.
1809	19134	43	1822	52134	44
1810	21164	73	1823	49739	56
1811	17446	58	1824	55825	63
1812	25822	07	1825	51925	16
1813	23619	75	1826	54797	39
1814	23750	80	1827	48355	14
1815	26700	44	1828	50223	74
1816	26461	80	1829	45402	59
1817	23764	70	1830	47639	29
1818	31007	99	1831	31961	59
1819	40093	75	1832	46247	77
1820	48526	11	1833	55041	82
1821	53668	65	1834	57390	56
	385887	62		1032572	30

En propriétés communales la ville, au moment où nous écrivons, ne possède encore que l'hôtel-de-ville, l'hôtel de la gendarmerie, l'école mutuelle pour les garçons, l'école primaire pour les filles, à Longpaon, et le presbytère de Longpaon.

Les recettes ordinaires se composent ainsi qu'il suit :

Centimes additionnels. Fr....	1430	05
id. sur les patentes.	1200	
Amendes de police municipale.	50	
Loyers des biens communaux.	1500	
Location des places.	1830	
Expédition des actes de l'état civil.	12	
Ferme des boues.	40	
Produit brut de l'octroi.	45000	

TOTAL, Fr... 51062 05

DÉPENSES ORDINAIRES.

Frais de bureaux.	3300 fr.	
Traitement du receveur municipal.	1100	
idem du commissaire de police.	1500	
idem du garde-champêtre.	250	
Frais de perception de l'octroi.	9000	
Traitement de l'architecte.	300	
Frais de la Justice de Paix.	100	
Location du jardin des gendarmes.	45	
Contributions, assurances.	200	
Entretien des biens communaux.	500	
Entretien des rues.	1800	
Eclairage de la ville.	3500	
Entretien des pompes à incendies.	600	
Depôt de sureté, police secrète.	350	
Rente à l'hospice de Darnétal.	8000	
Bureau de bienfaisance.	4000	
Rente aux hospices de Rouen.	8	89
Enfans trouvés.	580	

A reporter, Fr... 35133 89

	Report, Fr...	35133 89
Instruction publique.		3010
Fêtes publiques.		600
Garde nationale.		1200
Dépenses imprévues.		600
	TOTAL, Fr...	40543 89

Les recettes et les dépenses extraordinaires varient chaque année. En 1834, ces recettes s'élevaient à 10,770 francs 10 centimes, ce qui porte le total des recettes à 61,832 francs 15 centimes ; les dépenses extraordinaires étant de 18,134 fr., le boni pour l'exercice 1835 a dû être de 3,154 francs 98 centimes.

Par son décret du 22 décembre 1789, l'assemblée nationale partagea le royaume en départemens ; chaque département était subdivisé en districts et chaque district en cantons.

Le département de la Seine-Inférieure fut partagé en sept districts et subdivisé en soixante-quatre cantons. Les chefs-lieux de districts étaient Rouen, Yvetot, Montivilliers, Cany, Dieppe, Neufchâtel et Gournay.

Le district de Rouen comprenait les cantons de Franqueville, de Saint-Jacques-sur-Darnétal, de Quincampoix, de Saint-Jean-du-Cardonay, de Montville et de Cailly.

En l'an 4, en exécution de la Constitution de l'an 3, le nombre des cantons fut porté dans le département de la Seine-Inférieure, à soixante-dix ; les nouveaux cantons, pour le district de Rouen, furent ceux de Darnétal, du Mont-aux-Malades et d'Orival.

Cette division en district n'a subsisté que pendant

quelques années. En vertu de la loi du 28 pluviôse, an 8 (17 février 1800), concernant la division du territoire français, le département de la Seine-Inférieure a été partagé en cinq arrondissemens communaux.

Un arrêté des consuls, du 2 vendemiaire an 10 (24 septembre 1801), a divisé ces cinq arrondissemens en cinquante justices de paix, dont quarante-trois sont chefs-lieux de cantons, six pour la ville de Rouen, et une pour la ville du Havre.

Les cantons de l'arrondissement de Rouen sont Boos, Buchy, Clères, Darnétal, Elbeuf, Grand-Couronne, Maromme, Pavilly, et la ville de Rouen partagée en six justices de paix.

La division territoriale faite sous le gouvernement consulaire, subsiste encore, et est certainement beaucoup mieux appropriée aux localités, que celle qui avait été décrétée par l'assemblée nationale.

Lors de la création des juges de paix (loi du 16 et 24 août 1790), la ville de Rouen avait été partagée en neuf justices de paix, huit pour la ville et les faubourgs et une pour la commune de Darnétal, sous la dénomination de *neuvième section extrà-muros*.

Les communes qui dépendaient de cette justice de paix étaient Darnétal, Saint-Léger, Saint-Martin-du-Vivier et Fontaine-sous-Préaux.

Le 13 mai 1791, l'assemblée législative rendit un décret qui assimilait la justice de paix du canton de Rouen, *séante à Darnétal*, lieu central de son arrondissement, aux huit autres divisions, pour l'administration, le régime et le traitement du juge de paix.

En l'an 10 (1802), lors de la nouvelle circonscription des justices de paix, Darnétal devint le chef-lieu d'un canton qui depuis lors porte son nom. Ce canton est composé de vingt-cinq communes dont une partie dépendait de la neuvième division de Rouen *extrà-muros*, et les autres des cantons du Mont-aux-Malades, de Saint-Jacques et de Ry.

Les communes qui dépendent de la justice de paix de Darnétal, sont Auzouville-sur-Ry, Bois-d'Ennebourg, Bois-Guillaume, Bois-Levêque, Darnétal, Elbeuf-sur-Andelle, Epreville, Fontaine-sous-Préaux, Grainville, le Héron, Isneauville, Martinville-sur-Ry, Préaux, Roncherolles, Saint-Denis-le-Thiboult, Saint-Jacques-sur-Darnétal, Quevreville-la-Millon, Saint-Arnoult-sur-Ry, Saint-Léger-du-Bourg-Denis, Saint-Martin-du-Vivier, Salmonville-la-Sauvage, Servaville, la Vieux-Rue, Ry et Vimont.

Les audiences de la justice de paix se tiennent à Darnétal, le jeudi à midi. Les conciliations ont lieu, le même jour, avant l'audience.

Depuis 1790, nous comptons quatre juges de paix, messieurs :

1790.   Harel.

1792.   Malœuvre.

1800.   Therain.

1830.   Levêque, qui a pour suppléans MM. Feuquères et François Durécu.

Les greffiers, MM. N...., Letellier, Vincent Toussaint, Hénault, Osmont, Levasseur, Blot et Canivet.

Avant la révolution, il n'y avait point de commissaire de police à Darnétal ; l'office en était rempli par

M. Vincent Toussaint, huissier et tabellion, qui remplissait aussi celui de juge de paix.

Conformément à la loi du 22 juillet 1791, l'administration municipale nomma d'abord un appariteur de police. Ce n'est qu'en 1793, qu'on vit, pour la première fois, un commissaire de police à Darnétal. Le choix de l'administration tomba sur M. Toussaint père, ancien tabellion. Depuis, nous avons eu successivement pour commissaires :

1795. MM.	Le Roy.	1817. MM.	Janson.
1798.	Denis.	1825.	Vissec.
1800.	Le Roy.	1826.	Langlois.
1800.	Renard.	1830.	Loyer.
1810.	Eudeline.	1830.	Michel.
1816.	de Marigny.	1832.	Pinçon.

C'est le 14 mai 1822 que, par l'ordre du ministre de la Guerre, une brigade de gendarmerie à pied a été établie à Darnétal. Elle se compose d'un maréchal-des-logis et de quatre gendarmes.

Se renfermant strictement dans leurs attributions qui sont de veiller au maintien de l'ordre et de la tranquillité publique, jusqu'à ce jour les habitans n'ont qu'à se louer de la mesure prise par le ministre de la Guerre. Si, partout, les gendarmes se conduisaient avec la même prudence, avec la même modération, l'on n'entendrait pas tous les jours les plaintes, souvent très-fondées, que 'on porte contr'eux.

Il n'y a point à Darnétal de prison, il n'y a qu'une maison de sûreté dans laquelle l'on enferme provisoirement les individus arrêtés, mais que l'on doit relâcher dans les vingt-quatre heures, s'il n'y a pas de motifs suffi-sans pour les mettre à la disposition du procureur du Roi.

Instruction publique.—Ecole des Frères.—Ecoles pri-maires.—Ecole mutuelle.—Suppression de cette Ecole. —Ecole des Sœurs à Longpaon.—Ecole des Sœurs à Carville.—Nouvelle Ecole mutuelle.—Comité d'Ins-truction publique.

Longtems cette ville a été sans écoles pour les en-fans des deux sexes : aussi voyait-on les habitans croupir dans une honteuse ignorance. Le fabricant qui savait à-peu-près signer sou nom passait pour savant. Ne connais-sant nullement le prix de l'instruction, pas un d'eux ne songea à établir, dans cette ville, des écoles pour les jeunes gens. Ils élevaient leurs enfans comme ils avaient été élevés eux-mêmes, et pensaient avoir rempli envers eux tous les devoirs d'un bon père de famille, lorsqu'ils leur avaient appris à tisser de la flanelle. Cet état de choses aurait sans doute encore duré longtems, si des personnes étrangères à cette ville n'avaient conçu l'heu-reuse idée d'y fonder des écoles publiques en faveur des enfans de la classe ouvrière.

L'Ecole gratuite des Garçons, à Longpaon, est la pre-mière qui a été créée dans cette ville. Nous n'avons pu trouver le nom du fondateur, ni la date de la fondation, nous avons vu seulement, dans un ancien titre, que la maison dans laquelle se tenaient encore les classes, il y a quelques années, avait été donnée aux curés et aux trésoriers des paroisses de Longpaon et de Carville, pour y tenir les écoles gratuites. Cette donation a été faite par une personne étrangère à Darnétal, par le sieur François Le Cornu, seigneur de Bimorel, conseiller du roi au parlement de Normandie, par acte passé devant Maubert et Launon, notaires à Rouen, le 24 février 1670.

Depuis, cette école avait été agrandie, et se composait de deux corps de bâtiment : celui à droite en entrant appartient à l'Hospice-Général qui, par contrat passé le 26 février 1755, devant le Baillif et Béliard, notaires à Rouen, l'a emphythéosé pour quatre-vingt-dix-neuf ans à la fabrique de la paroisse de Longpaon, moyennant neuf livres de rente.

L'emphythéose ayant commencé le jour de Noël 1754, finira le même jour 1853.

On voit encore dans un titre du 28 mai 1700, qu'une rente de vingt-cinq livres, fondée par M. Toustain, en faveur de l'institutrice de l'Ecole des Filles de Longpaon, fut détournée de sa destination, pendant quelques années, et payée à l'instituteur de l'Ecole des Garçons, parce que, faute de ce léger secours, est-il dit dans ce titre, il serait obligé de fermer sa classe, ne recevant pour traitement qu'une faible gratification que veulent bien lui faire quelques personnes charitables.

On se fonde dans ce titre, pour changer la destination de cette rente, sur ce que l'Ecole des Sœurs est dotée de cent cinquante livres de rente, tandis que celle des Garçons ne s'est soutenue jusqu'alors que par la charité publique.

Ainsi que nous l'avons dit, nous n'avons pu nous pro- curer aucun renseignement sur l'époque précise où l'Ecole des Garçons a été fondée à Darnétal, ni trouver le nom des personnes bienfesantes à qui l'on doit cette utile fondation. Nous avons trouvé seulement que les frères de la Doctrine chrétienne y avaient été appelés en 1705. Puisqu'à cette époque l'on ne connaissait pas un meilleur mode d'instruction primaire, nous devons de la reconnaissance aux personnes qui l'on introduit dans cette commune ; nous sommes fâchés de ne pouvoir faire connaître leurs noms.

Ces Frères étaient au nombre de quatre, avaient leur principale maison à Longpaon, connue encore sous le nom d'*Ecole des Frères* (1) ; mais deux d'entr'eux allaient chaque jour faire la classe à Carville : celle-ci avait lieu dans une grande salle construite aux frais de la fabrique, dans un coin du cimetière. Ce bâtiment vient d'être démoli, n'ayant plus aucune utilité, depuis que l'autorité locale a fait construire l'Ecole mutuelle de Longpaon sur une échelle assez grande pour le service des deux paroisses.

Ces Frères enseignaient ce qu'ils savaient, lire, écrire et un peu de calcul : il eut été injuste de leur en demander davantage. D'ailleurs, cela suffisait à une époque où deux classes de la société, les prêtres et les nobles, avaient le plus grand intérêt à laisser la masse des citoyens plongée dans les ténèbres de l'ignorance. Nous parlons ici en général ; nous n'ignorons pas qu'individuellement beaucoup de membres de ces corps privilégiés auraient désiré

(1) Cette Ecole n'existe plus depuis quelques mois. Vendue par la ville, elle vient d'être démolie, et à sa place existe maintenant une pompe à feu.

que le peuple reçût une instruction plus solide et plus conforme aux lumières du siècle.

Tel était l'état de l'instruction primaire à Darnétal, lorsque la révolution éclata. En 1791, les frères singèrent le clergé, il émigrèrent aussi, et quittèrent la ville sans en prévenir l'autorité locale.

Ce n'est que le 12 avril 1793, que l'administration municipale songea à remplacer les Frères de la Doctrine chrétienne. Sur la proposition du procureur de la commune, le conseil général nomma deux instituteurs primaires, l'un pour la paroisse de Carville, l'autre pour celle de Longpaon; fixa leur traitement à 800 fr., et leur imposa l'obligation de recevoir *gratuitement tous les enfans*. Ces Ecoles étaient surveillées par les administrateurs qui, tous les mois, s'assuraient par eux-mêmes des progrès des élèves, ainsi que de l'exactitude des maîtres à remplir leurs devoirs.

Sous le consulat, les Ecoles primaires pour les deux sexes furent supprimées à Darnétal, sans que nous puissions nous rendre compte des motifs qui déterminèrent cette suppression. Dans une ville dont la population se compose en grande partie d'ouvriers, l'utilité des Ecoles publiques ne peut cependant pas être contestée. Quoi qu'il en soit, ce n'est qu'en 1810 que le conseil municipal, sortant enfin de sa léthargie, fit ce qui dépendait de lui pour les rétablir, en votant les fonds nécessaires, tant pour les frais de premier établissement, que pour le traitement des instituteurs. Le maire s'empressa de seconder les vues de son conseil; cependant, contre l'attente de toutes les personnes sensées, il rencontra de grandes difficultés de la part de l'autorité supérieure. Il s'écoula encore plus d'une année avant que tous les obstacles fussent levés. Enfin, deux Ecoles pour les garçons, une sur chaque paroisse, furent ouvertes à la fin de l'année 1811, et celles pour les filles, dans le courant de 1812; mais celles-ci, dirigées par les dames d'Ernemont, n'ont été légalement approuvées par décret impérial, donné au palais de Trianon, que le 18 mars 1813.

L'avantage de l'enseignement mutuel sur l'ancienne méthode, étant généralement reconnu, le conseil municipal, dans sa séance du 10 mars 1819, décida, à la presque unanimité, qu'il serait établi dans cette ville une Ecole d'après ce nouveau mode d'enseignement. Dans sa séance du 19 avril, il vota, à l'unanimité, les fonds suffisans pour couvrir les frais de premier établissement.

L'Ecole mutuelle avait été placée à Longpaon, dans le local de l'ancienne Ecole. L'administration avait laissé subsister l'Ecole primaire de Carville, afin d'avoir un moyen de comparaison entre les deux modes d'enseignement, et pouvoir plutard accorder la préférence à celui qui serait jugé le meilleur. Certainement, c'était agir sagement ; aussi le public ne put qu'applaudir à cette disposition de l'autorité locale. Le département était alors administré par un préfet éclairé (M. Malouet) qui connaissait le prix de l'instruction, et avait le plus grand désir de propager, dans tout le département, le nouveau mode d'enseignement primaire. Il n'en fut pas de même de M. de Vanssay, son successeur, c'est sous son administration que les partisans du trône et de l'autel firent tous leurs efforts pour rétablir dans cette ville les Frères

ignorantins, sorte d'instituteurs qui suffit, en effet, lorsqu'on a l'intention d'apprendre peu de choses aux enfans.
Mais de l'Ecole mutuelle passer tout d'un coup à l'Ecole
des Frères, la transition pouvant paraître trop forte, on
prit une voie détournée, on agit jésuitiquement : c'était
la tactique du parti. En conséquence, on laissa à la tête
de l'Ecole un homme incapable de la diriger, et dont la
conduite privée n'était peut-être pas tout-à-fait exempte
de reproches. Ce que nos jésuites à robe courte avaient
prévu arriva ; cette école étant très-mal tenue, les parens
cessèrent peu à peu d'y envoyer leurs enfans. Lorsqu'on
la vit à-peu-près déserte, l'on s'empressa de la supprimer.

C'est le 7 novembre 1822 que, sur une convocation
ad hoc, le conseil municipal vota la suppression de
l'Ecole mutuelle et le rappel des Ignorantins. Cette
séance fut très-orageuse, car tous les membres ne par-
lèrent pas et ne votèrent pas dans le sens du pouvoir.

La délibération prise à ce sujet, mais beaucoup trop
longue pour la rapporter, est du jésuitisme tout pur, l'on
n'eut pas mieux fait à Mont-Rouge. Une particularité,
que nous ne devons pas omettre, c'est qu'elle était rédigée avant l'ouverture de la séance. Neuf membres
eurent le courage de signer cette pièce vraiment curieuse,
les autres refusèrent d'y apposer leurs signatures (1).

Les personnes qui se montrent aujourd'hui si partisans
des écoles de la Doctrine chrétienne ne se doutent certainement pas que le fondateur de ces écoles, le vénérable

______

(1) Les membres qui refusèrent de signer cette délibération, sont :
MM. Thomas Bénard, Benjamin Duréeu, Bouteiller père, Lépine, Cuvelier
père, Lormier et Lesguilliez.

et philantrope de Lasalle, eut lui-même , dans le tems , encore plus de peines pour introduire cette nouvelle méthode d'enseignement , que les hommes éclairés n'en ont aujourd'hui pour propager en France l'enseignement mutuel , tant la routine et les préjugés cèdent difficilement aux innovations les plus heureuses. Telle a été de tout tems la marche de l'esprit humain.

L'administration locale de l'époque était bien parvenue à faire tomber l'Ecole mutuelle , mais , malgré l'autorisation qu'elle avait arrachée au conseil municipal , malgré la certitude d'être puissamment secondée par l'autorité supérieure , elle a reculé devant l'opinion publique qui est aussi une autorité plus puissante qu'on ne le pense généralement ; n'ayant pas osé introduire les Ignorantins à Darnétal , elle s'était contentée de rétablir l'Ecole de Longpaon , telle qu'elle existait antérieurement. Ainsi , jusqu'en 1832 , il a existé deux Ecoles primaires pour les garçons , une sur chaque paroisse.

Les enfans qui fréquentaient ces écoles étaient-ils moins vagabonds que lorsqu'ils allaient à l'École mutuelle ? étaient-ils plus instruits ? avaient-ils plus de respect pour leurs parens ? que leur apprenait-on ? A-peu-près à lire et à écrire, mais surtout à chanter des cantiques et à suivre des processions. Il est vrai qu'aux yeux des soutiens du trône et de l'autel , c'est là le *nec plus ultrà* de l'instruction primaire. Pourquoi, tout en donnant aux enfans une instruction morale et religieuse , convenable à leur âge, ne pas leur apprendre aussi de bonne heure les devoirs qu'ils auront à remplir un jour comme citoyens , comme époux , comme pères ?

Nous devons rendre cette justice au gouvernement, qu'il cherche aujourd'hui à propager jusques dans les plus simples villages, les bienfaits de l'instruction primaire. L'impulsion étant donnée, c'est aux communes à seconder, autant qu'il dépend d'elles, les vues du Gouvernement.

Sous ce rapport, nous nous plaisons à le dire, la ville de Darnétal a fait plus, elle les a devancées. Dès le 11 juillet 1831, le conseil municipal avait décidé qu'il serait créé une Ecole mutuelle dans cette ville. Cette Ecole, grâce aux soins et au zèle bien connu de MM. les membres composant le comité d'instruction publique, a été organisée la même année, et l'on a vu avec un vif plaisir les parens s'empresser d'y envoyer leurs enfans. Dirigée aujourd'hui par M. Pithon, instituteur instruit et très-zélé, elle compte plus de cent élèves.

L'ancien local étant beaucoup trop petit pour contenir un aussi grand nombre d'enfans, et d'ailleurs étant très-mal-sain, puisque la classe se trouvait presqu'au niveau de la rivière, le conseil municipal, dans sa séance du 16 août 1832, vota la somme de six mille francs pour la construction d'un nouveau local. Il décida, dans la même séance, que la nouvelle classe serait construite sur une assez grande échelle pour pouvoir contenir les enfans des deux paroisses, et qu'en conséquence l'Ecole de Carville serait supprimée.

L'ouverture de la nouvelle Ecole a eu lieu le 29 juillet 1833, anniversaire de notre régénération politique. Le même jour a eu lieu, pour la première fois à Darnétal, la distribution des prix pour les Ecoles des deux sexes, innovation heureuse qui aura certainement une grande influence sur l'avenir des jeunes élèves, en entretenant parmi eux une noble émulation. L'autorité locale, ainsi qu'on le voit, ne recule devant aucune dépense, et emploie tous les moyens en son pouvoir pour inspirer de plus en plus le goût de l'instruction aux enfans de la classe ouvrière. Elle comprend sa mission.

Sur la demande du comité d'instruction publique, le conseil municipal, dans sa séance du 16 janvier 1834, a donné une nouvelle preuve du vif désir qu'il a de voir le plus grand nombre possible de nos concitoyens participer aux bienfaits de l'instruction primaire, en autorisant l'ouverture d'une école du soir pour le adultes, depuis huit heures jusqu'à dix heures, et en votant les fonds nécessaires pour couvrir cette nouvelle dépense.

Nous nous plaisons à le dire, à la louange de nos ouvriers, ces classes sont très-fréquentées, puisqu'au moment où nous écrivons, l'on en compte cinquante à soixante qui, tous les soirs, suivent les leçons avec une grande exactitude. Quelques-uns même, font des progrès sensibles et doivent s'applaudir aujourd'hui de la résolution qu'ils ont prise de consacrer chaque jour quelques heures à leur instruction.

L'Ecole des Filles de Longpaon a été fondée en 1687 par un vénérable ecclésiastique de Rouen, le sieur Alphonse de Châlons, prêtre et chanoine de l'église métropolitaine. Par contrat passé devant Pelletier et Gruchet, notaires royaux à Rouen, le 17 janvier 1687, il versa au bureau des Valides (aujourd'hui Hospice-Général), un capital de deux cents livres de rentes, à la charge par cet

Hospice, de payer *à perpétuité* et par quartier, savoir : cent livres au maître qui tiendra l'école des garçons à Saint-Sever, et cent livres à la maîtresse qui tiendra l'école des filles à Darnétal, paroisse de Saint-Ouen-de-Longpaon.

Par autre contrat, passé devant Cogniard et Borel, notaires royaux à Rouen, le 18 février 1688, M. Châlons charge les administrateurs du même hospice de payer aussi, à perpétuité, cent livres de rente auxdits maître et maîtresse, à raison de cinquante livres pour chacun, à l'effet de former, à l'un et à l'autre, un traitement de cent cinquante livres.

Nous voyons dans un autre contrat passé le 20 mai, devant Sanadon et Cavé, que M. Châlons veut et entend que cette fondation de cent cinquante livres de rente serve de traitement à la maîtresse d'école de Longpaon, et ne puisse être détournée de sa destination.

D'une ordonnance, en date du 18 mai 1690, rendue par M. de Montholon, premier président au parlement de Normandie, il résulte que, par suite d'une donation faite par M. Toustain, conseiller au baillage de Rouen, le bureau des Valides demeurait chargé de payer, en forme de supplément, vingt-cinq livres de rente à ladite maîtresse d'école.

Cette rente de 175 livres a été payée exactement par l'administration du bureau des Valides, aux mains du trésorier en charge de la paroisse de Longpaon, jusqu'au moment de la révolution.

L'administration ayant négligé, dans le tems, de remplir les formalités prescrites par les lois, pour faire retourner cette rente au profit de la commune, ce n'est qu'en 1818 qu'elle a fait, enfin, auprès de la commission administrative des Hospices, quelques démarches pour faire rentrer la ville de Darnétal en possession de cette rente.

MM. les administrateurs en ont refusé le paiement, et ils ont motivé leur refus sur ce que les rentes de 150 livres et 25 livres, destinées au traitement de la maîtresse d'école, n'ayant jamais appartenu à la fabrique de Long-paon, ni à la commune de Darnétal, la commune et la fabrique sont sans qualité pour en réclamer la prestation. Rigoureusement parlant, cette espèce de fin de non-recevoir est peut-être fondée, mais cet Hospice n'en doit pas moins une rente de 175 livres qu'il ne paie à personne. Payer ses dettes avec une fin de non-recevoir, c'est s'acquitter facilement.

La fondation d'une Ecole gratuite dans cette ville était on ne peut plus utile : aussi, dès son origine, vit-on cette école être fréquentée par un grand nombre de jeunes personnes. On voit, dans un titre du 18 juin 1697, que cette même année l'on y comptait déjà cent cinquante écolières, ce qui obligea l'institutrice de s'adjoindre une sous-maîtresse pour faire les classes.

Pendant un grand nombre d'années, l'Ecole des Filles fut confiée aux soins d'une institutrice laïque ; nous n'avons pu nous procurer des renseignemens certains sur l'époque où les dames d'Ernemont en prirent la direction, mais ce doit être depuis 1730, puisque c'est l'époque où ces dames se sont établies à Rouen.

La maison dans laquelle se tient encore aujourd'hui

l'Ecole des Sœurs, à Longpaon, a été donnée à la fabrique pour cet usage, par M. Simon Maillefer, écuyer, conseiller du Roi, maître ordinaire en la chambre des comptes de Normandie, conjointement avec Jeanne Dubois, sa mère. Cette donation, passée devant Borel et Lepage, notaires à Rouen, est du 29 juillet 1691.

C'est à un simple particulier, étranger aussi à cette ville, que l'on doit la fondation d'une Ecole gratuite, en faveur des jeunes personnes de la paroisse de Saint-Pierre-de-Carville. Par contrat passé devant Grébauval et Lefébure, notaires à Rouen, le 15 septembre 1736, une personne de piété, qui même n'a pas voulu être nommée dans cet acte, versa à la communauté des dames d'Ernemont une somme de 3000 livres, pour fonder une Ecole gratuite et charitable, en tel lieu que MM. leurs supérieurs (nommés et qualifiés dans le contrat) choisiraient pour la plus grande gloire de Dieu et le plus grand service du prochain. Mais, au moment de passer le contrat, le bienfaiteur anonyme ayant manifesté le désir que cette école fût établie pour la paroisse de Saint-Pierre-de-Carville, à Darnétal, les dames d'Ernemont accédèrent à son désir. En conséquence, en échange de la somme de 3000 livres qui leur furent comptées, ces dames prirent l'engagement de *fonder et d'établir pour toujours, à perpétuité,* dans la paroisse de Carville, une Sœur de leur communauté, pour instruire *gratuitement* les pauvres filles de ladite paroisse. L'acte porte que cette Sœur sera nourrie et entretenue aux frais et aux dépends de la communauté des dames d'Ernemont, mais qu'elle sera logée aux frais de la fabrique de la paroisse; que de plus il lui sera fourni un lit complet, ainsi que tous les petits meubles à son usage.

A la suite du contrat se trouve la délibération des trésoriers de la fabrique de Saint-Pierre-de-Carville, en date du 5 août 1736, par laquelle M. Tinel, curé, et le sieur Michel Saint-Evron, trésorier en charge, sont priés de s'entendre avec la personne qui s'offre de faire cette fondation, et autorisés à stipuler les conditions mentionnées audit contrat.

Dans un acte postérieur à celui ci-dessus, nous avons trouvé que le bienfaiteur anonyme à qui l'on doit cette fondation, est le curé de Cliponville (en Caux); mais nous n'avons pu trouver son nom.

Les habitans de Darnétal ne doivent pas moins de reconnaissance à *Nicolas Mirault*, marchand, rue Saint-Nicolas, à Rouen, et à *Agnès Maugis*, son épouse, qui ont fondé une seconde Sœur pour tenir les Ecoles gratuites à Saint-Pierre-de-Carville. Par contrat passé le 9 février 1742, devant Michel Lecoq et Claude Lefébure, notaires à Rouen, ils donnèrent à la communauté des dames d'Ernemont la somme de 4000 livres. Le contrat porte que cette communauté sera obligée de leur faire une rente viagère de 150 livres, reversible après leur décès, sur la tête des trois sœurs du sieur Mirault, et ce jusqu'au décès du dernier survivant. A dater dudit décès, les dames d'Ernemont étaient tenues d'envoyer une seconde Sœur à Carville, aux mêmes conditions que celles énoncées dans l'acte de fondation relatif à la première Sœur.

Le 15 août 1778, madame Marie-Barbe Talon, veuve

de Robert Dufresne, maître toilier à Darnétal, donna aussi, par acte notarié passé devant Legingois et Lambert, aux dames d'Ernemont, la somme de 2000 livres, pour former le supplément de traitement aux deux Sœurs de Carville.

Par son testament, en date du 20 août 1778, reçu par Legingois et son confrère, Mme Dufresne donna à la même communauté, comme second supplément aux fondations des deux Sœurs chargées de tenir les Ecoles gratuites de Carville, la somme de mille livres pour compléter celle de dix mille livres, et former quatre cents livres de rente, au denier vingt-cinq, jugées nécessaires, tant pour l'entretien que pour le vestiaire desdites Sœurs. Les dames d'Ernemont ont reçu cette somme le 3 novembre de la même année, par acte passé devant Curay et Lambert, notaires à Rouen.

Jusqu'à l'époque de la révolution, les dames d'Ernemont remplirent avec exactitude les engagemens qu'elles avaient contractés, mais au mois de juillet 1791, les Sœurs envoyées à Longpaon et à Carville, pour tenir les classes, cessèrent tout-à-coup, sans en prévenir l'administration municipale, leurs fonctions d'institutrices. Le conseil général de la commune différa pendant quelques mois à pourvoir à leur remplacement, dans l'espoir que ces dames, mieux conseillées, s'empresseraient d'obéir aux lois existantes, et de remplir leurs devoirs en ouvrant leurs classes. Son attente ayant été trompée, il autorisa, le 2 mars suivant, une dame Hamby et une dame Levaillant à exercer provisoirement les fonctions d'institutrice, l'une pour la section de Longpaon, l'autre pour celle de

Carville. Le conseil leur accorda , pour leur entretien , le même traitement dont jouissaient les dames d'Ernemont.

Ainsi que les Écoles primaires des Garçons , les Écoles des Filles qui avaient été supprimées sous le consulat, ont été rétablies en 1812 : elles sont rentrées, depuis cette époque, sous la direction des dames d'Ernemont.

Ces dames , dont nous craindrions de blesser la modestie, si nous leur adressions publiquement les éloges que chacun se plaît à leur décerner, par la manière dont elles s'acquittent de leurs fonctions, tiennent aussi une classe particulière, le soir, pour les adultes qui, occupées toute la journée dans les fabriques, n'ont que ce moment à donner à leur instruction. Ainsi que celles des garçons, ces classes sont assez suivies, ce qui prouve que notre population ouvrière commence enfin à sentir le besoin d'acquérir aussi de l'instruction.

Outre les Ecoles gratuites, il y a deux Ecoles particulières , un pensionnat pour les jeunes gens et une maison d'éducation pour les jeunes personnes (1).

Année commune, six cent cinquante enfans reçoivent les bienfaits de l'instruction primaire, tant dans les écoles gratuites que dans les écoles particulières, savoir : deux cent quarante garçons et quatre cent dix filles.

On voit qu'il existe une grande différence entre le nombre des garçons et celui des filles qui suivent ces écoles. Cette différence tient à l'usage que les parens ,

---

(1) Ces deux pensionnats dirigés, le premier par M. Vincent, celui des jeunes demoiselles par Mme Meunier, n'existent dans notre ville que depuis quelques années, sont très-bien tenus et, sous tous les rapports, méritent toute la confiance des parens.

dans la classe ouvrière, ont d'envoyer leurs garçons, dès l'âge de sept à huit ans (même quelquefois plus jeunes encore), travailler comme rattacheurs, comme tireurs, dans les filatures, dans les fabriques d'indiennes. Ces enfans gagnant à-peu-près leur nourriture, leurs parens ne voient que l'argent qu'ils rapportent chaque semaine à la maison, et ne songent pas à l'avenir. Aussi, est-il très-rare de voir, dans les Ecoles primaires de cette ville, des enfans de la classe ouvrière au-dessus de dix ans.

En obligeant ainsi les enfans à se livrer, dans un âge aussi tendre, à un travail journalier bien au-dessus de leurs forces, c'est altérer gravement leur santé, c'est contrarier la nature et apporter des entraves au développement de leurs facultés morales et de leur constitution physique. Exiger de ces enfans quatorze à quinze heures de travail par jour, pour un salaire de six à huit sous, il y a réellement de la cruauté, de la barbarie même. Pouvant faire l'ouvrage auquel on les occupe journellement aussi bien que des jeunes gens plus âgés, qu'il faudrait alors payer beaucoup plus cher, et leur salaire étant basé plutôt sur leur âge que sur le travail qu'ils font, on conçoit qu'on les emploie de préférence. Mais pourquoi faut-il que l'industrie munufacturière en soit réduite aujourd'hui, pour pouvoir soutenir la concurrence, à devenir ainsi le bourreau de la génération qui s'élève, génération appauvrie, étiolée, qui bien certainement ne peut que donner le jour à une génération plus misérable encore. Où donc s'arrétera le mal. C'est dans les villes manufacturières qu'il faut voir ce tableau déchirant et malheureusement trop vrai. Nous ne pouvons le dissimuler , le mal nous paraît porté à son comble. Le gouvernement, nos législateurs peuvent seuls y apporter quelque remède, en s'occupant sérieusement d'améliorer le sort des classes ouvrières. Le feront-ils ?

Nous voyons chaque année, portée au budget de cette ville, la somme de six cents francs, pour le traitement des Sœurs de Carville ; mais les dames d'Ernemont étant rentrées, depuis un grand nombre d'années, en possession de leurs biens, il nous semble qu'il serait de toute justice qu'elles en acquittassent les charges. Ces dames ne peuvent ignorer qu'à diverses époques leur communauté a reçu la somme de *dix mille livres*, pour envoyer à *perpétuité* deux de leurs Sœurs tenir *gratuitement* les Ecoles gratuites de la paroisse de Saint-Pierre-de-Carville.

Ancienne Maladrerie.—Réunion de la Maladrerie de Saint-Claude au bureau des Valides.—Fondation de huit Lits à l'Hospice-Général.—Hospice Durécu.— Fondateurs et bienfaiteurs de cet Hospice.—Bureau de Bienfesance. — Enfans trouvés. — Extinction de la Mendicité.—Société de Secours pour les Ouvriers.

L'on attribue généralement aux croisades l'importation en Europe de la lèpre et des autres maladies cutanées du même genre, qui ont désolé cette contrée , pendant plusieurs siècles. Quoique cette idée soit accréditée depuis longtems, il serait cependant facile de prouver que c'est une erreur, non par des suppositions, mais par des faits. Certainement les croisades ont occasionné de grands maux à l'Europe, surtout à la France qui , dans ces folles expéditions, a vu une partie de sa population et de ses richesses s'engloutir dans les plaines de la Palestine, sans en obtenir le résultat que la Chrétienté en attendait. Mais on ne doit pas accuser le petit nombre des croisés qui ont eu le bonheur de revoir leur patrie, d'y avoir apporté les germes de cette terrible maladie, puisqu'elle y existait bien antérieurement à l'époque où l'épidémie des croisades elle-même prit naissance. Dans le 6e siècle, mais surtout dans le 7e, la lèpre exerçait déjà de grands ravages dans l'Italie ; on en a des preuves irrécusables. Comme dans les 8e et 9e siècles on vit aussi beaucoup de lépreux en France (1), ce fait prouve que la lèpre y existait bien antérieurement à l'époque où le pape Urbain vint tenir à Clermont ce fameux concile (1195) dans lequel on décida si légèrement la conquête de la Terre-Sainte, comme si l'on fesait la conquête d'un Empire aussi facilement que l'on convoque un concile.

Quoi qu'il en soit, la lèpre devint cependant si commune en France, qu'à la mort de Louis 8 (1226), on y comptait déjà deux mille léproseries auxquelles par son testament il donna à chacune cinq sous. Ce nombre de maladreries doit paraître d'autant plus considérable, qu'à cette époque l'étendue territoriale de la France était très-circonscrite. Le nombre des lépreux, au lieu de diminuer, allant toujours dans une proportion croissante, on multiplia ces établissemens, au point qu'il n'y avait pas de ville, même de simples bourgs, qui n'en possédassent au

____

(1) Dans la charte de donation de Théodelrude, en faveur de l'abbaye de Saint-Denis, acte qui date du 7e siècle, ainsi que dans plusieurs autres titres de la même époque, il est fait mention que la lèpre existait déjà en France.

moins un. La ville de Rouen en comptait plusieurs, mais tous hors de ses murs, quelques-uns même hors des limites de son territoire.

La plus considérable, et en même tems la plus ancienne de ces maladreries, était celle du Mont-aux-Malades dont la fondation, faite par les bourgeois de vingt paroisses de Rouen, remontait en 1131, sous le règne de Henri 1er, roi d'Angleterre et duc de Normandie. La maladrerie de Saint-Julien, la plus importante après celle-ci, avait été fondée en 1183, par Henri 2, son fils et son successeur. D'après la charte de fondation, l'on ne pouvait y admettre que des filles religieuses et *de noble race*. L'on ne se doute guères aujourd'hui qu'il fut un tems où, pour entrer à l'hôpital, il fallait faire preuve de noblesse. Malheur, dans ces siècles de féodalité, d'ignorance et de barbarie, à la pauvre fille lépreuse qui ne pouvait prouver au moins quatre ou cinq quartiers, car elle était impitoyablement refusée! Ce fait arriva, en 1331, à *Thomasse de Saint-Léonard* qui ne fut pas reconnue assez noble pour être reçue dans cet asile des pauvres.

Il y avait encore les léproseries de *Saint-Gervais*, au faubourg Cauchoise; de *Sainte-Véronique*, au Bois-Guillaume; de *Sainte-Marguerite*, à Saint-Léger; de *Saint-Claude*, à Darnétal.

La maladrerie de Darnétal, la seule qui doit nous occuper ici, avait été fondée par les habitans de Carville, de Longpaon, et par ceux des paroisses de Saint-Nicaise et de Saint-Vivien, à Rouen, qui seuls avaient le droit d'y envoyer leurs malades attaqués de la lèpre ou de la peste. Nos anciennes chroniques ne nous donnent point l'époque de sa fondation , n'entrent dans aucun détail sur cette maladrerie, elles se contentent de dire qu'elle était située proche du pont de Darnétal.

On découvre encore au bas de la côte de Darnétal, près la sente du Vernouillet, quelques vestiges de cet ancien hôpital. On présume que le puits que l'on voit dans une des cours, est celui qui servait à cette maladrerie.

Ainsi que dans tous les hôpitaux, il y avait deux enclos séparés, l'un pour les hommes, l'autre pour les femmes.

La partie de la mâsure de M. Dantan, qui de la sente du Vernouillet se prolonge en retour d'équerre, jusqu'au pied de la côte du Roule, dépendait de cette ancienne léproserie. Elle se trouve séparée du reste de la masure par une espèce de banque en terre qui dessine très-bien la partie qui appartenait à cet hospice. Tout nous porte à croire que là était le cimetière des lépreux, parce qu'à diverses époques on y a trouvé beaucoup d'ossemens humains.

Ainsi que dans tous les établissemens du même genre, il y avait une chapelle pour l'usage particulier de la maison. Celle-ci était dédiée à Saint-Claude et à Saint-Christophe. La maladrerie portait le même nom que la chapelle. L'une et l'autre étaient placées à peu de distance de la grand'route. C'était un usage presque général d'éloigner des lieux habités ces sortes d'asiles, mais en même tems on les plaçait, autant que possible, sur le bord des voies publiques, dans le but bien louable et bien naturel de solliciter en leur faveur la charité des voyageurs.

La maladrerie de Saint-Claude existait encore dans

le 17e siècle, mais il y avait déjà bien des années que l'on n'y recevait plus de lépreux. Supprimée par ordonnance de Louis 14, en date du mois d'août 1693, ce prince en affecta les revenus au bureau des Valides.

Nous lisons dans l'Histoire de Rouen, par Farin, édition de 1730, qu'à cette époque la chapelle subsistait encore, et que l'on y célébrait la messe une fois par semaine. Mais dans un titre, du 16 novembre 1743, que nous avons sous les yeux, il est dit, au contraire, que la chapelle fut démolie en 1693, époque de la déclaration de Louis 14, et que la même année ce prince donna aussi au bureau des Valides les démolitions de la chapelle, la cloche et les ornemens (1). Nous ignorons de quel côté est l'erreur.

La ville de Darnétal ne possède plus les titres en vertu desquels la maladrerie de Saint-Claude a été réunie au bureau des Valides, mais seulement quelques anciens papiers qui font connaître que, par l'effet de cette réunion, deux pauvres de Darnétal, grabataires, étaient de droit admis gratuitement et à perpétuité dans cet hospice, aujourd'hui Hospice-Général, pour y être logés, nourris, entretenus, etc.

D'après l'acte de réunion, les trésoriers en charge des deux paroisses avaient le droit de présenter un pauvre de leur paroisse. Cependant, l'on n'y a pas toujours envoyé des grabataires, car nous avons vu dans plusieurs titres, collationnés dans le tems sur les registres du bureau des

(1) Le calice avait été donné à l'église de Carville, elle le possédait encore au moment de la révolution.

Valides, sous les dates des 30 juin 1719, 10 février 1730, et 15 septembre 1745, que l'on y envoyait aussi des enfans trouvés ou abandonnés.

A cette époque, l'administration de cet hospice n'était pas plus exacte qu'aujourd'hui (1) à prévenir celle de Darnétal du décès des individus envoyés par la ville, car un enfant décédé en 1714, ne fut remplacé qu'en 1719.

En l'année 1745, les habitans et les trésoriers de la paroisse de Carville contestèrent aux paroissiens de de Longpaon le droit de présenter un pauvre au bureau des Valides. Ils avançaient, dans leur mémoire, que les habitans de ladite paroisse n'avaient jamais joui du privilège de la maladrerie ; que cet hôpital avait toujours été sur le territoire de Carville ; qu'il avait été constamment entretenu par les seuls habitans de cette paroisse ; que la chapelle avait toujours été desservie par le vicaire de Carville, etc.

La prétention des habitans de Carville étant on ne peut plus mal fondée, et d'ailleurs démentie par les faits, ceux de Longpaon continuèrent de jouir, comme par le passé, du droit de placer au bureau des Valides un pauvre de leur paroisse, toutes les fois que la place s'est trouvée vacante.

Dans tous les tems, il s'est trouvé des personnes généreuses et bienfesantes qui, sachant faire un noble usage

____

(1) Si, pendant quelques années, la commission administrative des hospices a mis beaucoup de négligence à prévenir le maire de Darnétal du décès des individus envoyés par la ville, il est juste de dire qu'aujourd'hui elle y apporte plus d'exactitude, et l'on ne voit plus, ainsi que cela est arrivé plusieurs fois, un ou deux lits rester vacans pendant près d'un an.

de leur fortune, se sont fait un devoir d'en consacrer une partie pour subvenir au soulagement des pauvres, mais surtout des pauvres malades. La fondation des hôpitaux n'a pas d'autre origine. C'est à ce sentiment philantropique que la ville de Darnétal doit l'avantage de pouvoir disposer annuellement de huit lits à l'Hospice-Général, à Rouen, en faveur de sexagénaires infirmes et indigens.

L'un de ces lits est dû à l'ancienne maladrerie de Saint-Claude, dont les revenus s'élevant à 49 livres 10 sous (1), sont passés, ainsi que nous venons de le dire plus haut, au bureau des Valides.

L'on en doit quatre à la bienfesance de Mme Marguerite Moulin, veuve du sieur Jean Moulin, ancien conseiller, échevin de la ville de Rouen, y demeurant rue de la Savonnerie. Par contrat passé devant Lecoq et Coignard, notaires à Rouen, le 16 août 1755, cette dame a fait don au bureau des Valides, de la somme de quatorze mille livres, à la condition expresse de recevoir à perpétuité, dans ledit hospice, quatre pauvres de Darnétal, pour y être logés, nourris et entretenus.

Le 21 février 1757, M. Robert Lenoble, ancien conseiller, échevin et ancien prieur-juge-consul à Rouen, donna au même hospice, par contrat passé devant Varengue et Coignard jeune, la somme de sept mille trois cent quarante livres seize sous, à la charge par cet hospice de recevoir à perpétuité un pauvre de la commune

(1) Il est présumable que les revenus de cette Maladrerie étaient plus considérables; mais comme Darnétal n'avait contribué que pour un tiers dans sa fondation, les deux autres tiers auront été restitués aux fabriques des paroisses de Saint-Vivien et de Saint-Nicaise à Rouen.

de Saint-Léger-du-Bourg-Denis, dans *l'extension de Dar-*
nétal.

La troisième donation a été faite à cet hospice par
M. et Mme Hucher, fabricans à Darnétal, paroisse de
Carville.

Par contrat passé devant Coignard jeune et Lhuillier,
le 2 mai 1758, ils donnèrent au bureau des Valides la
somme de 10,000 livres, à la charge de recevoir, loger,
nourrir et entretenir, à partir du jour de la donation et
à perpétuité, trois pauvres de la paroisse de Carville.

Les donateurs se réservèrent, pendant leur vie et celle
de Jean-Baptiste Hucher, la nomination des trois sujets,
lesquels ensuite devaient être désignés et nommés par le
curé et les trésoriers de Carville. Dans le cas où il ne se
trouverait pas de pauvres sur cette paroisse, les fondateurs laissaient auxdits curé et trésoriers la faculté de
choisir ces pauvres sur la paroisse de Longpaon, ou sur
celle de Saint-Léger, *extension de Darnétal.*

Ces fondations ont été remplies avec assez d'exactitude,
jusqu'à l'époque de la révolution. Depuis, par des motifs
qu'il serait beaucoup trop long de rapporter ici, elles
sont restées sans effet pendant plus de vingt ans. Ce n'est
qu'en 1813, que M. Bernard Auber, alors maire, fit,
enfin, auprès des autorités compétentes, les démarches
nécessaires pour faire rentrer la ville de Darnétal dans un
droit qu'elle ne pouvait perdre, quoiqu'il lui fût contesté
par l'administration des hospices. Après deux ans de discussions, le ministre de l'Intérieur, qui s'était fait représenter tous les titres, prononça en faveur de la ville de
Darnétal ; il rendit la décision suivante :

13 *

« Le garde-des-sceaux, ministre de la Justice, chargé provisoirement du porte-feuille de l'Intérieur;

» Vu les dispositions du décret du 28 fructidor, an 10, décide ce qui suit :

» Le Bureau de Bienfesance de la commune de Darnétal (Seine-Inférieure) rentrera dans le droit des nominations des huit lits à l'Hospice-Général de Rouen, aux clauses et conditions insérées dans les actes de donation du 16 août 1755, 21 février 1757 et 2 mai 1758, à la charge par le Bureau de Bienfesance de n'en disposer qu'en faveur des indigens qui seront âgés d'au moins soixante-dix ans.

» Paris, le 12 août 1815.

» Signé Pasquier. »

Avant et depuis la fondation de ces huit lits au bureau des Valides, plusieurs donations ont été faites aux hôpitaux de Rouen par des habitans de Darnétal. Malheureusement pour les pauvres de notre ville, les donateurs n'ont imposé aucune obligation à ces hospices. De tout tems, les malades de Darnétal ayant été reçus à l'Hôtel-Dieu, les personnes bienfesantes qui, par un sentiment de reconnaissance bien naturel et très-louable, ont donné une partie de leur fortune à ces établissemens, étaient bien loin de s'attendre qu'il viendrait un moment où l'on refuserait d'y recevoir ces mêmes malades. Certainement, si, lorsque le 14 août 1823, M. Baptiste Auber, en dictant ses dernières volontés, eût eu cette idée, il n'aurait pas légué aux hospices de Rouen une propriété d'une valeur de près de 50,000 fr., ou, alors, il leur

aurait imposé, pour cette somme, l'obligation de recevoir
un certain nombre de malades de Darnétal.

C'est précisément quelques années après la donation
faite par M. Auber, que MM. les administrateurs des hospices refusèrent positivement de recevoir les indigens
malades de notre ville. Selon ces messieurs, les biens lé_
gués à ces établissemens par des personnes de Darnétal,
l'ont été en reconnaissance des services qu'ils avaient
rendus et non pour l'avénir. Ainsi, d'après cette manière
d'envisager la chose, c'est tout simplement une dette que
l'on a payée et non des donations que l'on a faites. Ces
administrateurs ajoutent, avec aussi peu de fondement,
que l'on ne doit recevoir, dans les hôpitaux de Rouen, que
les malades de la ville, parce que c'est avec les produits
de l'octroi que ces établissemens sont soutenus. Cela n'est
pas rigoureusement exact. D'abord, la plupart des biens
qu'ils possèdent, ou qu'ils possédaient avant la révolution,
leur ont été donnés ou légués par des personnes étrangères
à la ville de Rouen ; il serait facile de le prouver. D'un
autre côté, il est reconnu depuis longtems que les consommateurs ne paient pas seuls les droits d'octroi ; car,
plus ceux-ci sont élevés, plus les vendeurs sont obligés,
pour pouvoir vendre, de baisser les prix de leurs denrées ; or, la plupart des vendeurs sont étrangers à la ville
de Rouen.

Au surplus, l'Hôtel-Dieu de Rouen a été fondé pour y
recevoir indistinctement tous les malades qui s'y présentent. Les donations et les concessions faites à cet hôpital, par les ducs de Normandie et par les rois de France,
ne l'ont été que dans cette intention. C'est une vérité dont

MM. les administrateurs sont convaincus eux-mêmes.
L'un d'eux, M. Lambert, dans ses *Observations sur l'état
des Hospices*, au mois de germinal an 9, s'exprime ainsi :
« Il est certain que ces deux hospices remplissent le but
de leur institution, qu'ils le dépassent même, je veux
dire qu'ils sont véritablement hospices généraux, non-
seulement de la ville de Rouen, de tous les arrondissemens du département, mais encore des départemens
voisins, particulièrement de celui de l'Eure (page 9).

» J'ai déjà observé que ces hospices étaient l'asîle général de tous les malheureux, non-seulement de la ville pour
laquelle ils sont institués, mais encore de tout le département (page 14). »

Dans son compte rendu de ses travaux, pour l'année
1790, l'assemblée administrative du département, en
parlant de l'Hôtèl-Dieu de Rouen, s'exprime ainsi : « Cet
hospice est et doit être continuellement ouvert aux malheureux de tout sexe, de tout âge, *de tous pays,* sans dis-
tinction, qui en réclament les secours, etc. (page 113).

Nous pourrions encore citer beaucoup d'autres autorités, pour prouver que les hospices de Rouen, principalement l'Hôtel-Dieu, ont été fondés pour y recevoir indistinctement tous les malades qui se présentent, n'importe de quel pays ils soient ; nous nous contenterons de
rappeler qu'en 1811 le ministre de l'Intérieur a rejeté
l'allocation des sommes votées au budget par le conseil
municipal de notre ville, en observant que *les malades
de Darnétal* devaient être reçus gratuitement dans les
hospices de Rouen, jusqu'à ce que MM. les administrateurs eussent prouvé qu'ils ne devaient pas les y admettre.

Nous savons que ces messieurs refusent de recevoir les malades indigens de Darnétal, mais nous sommes encore en attendant les preuves demandées par le ministre.

Depuis quelques années, Darnétal possède un hospice. On en doit la fondation à un citoyen recommandable de cette ville, à M. François Durécu, décédé à Rouen, le 3 juillet 1822.

Par son testament, en date du 21 juillet 1820, M. Durécu légua à la ville de Darnétal,

1°. La somme de soixante mille francs en espèces ;

2°. La masure et la ferme du Manoir, avec les bâtimens qui en dépendent ;

3°. Le jardin et la maison occupés par Leclerc, jardinier ;

4°. Quatre pièces de terre, en nature de labour, formant ensemble 9 hectares 93 ares 55 centiares (17 acres 2 vergées 4 perches).

D'après le procès-verbal dressé sur l'invitation de M. le maire, par MM. Closmesnil et Godard, l'estimation de ces immeubles s'est élevée à la somme de 69,190 livres, ce qui porte la valeur du legs à celle de 129,190 francs.

M. Durécu a fait ce legs à la ville de Darnétal, à la charge, par cette ville, de fonder un hospice contenant vingt lits, pour un pareil nombre de pauvres infirmes, des deux sexes, de tout âge, nés en cette ville ou l'habitant depuis vingt ans, que leurs infirmités empêcheraient de pouvoir travailler.

Selon les intentions du testateur, les 60,000 francs en espèces devaient être employés en frais de construction ;

il laissait à la ville la liberté de choisir le lieu où serait construit cet hospice.

D'après une des clauses du testament, ce legs ne devait recevoir son exécution , et produire son effet , qu'autant que la ville de Darnétal souscrirait, avec l'autorisation du gouvernement, l'engagement formel de payer tous les ans à cet hospice , sur les revenus communaux, la somme de 8000 francs. Dans le cas où la ville refuserait de prendre cet engagement, soit par défaut de l'autorisation supérieure, soit pour toute autre cause , ledit legs serait considéré comme nul et non avenu.

Dans sa séance du 29 juillet 1822, le conseil municipal accepta , avec une vive reconnaissance, le legs fait à la ville de Darnétal par M. François Durécu , avec les charges imposées par le testateur. Mais ce n'est que le 11 février 1824, qu'une ordonnance royale a autorisé la ville à accepter ce legs.

Une fois cette autorisation obtenue , et les autres formalités remplies , une commission administrative fut nommée. Les membres qui la composent aujourd'hui , sont : M. François Durécu qui , d'après une des clauses du testament , est de droit, lui et ses héritiers mâles en ligne directe, membre de cette commission ; Delamare (Thomas), Bénard (François), Blot et Saulnier.

L'hospice est construit sur l'ancienne ferme du Manoir, fesant partie du legs fait à la ville. Les dépenses pour la construction , tant du bâtiment principal que pour les bâtimens accessoires, se sont élevées de 115 à 120,000 francs (1).

(1) M. Durécu n'a légué , il est vrai, que soixante mille francs en

Toutes les personnes de Darnétal connaissant l'intérieur de cet hospice, nous n'entrerons point dans des détails qui seraient superflus ; nous nous contenterons de dire que le bâtiment principal ayant été construit de fond en comble, a été distribué d'une manière régulière et convenable à sa destination, avantage qu'on est loin de rencontrer dans la plupart des anciens hôpitaux. Le rez-de-chaussée se compose d'un vestibule, d'une galerie couverte sous laquelle les malades peuvent se promener dans les mauvais tems ; de deux grands réfectoires, d'une cuisine avec tous ses accessoires, et de diversés pièces plus ou moins grandes, qui toutes ont un usage spécial.

La distribution du premier est à-peu-près la même, si ce n'est que la galerie est remplacée par une terrasse ; deux vastes dortoirs, la chapelle qui se trouve directement sur la cuisine et sur le vestibule, et plusieurs chambres particulières.

Le second étage se compose d'un beau et très-grand grenier partagé en plusieurs pièces, pour les différens besoins de la maison, et qui, à l'occasion, pourraient y recevoir des malades.

Le côté droit est occupé par les hommes, et le côté gauche par les femmes.

Le logement des dames hospitalières est dans l'aile à gauche ; dans l'aile à droite se trouvent la salle dans

espèces, pour frais de construction, mais à cette somme il faut ajouter les intérêts, depuis le jour du décès du fondateur, les revenus des propriétés foncières, depuis la même époque, et la subvention de huit mille francs par an, payée par la ville, depuis 1824, époque où elle a été autorisée à accepter le legs fait par M. Durécu.

laquelle la commission administrative tient ses séances, la pharmacie et une autre pièce qui n'a pas d'usage affecté.

Sous le rapport de la salubrité, cet hospice ne laisse rien à désirer. Isolé des habitations, construit au milieu d'une très-grande cour à la suite de laquelle se trouve encore le jardin potager de la maison, l'air circule facilement autour, et se renouvelle sans cesse ; les salles, les dortoirs sont vastes, d'une hauteur suffisante et bien aérés.

Le plus grand ordre, la plus grande propreté règnent partout dans cet asile des pauvres, et sa bonne tenue fait autant l'éloge de M. l'Ordonnateur chargé spécialement d'en surveiller l'administration, que celui des dames hospitalières aux soins desquelles il est confié. Ces dames, de la Congrégation de Saint-Joseph-de-Cluny, sont au nombre de cinq ; l'une d'elles a le titre de supérieure.

Les vieillards y sont bien nourris, bien vêtus, bien couchés ; l'on a journellement pour eux tous les soins, toutes les attentions que réclament leur grand âge ou leurs infirmités. Dégagés de tous soins, de tous soucis, ils vivent tranquilles, contents, heureux, et doivent bénir à tous momens la mémoire de l'homme généreux et bienfesant qui a fondé un semblable asile pour les recevoir à la fin de leurs jours.

Les malades admis au compte de la ville, y reçoivent les mêmes soins. Il est fâcheux que les ressources du Bureau de Bienfesance ne lui permettent pas d'y en envoyer un plus grand nombre.

Le service de santé est confié à un médecin en chef et

à un médecin adjoint (1). La visite des malades a lieu tous les matins, de huit à neuf heures en été, de neuf à dix en hiver.

Le médecin en chef, ou, en son absence, son adjoint, donne tous les jours ses consultations gratuites, aux mêmes heures, dans une salle construite à cet effet, à l'entrée de la cour, à la gauche de la grille.

On trouvera un jour, dans les fondemens de cet hospice, à peu de distance du perron, du côté du Sud, une plaque en cuivre portant l'inscription suivante :

LE 23 OCTOBRE 1827,
L'AN 4ème du Règne de CHARLES X,
Roi de FRANCE et de NAVARRE,
Son Eminence Mgr. le prince de CROÏ,
cardinal, archevêque de Rouen ;

Son Excellence Mgr. le comte DE CORBIÈRE étant ministre
d'État au département de l'Intérieur ;

LA PREMIÈRE PIERRE DE L'HOSPICE DE DARNÉTAL,
fondé par la munificence
DE M. FRANÇOIS DURÉCU,
ancien maire de cette ville,

A ÉTÉ POSÉE
par M. le baron C.-A. DE VANSSAY,
conseiller d'Etat, commandeur de l'Ordre royal de la
Légion-d'Honneur, préfet du département
de la Seine-Inférieure ;

____

(1) MM. Saint-Evron et Godefroy, médecins à Rouen.

14

ASSISTÉ

De M. Mouchet, maire de Darnétal; de M. François
Duréçu, fils du fondateur, et de MM. Lefebvre,
chanoine honoraire de la cathédrale de Rouen,
curé de canton et de la paroisse de Carville,
à Darnétal; Jean-Baptiste Lefébure, Claude-
Nicolas Omont, Eléonor Turgis et Thomas
Delamare, tous membres de la commission, et de M. Aug. Grout, receveur
dudit hospice, et en présence du
corps municipal, des fonctionnaires publics et d'un grand
concours d'habitans;

M. Delarue,   M. Pinchon,
rchitecte dudit hospice.   inspecteur.

Pauvre postérité, comme on te trompe, comme on
abuse de ta confiance, de ta bonne foi ! il n'y a pas un
mot de vrai dans cette inscription !

Ce n'est qu'en 1830 que cette pierre a été posée, non
par M. de Vanssay, en présence du corps municipal, des
fonctionnaires publics et d'*un grand concours d'habitans*,
mais tout simplement, dans le plus grand *incognito*,
par un plâtrier, en présence des administrateurs. Le
baron de Vanssay n'était plus alors préfet de la Seine-
Inférieure, et le porte-feuille du ministère de l'Intérieur
n'était plus dans les mains de M. de Corbière. Voilà, cependant, comme on BURINE l'histoire !

Ce n'est pas seulement à Darnétal où l'on burine ainsi
l'histoire, nous pourrions citer une ville, beaucoup plus

importante, et qui n'est pas très-éloignée de la nôtre, où l'on a fait à-peu-près de même, et aussi pour le même motif; l'économie est une si belle chose! Au surplus, nos arrière-neveux ne seront pas si regardans. Les antiquaires de toutes les époques comptent les siècles et non les années.

L'hospice a été ouvert dans les premiers jours du mois de janvier 1830, mais l'inauguration n'en a été faite que le 5 avril suivant. Cette cérémonie à laquelle a assisté réellement un grand nombre d'habitans, a eu lieu dans la chapelle. A la suite d'un sermon prononcé par un prédicateur nomade, une quête a été faite en faveur de l'établissement. Madame François Durécu tenant la bourse, chacun s'est empressé de verser son offrande. Cette quête s'est montée à près de mille francs.

Malgré les donations faites depuis sa fondation, les ressources de l'hospice sont encore bien peu importantes, puisqu'elles ne s'élèvent qu'à la somme de 12,768 fr. Les frais de premier établissement, que l'on peut évaluer à près de 120,000 francs, en ont absorbé une partie. On a doublé la dépense fixée par le testateur, pour les frais de construction. C'est un tort que l'on a eu de dépasser ses intentions, parce que l'on ne peut apporter trop d'économies, lorsqu'il s'agit d'administrer le bien des pauvres. Mais on a voulu faire de suite les choses convenablement, et peut-être a-t-on eu raison ; car ces sortes d'établissemens, une fois ouverts, il est souvent difficile de faire plutard ce qu'il convient de faire.

Nous donnons, dans les états suivans, le détail des revenus et des dépenses de cet hospice.

Population habituelle et Dépense annuelle de l'Hospice.

DÉSIGNATION DES INDIVIDUS.	Nomb. des individ.	Nombre de journées par an.	Dépense par individu, par jour.		Dépense par jour.		Total de la dépense par an.	
Vieillards des deux sexes.	25	9125		75	18	75	6843	75
Malades aux frais de la ville.	3	1095	1	07	3	21	1171	65
Pensionnaires.	3	1095	1		3		1095	»
Dames hospitalières.	5	1825	1		5		1825	»
Traitem.t du médec.	»	365	1	09	1	09	400	»
— du secrétaire.	»	365		82		82	300	»
— du receveur.	»	365		82		82	300	»
— du chapelain.	»	365		27		27	100	»
— des dames hospitalières.	»	1825		52	2	60	950	»
— de trois préposés servans.	»	1095		14		42	150	»
	36	17520	7	48	35	98	13135	40

État des Revenus de l'Hospice.

DÉSIGNATION DES REVENUS.	MONTANT des revenus	OBSERVATIONS.
Loyers des propriétés appartenant à l'hospice.	2400	Nous n'avons point fait figurer dans ces tableaux les recettes et les dépenses extraordinaires, parce qu'elles varient chaque année. En 1834, la dépense paraît excéder la recette de 367 fr. 40 c.; mais ce déficit est couvert par le chapitre des recettes extraordinaires.
Rentes sur l'Etat.	218	
Subvention payée par la ville.	8000	
Pensions.	600	
Journées de malades, au compte de la ville.	1200	
Journées de malades à leurs frais.	100	
Revenus en nature.	250	
	12768	

Nous avons donné un état de la dépense par individus, nous allons, dans le tableau suivant, la donner par nature de dépense.

Etat des Dépenses de l'Hospice, par nature de dépenses.

DÉSIGNATION DES DÉPENSES.	MONTANT des Dépenses.
Traitement des employés de l'administ.	1800
Service de santé.	700
Frais de bureau.	50
Entretien des propriétés bâties,	500
— du mobilier.	550
Dépenses du coucher.	400
Linge et habillemens.	550
Comestibles.	6000
Blanchissage.	450
Eclairage et chauffage.	1150
Contributions, assur. contre l'incendie.	400
Entretien du jardin.	200
Nourriture d'une vache.	300
Dépenses imprévues.	450
TOTAL.	13200

D'après ces états, l'on voit que nos vingt-cinq vieillards et les trois malades, au compte de la ville, coûtent plus de 13,000 fr. par an, un peu moins de 500 fr. par individu; c'est beaucoup trop cher.

M. François Durécu a été certainement animé des

meilleures intentions, en fondant un hospice à Darnétal, aussi ne peut-on trop honorer la mémoire de ce bon citoyen pour un tel bienfait ; mais, en fesant cette fondation, *seulement pour y recevoir des vieillards*, il n'a pas réfléchi que c'était une charge très-onéreuse qu'il imposait à cette ville, sans que celle-ci en retirât un avantage bien réel. Chacun sait que dans un établissement peu important les frais généraux absorbent toujours une grande partie de la dépense. C'est ce qui arrive ici. Quand la population de notre hospice serait le double et même le triple de ce qu'elle est, ces frais seraient à peu de chose près les mêmes.

Notre ville ayant déjà huit lits à l'Hôpital-Général, à Rouen, pour huit vieillards, ce nombre est peut-être suffisant. La création d'un hôpital, pour les malades, eut donc été beaucoup plus utile pour nos pauvres, pour nos ouvriers, les uns et les autres si nombreux à Darnétal, auxquels il est souvent impossible de donner des secours à domicile, puisque la plupart du tems ils manquent même des choses de première nécessité. Nous avons vu que l'on dépense annuellement de 12 à 13,000 fr. pour les vingt-cinq vieillards. Si, au contraire, M. Durécu eut fondé un hôpital pour y recevoir des malades, la dépense ne serait pas plus élevée, et on serait utile à un bien plus grand nombre d'individus. Les vingt-cinq vieillards coûtent neuf mille cent vingt-cinq journées ; en prenant, pour terme moyen, qu'un malade reste quinze jours à l'hôpital, l'on voit qu'on en pourrait traiter six cent six dans le même espace de tems et pour le même prix. C'est alors, seulement alors, que notre hospice rendrait véritablement de grands services à notre population peu aisée, et qu'il remplirait son but.

Loin de nous, cependant, l'idée de vouloir qu'on change la nature de la fondation faite par M. Durécu; mais, tout en respectant ses dernières volontés, nous formons le vœu bien sincère que quelques personnes bienfesantes, animées aussi du désir si louable d'être utiles à leurs concitoyens, mettent, par leurs dons, cet établissement à même de pouvoir servir en même tems et d'hospice et d'hôpital : espérons que nous verrons réaliser ce vœu.

Déjà, depuis sa fondation, l'hospice a reçu diverses donations, tant en espèces qu'en propriétes. Parmi les principaux bienfaiteurs de cet établissement, nous devons principalement citer M. Baptiste Auber et Mme veuve Mouchet, l'un et l'autre anciens fabricans de cette ville.

Les dispositions testamentaires de M. Auber, en date du 14 août 1823, sont ainsi conçues :

« Je lègue en toute propriété à l'hospice de Darnétal, récemment fondé par M. François Durécu, et en vue de l'autorisation sollicitée pour cet établissement, la masure que nous avons acquise de M. Lejeune, les terres que nous avons acquises, provenant des protestans Hardesoif et Laporte, et de la femme Ridel, née Chemin, toutes situées à Darnétal, sur la côte, au-dessus de l'église de Longpaon, et tournant vers Rouen ; le tout tenu par Pégard, Guilbert et Périers. »

La masure et les terres léguées par M. Auber, formant en tout vingt-six acres, ont été estimées à la somme de 20,800 francs.

L'intention de Mᵐᵉ Mouchet était de léguer à l'hospice la somme de 10,000 fr. ; mais, informée, que faute de fonds nécessaires pour faire les dépenses indispensables, MM. les administrateurs se voyaient forcés de retarder d'un an l'ouverture de cet établissement, Mᵐᵉ Mouchet, ne voulant pas que les pauvres fussent privés plus longtems des secours dont ils pourraient avoir besoin, changea ses dispositions testamentaires, et donna, de son vivant, la somme qu'elle avait l'intention de ne donner qu'après sa mort. Cette donation a eu lieu le 20 août 1829, et les 10,000 fr. ont servi à l'achat du mobilier.

Cette manière de faire du bien est certainement beaucoup plus méritoire que celle de donner après soi. En léguant, l'on ne s'impose aucune privation, seulement l'on prive ses héritiers d'un bien qui doit leur revenir légitimement. Honneur donc et reconnaissance à Mᵐᵉ Mouchet !

Malgré la subvention de 8,000 fr. que la ville fait à cet hospice, elle n'a pas le droit d'y envoyer un malade. Le Bureau de Bienfesance est obligé de payer 1 fr. 07 cent. pour chaque journée de malades qu'il y envoie ; comme il n'a que 1,200 fr. portés à son budget pour cette allocation, il ne peut en envoyer que trois par jour ; mais presque toujours la somme allouée est dépassée, et il est obligé chaque année d'obtenir un crédit supplémentaire, ainsi qu'on va le voir par l'état ci-contre.

ETAT des Malades admis à l'Hospice, pour le compte de la Ville, depuis l'ouverture de l'Hospice jusqu'au 31 décembre 1834.

ANNÉES.	hommes.	femmes.	TOTAL des malades des deux sexes.	DÉCÈS.		TOTAL des décès.	GUÉRIS.		TOTAL des individus guéris.	NOMBRE de journées de maladies,	SOMMES payées par la ville.	
				hommes.	femmes.		hommes.	femmes.				
1830	17	15	32	4	4	8	13	11	24	797	852	79
1831	18	22	40	9	9	18	9	13	22	925	989	75
1832	36	19	55	8	»	8	28	19	47	1370	1465	90
1833	25	21	46	8	3	11	17	18	35	1250	1337	50
1834	35	28	63	8	3	11	27	25	52	1173	1255	11
	131	105	236	37	19	56	94	86	180	5515	5901	05

D'après cet état, nos malades sont restés vingt-trois jours, l'un dans l'autre, en traitement. Cependant, nous avons dit, un peu plus haut, que le terme moyen est de quinze jours, et nous le croyons encore ; mais, pour cela, il ne faut pas qu'il y ait d'abus. Malheureusement, il se glisse des abus partout, et le chapitre des considérations en fait souvent commettre. Par exemple, entre plusieurs que nous pourrions citer, nous dirons qu'une jeune personne, qui n'avait qu'une légère indisposition, et qui pouvait être soignée à domicile, est cependant restée trois cent soixante-cinq jours à l'hospice, aux frais de la ville. Une femme, pour une simple dartre à la figure, y est restée cent vingt jours, et en est sortie à peu près comme elle y était entrée. Ces deux faits en disent assez. Nous en pourrions citer d'autres.

Nous voyons aussi par ce tableau que, sur quatre malades qui entrent dans cet hospice, il en meurt un. Une semblable mortalité est déjà effrayante ; mais, à combien s'éleverait donc le nombre des décès, si l'on ne recevait dans cet établissement que des malades atteints de maladies aiguës ?

Malgré toutes les précautions prises à l'époque par l'autorité locale, ainsi que par la commission sanitaire, pour préserver, autant que possible, Darnétal du choléra, ou du moins pour en diminuer les effets, ce fléau s'y est déclaré dans les premiers jours de mai 1832, avec la plus grande intensité, et n'a entièrement disparu qu'à la fin de septembre de la même année.

Ainsi que dans presque toutes les localités où il a exercé ses ravages, le choléra a attaqué principalement la classe malheureuse, encore semble-t-il avoir fait un choix, même dans cette classe ; car, en général, il n'a pris ses victimes que parmi les individus adonnés aux boissons alcooliques, ou parmi ceux réduits à une extrême misère et logés dans les habitations les plus malsaines.

L'on verra dans les deux tableaux que nous donnons ci-contre, que le nombre des femmes attaquées par le choléra a été presque le double de celui des hommes. Cependant, la mortalité pour les femmes n'a pas suivi la même progression, tandis qu'il est mort plus de la moitié des hommes attaqués de ce fléau. C'est un fait que nous nous bornons à constater, laissant à MM. les médecins à l'expliquer.

TABLEAU des Cholériques traités à l'Hospice, en 1852.

DÉSIGNATION des Mois.	CHOLÉRIQUES traités à l'hosp.		TOTAL des Cholériques traités à l'hospice.	Décès des chol. traités à l'hosp.		TOTAL des décès	Cholériques guéris ou en traitement.		TOTAL des cholériques guéris.
	hommes.	femmes.		hommes.	femmes.		hommes.	femmes.	
Mai.	9	39	48	6	16	22	2	13	15
Juin.	12	13	25	7	5	12	4	13	17
Juillet.	9	12	21	7	6	13	2	8	10
Août.	2	1	3	2	»	2	2	2	4
Septembre.	1	2	3	»	2	2	1	2	3
	33	67	100	22	29	51	11	38	49

TABLEAU des Cholériques traités à Domicile, en 1832.

DÉSIGNATION des Mois.	CHOLÉRIQUES traités en ville.		TOTAL des Cholér.	Décès des chol. traités en ville.		TOTAL des décès.	Cholériques guéris ou en traitement.		TOTAL des cholériques guéris.
	hommes.	femmes.		hommes.	femmes.		hommes.	femmes.	
Mai.	25	39	64	12	17	29	13	22	33
Juin.	12	15	27	8	6	14	4	9	13
Juillet.	3	12	15	1	3	4	2	9	11
Août.	2	3	5	2	3	5	»	»	»
Septembre.	2	2	4	2	2	4	»	»	»
	44	71	115	25	31	56	19	40	59

Nous avons fait ces deux tableaux, d'après les notes que,
dans le tems, nous avons prises comme membre et comme
secrétaire de la commission sanitaire. Nous pouvons assurer que celui concernant les cholériques traités à l'hospice est parfaitement exact, mais nous ne pensons pas
qu'il en soit de même pour l'autre. Le nombre des cholériques traités en ville a dû être plus considérable que
celui que nous donnons. Malgré tous les soins que la commission sanitaire a mis pour régulariser le service de santé, beaucoup de cas de choléra, et par suite quelques décès, ne lui ont pas été déclarés, surtout dans les premiers
jours de l'invasion du fléau. MM. les médecins étaient
trop occupés pour donner exactement le nom et la demeure
des cholériques auxquels ils prodiguaient leurs soins.

Bureau de Bienfesance. — En 1788, par des causes
qu'il serait trop long de rapporter ici, les fabriques de
Rouen, connues sous le nom de *Rouenneries*, tombèrent
tout-à-coup dans la plus grande stagnation. Quarante
mille ouvriers, tant de la ville que de la banlieue, se
trouvèrent sans ouvrage ; les magasins étant encombrés
de marchandises fabriquées, et les marchands, n'en pouvant trouver le placement, cessèrent de faire fabriquer.
La main-d'œuvre était tombée si bas, que les meilleures
fileuses gagnaient à peine cinq à six sous par jour, et les
fileuses ordinaires n'en gagnaient pas trois. La classe
ouvrière était dans la désolation. Le parlement de Normandie, profondément affligé de la misère dans laquelle
le peuple était tombé, par suite de cette crise commerciale, surtout dans la généralité de Rouen, regarda comme
un devoir, dans une circonstance aussi affligeante,

d'informer le roi d'une telle détresse, et de réclamer, de son inépuisable bonté, quelques secours pécuniaires pour subvenir aux premiers besoins de la classe indigente. Sa lettre au roi est du 3 mai 1788. Écrite avec une grande modération, avec tout le respect dû au chef de l'État, elle peint cependant d'une manière énergique et vraie les malheurs du peuple, fait connaître les causes qui les ont amenés, et se termine par supplier le monarque de venir le plutôt possible au secours de cette portion si nombreuse de ses sujets. Louis XVI entendit les justes réclamations de son parlement de Normandie. Conduit par sa bienfesance habituelle, il s'empressa de créer, dans les villes manufacturières de cette province, des ateliers de charité. Le bourg de Darnétal, qui depuis quelques années souffrait peut-être le plus de cette stagnation commerciale, participa aussi à la munificence du souverain. Au mois de décembre 1788, Louis XVI autorisa la création d'un atelier de charité, et accorda la somme de 100 louis pour subvenir aux premiers frais de cet établissement. Les ouvriers étant assurés de trouver de l'ouvrage, et pouvant donner alors un morceau de pain à leurs enfans, cessèrent de faire entendre leurs trop justes murmures, et bénirent le nom du bienfesant monarque qui daignait ainsi venir à leur secours. Qu'il en coûte peu aux rois pour se faire adorer et chérir !

Au mois de nivôse de l'an 2, l'administration municipale, conformément à la loi du 21 mars 1793, créa, pour cette commune, un comité de subsistance, composé d'abord de huit membres, et dont le nombre fut porté à douze au mois de pluviôse suivant.

Pendant les années orageuses de la révolution, ce comité a rendu les plus grands services, non-seulement à la classe indigente, mais à tous les habitans indistinctement. L'on n'a pas oublié combien, dans cette commune surtout, les subsistances étaient rares; cependant, il fallait tous les jours pourvoir à la nourriture de près de six mille âmes. La plupart du tems, l'administration manquant d'argent, était obligée d'employer mille ressources pour trouver à crédit des blés, des farines, qu'on ne trouvait pas toujours, même avec de l'argent comptant. L'on doit donc la plus grande reconnaissance aux personnes qui, dans ces momens de crise, ont bien voulu accepter des fonctions aussi difficiles que dangereuses à remplir.

Le 13 messidor an 5 (1er juillet 1797), sur la réquisition du commissaire du directoire exécutif, et en exécution de la loi du 7 frimaire de la même année, l'administration municipale arrêta que, séance tenante, il serait procédé, par voie de scrutin, à la nomination de cinq membres pris, hors de son sein, pour former le Bureau de Bienfesance pour l'étendue du canton de Darnétal.

On avait organisé, il est vrai, le Bureau de Bienfesance, mais l'on avait omis une chose essentielle, c'était de savoir comment l'on se procurerait les fonds nécessaires pour faire face aux dépenses; car, à cette époque, les revenus communaux n'étaient pas même suffisans pour couvrir les frais d'administration. Ce n'a donc été pendant quelques années qu'un Bureau de Bienfesance pour la forme. En 1806, le conseil municipal fut convoqué de nouveau à l'effet de trouver les moyens de se procurer les fonds nécessaires pour l'établissement d'un *Bureau central de Bienfesance*. Entre autres moyens, l'on proposa la création d'un octroi sur les boissons ; mais celui-ci fut réjeté, sur le motif très-fondé que cette commune était trop surchargée d'impôts ; que les boissons payant déjà un droit très-fort aux contributions indirectes, l'on ne pouvait raisonnablement augmenter ce droit. Enfin, après bien des discussions, après bien des moyens aussitôt rejetés que proposés, le conseil s'arrêta à celui d'ouvrir une souscription en faveur des pauvres. Quoique les membres qui le composaient se fussent empressés de montrer l'exemple, le Conseil vit, avec regret, qu'il avait trop compté sur l'humanité des habitans de Darnétal ; cette souscription ne produisit rien.

Ce n'est réellement qu'en 1809 qu'on peut reporter la fondation d'un Bureau de Bienfesance à Darnétal, sous le nom de *Bureau central de Bienfesance*. Le premier réglement est du 3 mars de cette année, et contient cinq articles. A cette époque, le nombre des pauvres admis aux secours hebdomadaires, ne s'élevait encore qu'à soixante-deux, tous sur la paroisse de Longpaon.

L'idée d'un Bureau central de Bienfesance n'était pas heureuse, car elle présentait de grandes difficultés dans l'exécution. En effet, les membres qui composaient le Bureau étant pris dans les diverses communes du canton, il n'était pas facile de les réunir au jour fixé. Il n'était pas plus facile de faire chaque semaine la distribution des secours que l'on accordait aux indigens de chaque commune, puisque quelques-unes sont éloignées de près de quatre lieues du chef-lieu de canton.

Cependant cet état de choses, tout vicieux qu'il était, a duré jusqu'en 1816. C'est sur la réclamation unanime des maires du canton, des inconvéniens attachés à ce mode de distribuer des secours aux pauvres , que chaque commune est enfin restée chargée de ses pauvres. Ce n'est donc réellement qu'à cette époque que remonte la création d'un Bureau de Bienfesance à Darnétal.

La commission administrative du Bureau de Bienfesance est composée de cinq membres, du maire, qui la préside de droit, et d'un receveur. Un vice-président , un secrétaire, un ordonnateur, pris parmi les membres, forment le bureau (1).

Pendant trop longtems les pauvres de cette ville ont été classés par paroisse ; ils n'étaient connus que sous le nom de *pauvres de Carville* et de *pauvres de Longpaon*. Les secours leur étant distribués par les curés de ces paroisses, le maire n'assemblait qu'une fois par an les membres du Bureau de Bienfesance , seulement pour signer les comptes qu'il leur présentait. Les établissemens de charité étant dans les attributions des administrations municipales, nous ne concevons pas pourquoi l'on avait suivi la circonscription des paroisses, et encore moins pourquoi les curés étaient seuls chargés de la distribution des secours. Puisque ce mode de distribution n'existe plus, il devient inutile d'en signaler les abus ; d'ailleurs, tout le monde peut les apprécier.

(1) Les membres en exercice sont MM. Lesguilliez, Louis Delamare, Goulé fils, Durécu (Alexandre), Bouteiller-Closmesnil ; Grout, receveur ; Rebut, médecin en chef ; Saint-Evron , médecin adjoint.

C'est sous l'administration de M. Lépine, en 1830,
que le Bureau de Bienfesance a été enfin organisé, conformément aux lois et aux ordonnances relatives aux
établissemens de charité. De plus, la ville a été partagée
en cinq arrondissemens, et chaque arrondissement est
confié à la surveillance d'un membre, chargé en outre de
la distribution des secours. La commission administrative se rassemble tous les mois. Au moins aujourd'hui les
secours que la ville accorde sont distribués avec connaissance de cause, et donnés aux pauvres vraiment nécessiteux.

Dans tous les tems, la mendicité a été regardée comme
la lèpre des États policés. La destruction de ce fléau doit
donc être considérée comme l'un de ces grands objets
d'administration qui intéressent, au même degré, l'ordre
public et l'humanité. Une ordonnance de Henri II, de
1556, relative aux mendians de Rouen, prouve que, dès
cette époque, le mal était déjà grave, puisqu'on sentait
la nécessité d'y apporter quelque remède. Cette ordonnance portait : « Inhibitions et défenses expresses à toutes
personnes, de quelque qualité et sexe qu'elles soient, de
ne plus mendier ou demander l'aumône par les rues,
portes des églises, ni autrement en public, sous peine,
quant aux femmes, du fouet et d'être bannies de la ville ;
et, pour les hommes, d'être envoyés aux galères. »

Que voit-on dans l'ordonnance de Henri II? des peines
afflictives contre les mendians, mais l'on y cherche inutilement les mesures prises par l'autorité pour éteindre
la mendicité. Aussi, cette ordonnance resta-t-elle sans
exécution. C'est en vain qu'on cherchera à extirper cette

plaie sociale si, d'avance, l'on ne s'est pas assuré de moyens sûrs de procurer des subsistances à ces malheureux ; car, si on les empêche de gagner leur vie en mendiant, il faut au moins pourvoir aux besoins de ceux qui sont réellement infirmes et indigens.

L'extinction de la mendicité paraît avoir constamment occupé la sollicitude du gouvernement ; mais, c'est principalement dans le siècle dernier, qu'il a fait le plus d'efforts pour arriver à ce but si utile, et cependant toujours manqué. Il existe à ce sujet plusieurs ordonnances de Louis XIV, de Louis XV, de Louis XVI, parmi lesquelles l'on doit particulièrement distinguer celles des 20 mai 1681, 17 juillet 1724, 3 août 1764 et 27 juillet 1777. Toutes ces ordonnances sont restées aussi sans exécution, ou du moins sans effet, puisque le mal existe encore, et qu'aujourd'hui il est même porté à un tel degré, qu'il devient urgent, pour l'ordre public, que le gouvernement, ou, à son défaut, les communes, s'occupent sérieusement d'y porter un prompt remède.

En effet, que ne souffre-t-on pas dans nos cités, dans nos campagnes, de ces hordes errantes et déguenillées qui, journellement, viennent assiéger nos portes et arracher, par leur importunité, souvent aussi par la crainte qu'elles inspirent, une aumône que la raison devrait leur refuser, parce que, humainement parlant, l'on ne doit des secours qu'aux pauvres infirmes et vraiment nécessiteux.

Assurément, la société doit au vieillard, à l'infirme, le pain que son grand âge ou ses infirmités mettent hors d'état de pouvoir se procurer, mais elle ne doit que protection et de l'ouvrage aux mendians valides. Elle a le droit de dire à ceux-ci : Faites comme vos concitoyens ; travaillez pour vivre, puisque vous n'avez pas de fortune pour vivre sans travailler.

Le mendiant vagabond ne produisant rien, dévorant, au contraire, la substance du vrai pauvre, en arrachant, par son importunité, l'aumône destinée à celui-ci, est un être inutile à la société, et souvent nuisible, par les excès auxquels il est toujours prêt à se porter, lorsqu'on a la raison et le courage delui refuser une aumône qui ne lui est pas due. Aussi, l'œil vigilant de la justice doit il être constamment ouvert sur ces mendians nomades, la plupart sans domicile connu, et dont quelques-uns sont de fort mauvais sujets.

L'on doit bien se garder de confondre les mendians de profession avec les pauvres honteux ou infirmes, qui, retirés dans les galetas qui leur servent d'asîle, languissent, souffrent en silence, et souvent périssent de misère, faute des secours qui leur sont si légitimement dûs, et que, comme hommes, ils ont le droit d'attendre de l'humanité de leurs concitoyens.

Il n'y a pas encore longtems que la ville de Darnétal, peuplée en grande partie d'ouvriers, présentait dans tout son jour le tableau vraiment hideux de la mendicité. La truanderie, plus connue sous le nom de *truchage*, s'y exerçait de père en fils, et, par fois, était une profession assez lucrative, du moins pour les habiles du métier. « Nous mendions, disaient-ils, parce que nos pères mendiaient. » Le samedi, l'on voyait, même beaucoup d'ouvriers, hommes et femmes, surtout parmi les tisserands, quitter, pendant quelques heures, l'atelier de leurs maîtres pour aller trucher de porte en porte, mais en simples amateurs, en attendant que plus tard ils se livrassent entièrement à ce métier.

Qui croirait qu'une fois arrivés à une soixantaine d'années, beaucoup de ces individus pensaient, et pensent sans doute encore, ne pouvoir, et, par conséquent, ne plus devoir travailler. C'est, cependant, la vérité. Cette idée, innée, pour ainsi dire, chez la plupart d'entr'eux, est assez singulière, surtout pour des personnes qui n'ont que leurs bras pour vivre. Beaucoup de ces individus recevaient des secours du Bureau de Bienfesance ; mais cet abus a été réprimé insensiblement, et n'existe plus depuis quelques années. Ceux qui aujourd'hui reçoivent des secours hebdomadaires, sont des vieillards, des pauvres plus ou moins infirmes, et quelques ouvriers chargés d'une nombreuse famille.

Il y a quelques années, l'on comptait encore à Darnétal cent soixante à cent quatre-vingts mendians de profession ; mais le choléra, qui a sévi d'une manière si intense dans cette ville, ayant choisi principalement ses victimes parmi la classe la plus malheureuse, beaucoup d'entr'eux ont payé le tribut à cette terrible épidémie. Quelques-uns de ces mendians ont un grand âge ; plusieurs ont réellement des infirmités ; mais la plus part ne sont que des ivrognes et des paresseux. A la honte de leur sexe, beaucoup de femmes ont les mêmes vices. Toutes les semaines, ces mendians éhontés vont par bande mettre à contribution les communes rurales qui avoisinent Darnétal, et dans lesquelles ils sont aussi redoutés que des malfaiteurs. Il faut leur donner, s'écrie-t-on, quand on les voit entrer dans une ferme, ce sont des pauvres de Darnétal. L'on doit voir, par ce peu de mots, la crainte qu'ils inspirent.

Non-seulement Darnétal était écrasé par ses pauvres, mais encore tous les jours, principalement le mardi et le samedi, les mendians de Rouen, ceux des communes rurales du canton, y accouraient par bande, et venaient ainsi, chaque semaine, mettre un impôt forcé sur la bourse des habitans.

Le mal n'était pas particulier à cette ville. Depuis quelques années, surtout, l'abus de la mendicité et du vagabondage était, dans toutes les communes, porté à son comble. De toutes parts, on fesait entendre les mêmes plaintes ; de toutes parts, on demandait avec instance des moyens répressifs contre un état de choses qui, de jour en jour, devenait de plus en plus insupportable.

Pour mettre un terme à un semblable abus, il importait de prendre une mesure générale, car des mesures locales n'eussent pas atteint le but que l'on doit se proposer. Le préfet le sentit. Reconnaissant toute la gravité du mal, il s'appliqua à y apporter un prompt remède, et répondit ainsi à l'attente et à la confiance de ses administrés. Le 7 décembre 1831, il prit un arrêté très-sage dans ses dispositions, tendant à réprimer, ou du moins restreindre, autant que possible, la mendicité dans le département confié à son administration. Sa circulaire, du même jour, engage MM. les maires à unir leurs efforts aux siens pour arriver à ce but.

La ville de Darnétal, nous nous plaisons à le dire, à la

louange de ses administrateurs, a répondu l'une des premières à l'appel tout philantropique du préfet, et, de leur côté, les habitans n'ont pas trompé l'attente de leurs magistrats. Le 28 décembre, le conseil municipal, convoqué *ad hoc* par M. Lépine, alors maire, appréciant l'utilité et toute l'importance de la mesure à laquelle il était appelé à coopérer, arrêta, séance tenante, et à l'unanimité, que pour parvenir à éteindre la mendicité dans cette ville, il serait ouvert de suite une souscription pour venir au secours des mendians vraiment indigens; que ces pauvres seraient secourus à domicile, et qu'il leur serait défendu de mendier dans les rues.

La même délibération porte que le Bureau de Bienfesance sera spécialement chargé de la distribution de ces secours.

En conséquence, MM. les membres composant la commission administrative du Bureau de Bienfesance, pénétrés de l'importance de la mission qui leur était confiée, et désirant répondre à la confiance que leur témoignait l'administration, s'entourèrent de tous les documens nécessaires; et, après avoir pris une connaissance exacte des besoins de la classe indigente, ils arrêtèrent, à l'unanimité, dans leur séance du 20 février 1832, les dispositions suivantes :

Il ne sera délivré de secours hebdomadaires qu'aux mendians invalides, et qu'aux pauvres que leur grand âge met dans l'impossibilité de pouvoir travailler.

Il sera accordé à chaque mendiant invalide, par semaine, aux hommes, 1 fr. 20 c. en argent, et sept livres de pain ; aux femmes, six livres de pain et 90 c.

Les vieillards des deux sexes, admis au Bureau de Bienfesance, ne reçoivent que du pain.

Les dépenses faites pour les mendians invalides, sont payées à même les fonds provenant de la souscription ; les autres dépenses, consistant en secours temporaires, tels que pain, viande, bois, traitement des malades à domicile et à l'hospice, frais d'inhumation, etc., sont payées sur les fonds votés par le conseil municipal pour le Bureau de Bienfesance.

Ainsi que nous l'avons déjà dit, pendant plus de quinze ans le nombre des pauvres admis aux secours hebdomadaires, s'est élevé constamment de cent cinquante à cent quatre-vingt. En 1828, l'on en comptait cent quatre-vingt-trois ; savoir : quatorze hommes et quarante femmes sur la paroisse de Carville ; cinquante-quatre hommes et soixante-quinze femmes sur celle de Longpaon.

Aujourd'hui, le nombre de ces pauvres est bien diminué. Au moment où nous écrivons, il n'est plus que de cent six. Cinquante-cinq sont admis au Bureau de Bienfesance et cinquante-un reçoivent les secours destinés à la suppression de la mendicité. Parmi ces pauvres, l'on compte trente-deux hommes et soixante-quatorze femmes. Dans tous les tems, le nombre des femmes admises aux secours hebdomadaires a toujours été beaucoup plus considérable que celui des hommes.

L'on distribue chaque semaine deux cent cinquante à deux cent soixante livres de pain pour le Bureau de Bienfesance ; et pour l'extinction de la mendicité, à-peu-près trois cents livres, plus quarante à cinquante francs en espèces.

Le Bureau de Bienfesance ayant son allocation particulière, 6,000 francs sont donc plus que suffisans pour
éteindre la mendicité à Darnétal ; c'est un grand bienfait
obtenu pour une modique somme, car cela ne fait pas
un franc par habitant.

PRODUIT de la Souscription pour l'Extinction de la Mendicité.

ANNÉES.	NOMBRE de Sous-cripteurs.	MONTANT des Sous-criptions.	SOMMES payées par les Souscrip.	DÉFICIT au détrim. des pauv.	Nombre des Sous-cripteurs qui n'ont rien payé ou qui n'ont payé qu'une partie de leurs Souscriptions.
1832	157	7640	6044	1596	49
1833	151	6536	5611	925	24
1834	119	4640	4539	101	20
	427	18816	16194	2622	93

Ce tableau nous prouve que chaque année le montant de cette souscription, ainsi que le nombre des souscripteurs, diminuent l'un et l'autre d'une manière sensible. La loi, il est vrai, n'oblige pas un citoyen de concourir à un acte d'humanité, de bienfesance, mais, une fois que l'on a souscrit, c'est une dette sacrée ; car, l'administration, basant ses dépenses sur ses recettes, c'est la mettre dans l'embarras lorsqu'on ne remplit pas l'obligation que l'on a contractée.

Si la souscription continue à rester au-dessous du chiffre nécessaire pour couvrir les dépenses, nous verrons reparaître dans notre ville la mendicité avec son hideux cortège, ou l'on sera forcé d'établir une taxe des pauvres. Ce serait peut-être le meilleur moyen et le plus juste pour faire contribuer chacun selon sa fortune.

L'on voit avec peine que des personnes notables de cette ville aient refusé jusqu'alors de s'associer à cette œuvre de bienfesance et en même tems d'utilité publique. Ou ces personnes ont pensé que l'on ne parviendrait pas à éteindre la mendicité à Darnétal (trois années de succès doivent leur donner la preuve du contraire), ou elles ne connaissent pas les besoins des pauvres. Il serait alors à souhaiter qu'elles pénétrassent quelquefois dans les réduits qui servent d'asile à ces malheureux. En voyant des familles entières sans pain, sans vêtemens, sans feu, au milieu des rigueurs de l'hiver, couchées sur de la paille, souvent pourrie, ce tableau déchirant, malheureusement trop vrai, leur apprendrait ce que c'est qu'un pauvre, et les déciderait, peut-être, à remplir un devoir que l'humanité et LA RELIGION commandent.

Ainsi que nous l'avons dit, notre ville est partagée en cinq arrondissemens pour le Bureau de Bienfesance : ces arrondissemens sont formés des rues ci-après :

Premier Arrondissement. — La côte de Darnétal, jusqu'à la Table-de-Pierre ; la rue du Pont, jusqu'au Mont-Maclou ; la cour Capelle, les rues du Vernouillet, de la Ferme, Pavée, Maugendre, de la Croix-Rouge, aux Juifs et Frambœuf, côté droit.

Deuxième. — La rue Bribrion, côté droit ; la chaussée, la place et l'impasse de Carville ; la rue Sainte-Marguerite, la sente des Trésoriers ; la rue de la Cavée de Carville ; les Petites-Eaux de Robec, jusqu'au poteau de l'Octroi ; la rue Saint-Pierre ; le Mont-Maclou ; la Croix-l'Alouette ; la route de Rouen, côté droit, jusqu'à la rue d'Argan.

Troisième. — Les rues de la Chaîne, des Meslots, de la Terrasse ; le Chemin-de-la-Côte, la sente Delaunai ; les rues de Longpaon, de l'Église, Famette, Bastien, des Adôtres et des Vierges.

Quatrième. — Les rues du Chaperon, Brûlée, Tugelée, Toupas, du Mont-Rôti, Maraisquet, du Champ-des-Marais, du Champ-des-Oiseaux, des Blatiers et de la Sente-au-Leu.

Cinquième. — La rue de Lombardie ; la cour au Duc ; les rues du Mont-Pillon, des Cressonnières, de Préaux, du Pont-Bellas, à-Faire, de la Côte-Pigâche, du Mont-aux-Aniers, de l'Avalasse, Anbruchet et la sente Delaune.

Enfans-Trouvés. — Avant la révolution, les seigneurs hauts-justiciers étaient tenus de pourvoir à la nourriture et à l'entretien des enfans trouvés ou abandonnés sur le territoire dépendant de leur juridiction. Cet usage était juste; puisque seuls ils avaient, comme seigneurs, les honneurs et le profit, ils devaient au moins en supporter les charges. Cet état de choses a duré jusqu'à l'époque où les justices seigneuriales ont été supprimées. La loi du 10 décembre 1790 porte qu'à l'avenir, ces enfans seront à la charge de l'État. Cependant, avant la révolution, les enfans trouvés étaient portés aux hospices de Rouen; l'on en exposait peu sur les terres des hauts-justiciers, surtout aux environs de Rouen. Dans l'origine, tous ces enfans étaient portés à l'Hôtel-Dieu. Il existe un arrêt du parlement de Normandie, du 5 février 1538, qui ordonne au prieur et aux religieux de l'Hôtel-Dieu de tenir registre des enfans égarés et trouvés, ce qui prouve qu'avant cet arrêt ces infortunés y étaient déjà reçus. Un siècle plus tard, le bureau des Valides partagea cette charge avec l'Hôtel-Dieu. Les administrateurs des deux hospices avaient désigné les quartiers où les enfans trouvés seraient à la charge de l'un ou de l'autre hôpital; mais, depuis un nouvel accord, passé entre les deux hospices, le 23 décembre 1779, tous les enfans trouvés étaient portés à l'Hospice-Général; l'Hôtel-Dieu lui remboursait chaque année un tiers de la dépense. Aujourd'hui que ces deux hospices sont régis par la même commission administrative, tous les enfans trouvés sur le territoire des arrondissemens de Rouen et de Neufchâtel, sont reçus à l'Hospice-Général.

La dépense occasionnée à cet hospice par les enfans trouvés s'élève annuellement à soixante et quelques mille

francs ; mais ce n'est qu'une avance faite par cet établissement, car ce sont les communes des deux arrondissemens précités qui paient cette dépense. La ville de Darnétal y contribue depuis quelques années pour la somme
de 1,700 fr. C'est le préfet qui, chaque année, détermine
celle que chaque commune doit payer. Nous ignorons
sur quelle base cet impôt communal, mais très-extraor-
dinaire, selon nous, est fixé ; nous présumons, cependant, que c'est sur la population. Il paraît que cette
dépense varie considérablement, ou que l'on n'a pas de
base fixe pour la répartir entre les communes, puisque
Darnétal était imposé, il y a quelques années, à 2,400 fr.,
tandis qu'en 1840, 1841, 1842 et 1843, le contingent
de cette ville n'était porté qu'à 1,043 fr. 91 c. ; en 1834,
la dépense est tombée à 580 fr. 24 c.

Sociétés de Bienfesance. — Depuis quelques années il
existe à Darnétal deux Sociétés de Bienfesance, établies
par les ouvriers de cette ville.

La plus ancienne, fondée le 11 mars 1821, porte le
titre de :

SOCIÉTÉ DE SECOURS,

Dite Réunion de Bienfesance, *sous la protection de* saint
Pierre, *patron de l'église de Carville.*

La seconde, sous la protection de saint Ouen, patron
de l'église de Longpaon, ne date que du 16 février 1825.

La première, fondée par les ouvriers teinturiers et les
fileurs, est composée de quatre-vingt membres ; la

seconde, composée principalement de tisserands, en compte cent.

Toutes les deux ont le même but, celui de procurer des secours aux membres lorsqu'ils sont malades, ou lorsqu'ils deviennent grabataires.

Le réglement de ces deux sociétés est à-peu-près le même ; un officier de santé est attaché à chaque société.

Les malades reçoivent 6 francs par semaine pendant les premières treize semaines ; 4 francs, pendant treize autres semaines ; mais, si la maladie continue, il ne leur est plus accordé que 3 francs par semaine pendant le reste de l'année. Si le malade devient grabataire, ou dans l'impossibilité de pouvoir travailler, il reçoit un secours de 2 francs par semaine, sa vie durante. L'on est grabataire de droit à soixante-cinq ans.

Pour faire partie de ces sociétés, l'ouvrier doit être âgé de vingt ans, et ne pas avoir plus de quarante ans. Il est reçu au scrutin secret, et doit obtenir la moitié des voix, plus une, des membres composant la société, sans quoi il n'est pas admis. Le membre nouvellement reçu, paie 1 fr. 50 c. à son entrée dans la société, et ensuite 25 c. chaque semaine, pour sa cotisation hebdomadaire. Ce n'est que six mois après sa réception qu'il a le droit de participer aux avantages de la société.

En cas de décès d'un des sociétaires, il est remis 40 fr. à sa veuve, ou à ses héritiers, pour frais d'inhumation.

L'on doit voir avec le plus grand plaisir se former dans notre ville ces sociétés de secours mutuels, car c'est une grande amélioration dans les habitudes, dans les mœurs de nos ouvriers. L'on ne peut donc trop les encourager à persévérer dans un but aussi louable et en même tems aussi utile pour eux. C'est dejà un grand pas fait vers l'ordre et l'économie ; l'ouvrier qui sent la nécessité de faire partie de ces réunions de bienfesance, n'est pas éloigné de porter aussi plutard, chaque semaine, une légère somme à la caisse d'épargnes pour s'assurer sur ses vieux jours une existence honorable et un peu plus aisée.

Pourquoi les femmes, surtout dans les villes de fabrique, ne formeraient-elles pas aussi de semblables associations ? Dans notre ville, par exemple, où il n'y a encore ni salle d'asîle pour recevoir les enfans de la classe ouvrière, ni société maternelle pour seçourir les pauvres femmes en couche, ces sociétés, à l'instar de celles des ouvriers, sauf quelques modifications dans la distribution des seçours, seraient bien certainement d'une grande utilité. C'est une idée que nous mettons en avant, heureux si un jour nous la voyons se réaliser !

Espérons aussi que notre ville, qui depuis quelques années est dans la voie du progrès et marche à grands pas vers les améliorations sociales, ne sera pas longtems sans posséder ces deux institutions qui lui manquent encore, et dont on ne peut contester l'utilité. C'est alors qu'elle offrira à la classe laborieuse tout le bien-être qu'il est humainement possible de lui procurer.

Foires et Marchés. — Marché de Longpaon. — Marché aux Grains. — Foire de Saint-Pierre. — Foire aux Boissons. — Le Privilège du Cru. — Assemblée de Longpaon.

Des trois marchés qui ont existé anciennement dans

cette ville, il n'en reste plus qu'un, celui qui se tient le dimanche sur la place de Longpaon, et qui n'est qu'un simple marché de provisions. Il paraît remonter à une époque très-éloignée et s'est tenu primitivement à Carville, sur une portion de terrain renfermée entre les rivières de Robec et de l'Aubette, et qui appartient aujourd'hui à madame veuve Lambert et à M. Fournier.

Ce terrain, qui appartenait aux Chartreux de Rouen, avait porté, à une époque très-reculée, le nom du *Pré de la Trinité*, et plutard on lui avait donné celui de *la Commune*. Contenant à-peu-près deux acres et demie, il s'étendait entre le passage de l'Arrière-Gué du Moulin de l'Hôtel ; les marais de Carville d'un côté, de l'autre, le chemin de Rouen à Lyons-la-Forêt, appelé alors *le Grand-Chemin-du-Roi*.

Avec le tems, le Pré de la Trinité ayant perdu une partie de son étendue par les anticipations des voisins, le maire et les échevins de Rouen voulurent aliéner la portion qui restait, mais les Chartreux s'y opposèrent et la revendiquèrent comme dépendant du fief de la fontaine Jacob. Ce fief leur appartenait depuis l'échange fait entr'eux et les religieux de l'abbaye de Sainte-Catherine-du-Mont, en l'année 1600.

Le propriétaire de la filature Chouard possède des titres qui prouvent que ce marché a tenu pendant plusieurs siècles sur le Pré de la Trinité. Plutard, il fut transféré de ce pré dans la Grand'rue, au-dessus du pont. Il existe un arrêt du parlement de Normandie, en date du 19 août 1596, relatif à ce marché, lequel porte textuellement : « que le marché sera tenu et conservé au

» lieu ordinaire, *au-dessus du pont de Darnétal*, nonobs-
» tant les prétentions et les entreprises des habitans de
» Longpaon, qui veulent le transporter sur le territoire
» de leur paroisse. » Malgré cet arrêt, les habitans de
Longpaon sont parvenus à faire transférer ce marché sur
leur paroisse, mais nous n'avons pu trouver l'époque de
ce changement.

Ce marché est extrêmement commode pour les habitans de cette ville, puisqu'on y trouve toutes les provisions nécessaires dans un ménage. Il est approvisionné
par les cultivateurs des communes environnantes, par dix
ou douze bouchers du dehors, par les jardiniers de Saint-
Gilles et de Darnétal, et par un grand nombre de petits
marchands de Rouen.

Outre le marché de Longpaon, il existait encore, à la fin
du dernier siècle, un marché aux grains, les lundi, mercredi et samedi de chaque semaine. Nous n'avons pu non
plus nous procurer aucun renseignement certain sur son
origine. L'on sait seulement qu'il existait depuis plusieurs
siècles, qu'il était approvisionné par les cultivateurs de
vingt à vingt-cinq communes, et qu'il s'y vendait chaque
semaine une quantité assez considérable de grains de
toutes espèces, mais principalement du blé.

Comme il n'y a jamais eu de halles couvertes dans cette
ville, ce marché se tenait dans la Grand'rue, depuis la
rue des Blatiers jusqu'au pont, des deux côtés de la rue,
ce qui gênait extrêmement la voie publique.

Les Almanachs de Rouen, les Annuaires statistiques du
département, font toujours mention de ce marché les
lundi et mercredi, quoiqu'il y ait plus de quarante ans

qu'il n'existe plus : l'on en doit la suppression à l'impé-
ritie de l'autorité locale de l'époque. Ce fut sur les conclusions d'un sieur *Marc Orange*, menuisier par état,
mais procureur de la commune par les circonstances,
que le conseil général arrêta, dans sa séance du 27 octobre 1793, à la simple majorité d'une voix (dix contre
neuf), la suppression des deux marchés qui avaient lieu
le mercredi et le samedi. C'est précisément au moment où
les subsistances commençaient à devenir très-rares, que
ces administrateurs ordonnèrent cette suppression. Ils ne
pouvaient donner une plus grande preuve de leur inca-
pacité !

Quelques mois étaient à peine écoulés, qu'ils reconnurent la faute qu'ils avaient commise ; voulant la réparer, ils rapportèrent leur arrêté ; mais ce fut sans succès,
le mal était fait.

La Société populaire de cette ville, qui, comme partout, se mêlait aussi d'administration, mais qui au moins
dans cette circonstance avait raison, invita, par sa délibération du 8 prairial de l'an 2, le conseil général à rétablir ce marché. Celui-ci fit de nouveaux efforts pour
atteindre ce but, mais ils furent inutiles, les cultivateurs
ayant déjà contracté l'habitude de porter leurs denrées
sur d'autres marchés.

Quarante années se sont écoulées sans que les maires,
qui se sont succédés dans l'administration municipale,
aient songé à le rétablir. M. Lépine est le premier qui,
convaincu de l'influence qu'un marché peut avoir sur la
prospérité d'une ville, ait cherché à faire revivre celui supprimé antérieurement. Dans sa séance du 29 juillet 1830,

le conseil municipal, convoqué *ad hoc*, a pris une délibération relative à la création d'un marché aux grains le
mardi, et d'une foire le jour de la Saint-Pierre pour la
paroisse de Carville.

Les maires et les conseils municipaux des communes de
l'arrondissement où se tiennent des foires et marchés, ont
été consultés par l'autorité compétente, à l'effet de savoir
si le rétablissement du marché le mardi, et la création
d'une foire à Darnétal, pourraient porter quelques préju-
dices à leurs administrés. Le dépouillement des procès-
verbaux de *commodo* et d'*incommodo* a donné un consen-
tement pour l'établissement d'une foire le jour de la Saint-
Pierre. Les seules communes de Ry et de Duclair se sont
opposées à la création de la foire et du marché; Boos à
ce que le marché ait lieu le mardi, et Pavilly à l'établissement du marché, sans que ces communes appuient leur
opposition d'un seul motif raisonnable.

Enfin, le ministre du commerce et des travaux publics,
par son arrêté, en date du 19 septembre 1833, a autorisé
la création d'un marché à blé à Darnétal le jeudi. Dans sa
séance du 15 octobre suivant, le conseil municipal a décidé que ce marché tiendrait provisoirement rue du Pont,
depuis la rue de la Chaîne jusqu'à la rivière de Robec, et
rue de Longpaon, depuis le pont jusqu'à la rue des Meslots.

Le marché aux grains a tenu, pour la première fois,
le 9 janvier 1834; et la foire, autorisée par arrêté du ministre du commerce, du 16 novembre 1833, le jour de la
Saint-Pierre, sur la place de Carville. L'un et l'autre
doivent être reportés plutard sur la place projetée du
nouvel Hôtel-de-Ville.

Il y avait anciennement une foire aux boissons qui se tenait trois fois par an sur la place de Longpaon, que l'on appelait alors *la Place du Domaine*. Nous n'avons pu remonter à l'origine de cette foire, ni découvrir par qui et pourquoi elle avait été créée. Peut-être remontait-elle à l'époque où Louis XIV mit une taxe sur les boissons à Darnétal, au profit de la ville de Rouen. Cette foire durait plusieurs jours.

Les commis des aides percevaient sur le cidre et le poiré vendus pendant la foire, un droit beaucoup plus fort que les entrées que l'on paie aujourd'hui sur ces boissons. Quelques habitans jouissaient *du privilège du cru*. Nous n'avons pu non plus nous procurer aucun renseignement sur l'origine de ce privilège. Ce que nous avons pu apprendre, c'est que tout habitant de Darnétal qui avait seulement un ou deux pommiers à pilage dans sa cour ou dans son jardin, était admis à le réclamer. Ce privilège consistait, à ce qu'il paraît, à payer un droit moins fort sur les boissons achetées sur la place du Domaine, à ne le payer qu'à la fin de l'année et que sur la quantité consommée. Tous les ans, les commis des aides fesaient un recensement général chez tous les habitans qui jouissaient du privilège du cru.

Anciennement l'assemblée, dite *la Saint-Ouen*, particulière à la paroisse de Longpaon, avait une grande renommée ; c'était l'une des plus importantes de celles qui se tiennent aux environs de Rouen. Elle durait depuis le dimanche jusqu'au jeudi inclusivement, et recommençait le dimanche suivant sous le nom de *la Petite-Saint-Ouen*.

Pendant la semaine de la Saint-Ouen, tout le monde,

sans exception, tenait table ouverte à Darnétal ; tous les travaux étaient suspendus dans les fabriques ; chacun ne pensait qu'au plaisir. Nous ignorons ce qui avait pu donner une si grande vogue à cette assemblée, car l'on n'y voyait que ce que l'on voit dans toutes ces sortes de réunions. La Saint-Ouen tombe tous les ans, surtout depuis qu'elle a été transférée dans la rue de Lombardie. Il est présumable qu'il n'en sera plus question dans quelques années.

État de la Population depuis 1789. — Aperçu de la Population dans les 17ᵉ et 18ᵉ siècles. — Tableau des Naissances, des Mariages, des Décès pendant vingt ans. — Division de la ville pour les Élections municipales et pour la Garde nationale. — Électeurs municipaux. — Garde nationale et Pompiers. — Secours contre les incendies.

Quelques années avant la révolution, la population de Darnétal devait s'élever à-peu-près à cinq mille habitans ; mais, ne connaissant aucun recensement antérieur à cette époque, nous ne pouvons en donner le chiffre exact. Seulement, dans le *Dictionnaire topographique de la Généralité de Rouen*, publié en 1788, ouvrage très-insignifiant, puisqu'il donne pour tout renseignement le nom et la position des communes, avec l'année moyenne des naissances, des mariages et des décès, nous trouvons que l'on comptait alors à Darnétal cent quatre-vingt-dix naissances, quarante-quatre mariages et cent soixante décès par an. L'on verra par le tableau de la population que nous donnerons plus loin, qu'il n'y a pas une différence bien marquée èntre ces chiffres et ceux d'aujourd'hui.

Il serait curieux de connaître à combien s'élevait la population de cette ville dans le 16e siècle, lorsque ses manufactures étaient dans toute leur splendeur et qu'elles occupaient un si grand nombre d'ouvriers des deux sexes ; mais ces documens nous manquent (1). Tout, cependant, nous porte à croire qu'elle devait être alors beaucoup plus considérable qu'aujourd'hui. Dans le siècle suivant, la population paraît être diminuée. En effet, l'émigration, à la suite de nos guerres de religion, d'un grand nombre de fabricans et d'ouvriers, devait amener ce résultat. Ayant compulsé les registres de l'état civil des deux paroisses, nous pouvons porter, année commune, les naissances à cent soixante-dix, les mariages à trente, et les décès à cent cinquante-cinq. Il y a, cependant, une exception à faire pour l'année 1694, où une mortalité effrayante a désolé cette ville. Les décès se sont élevés à quatre cent soixante-sept, trois cent quinze sur la paroisse de Longpaon, et cent cinquante-six sur celle de Carville. Cette même année, le nombre des naissances n'a pas dépassé quatre-vingt-quatre et celui des mariages

______

(1) Palma Cayet, dans sa CHRONOLOGIE NOVENNAIRE, nous donne à ce sujet un renseignement précieux, et qui confirme ce que nous avons avancé au sujet de la population de cette ville dans le 16ème siècle. Voici le passage : « Le roy (Henri IV) arriva le 24 dudit mois (novembre » 1591) à Dernétal, grand bourg qui estait de QUINZE CENTS FEUX, à » demi-lieue de Rouen et proche le fort Saincte-Catherine, sans toutes » fois qu'il pust être incommodé, ny du fort, ny de la ville, pour estre » en un vallon et couvert de tous costez de hautes montagnes. »

vingt-deux. Une remarque que nous avons faite en compulsant ces registres, c'est que le nombre des naissances diminue dans la même proportion que celui des décès augmente. Une des causes, c'est que parmi les personnes décédées, il se trouve un nombre plus ou moins grand de femmes mariées ; mais il doit encore en exister d'autres. Comme c'est un point qui concerne plutôt la médecine que l'histoire, nous laissons à MM. les médecins le soin de les rechercher. Nous nous bornons à citer le fait. En 1693, il y a eu deux cent trente-neuf décès, tandis que le nombre des naissances ne s'est élevé qu'à cent quarante-deux ; en 1832, année du choléra, l'on a compté trois cent six décès, et les naissances n'ont été que de cent soixante-cinq. Nous pourrions citer beaucoup d'autres exemples.

Le 14 octobre 1789, le dénombrement de la paroisse de Longpaon donna deux mille huit cent soixante-quatre habitans ; celui de la paroisse de Carville n'eut pas lieu. Les divers recensemens faits depuis ont donné les résultats suivans :

Années.	Nombre d'hab.	Années.	Nombre d'hab.
1791.	5342.	1812.	5231.
1793.	5300.	1816.	5190.
1794.	5114.	1821.	5125.
1800.	4448.	1831.	5572.
1806.	5200.		

Le dernier recensement ayant été fait avec plus de soin que les autres, nous pouvons en donner ici le résultat détaillé.

16 *

ÉTAT de la Population de **Darnétal**, en 1831.

DÉSIGNATION des Sections.	Garçons.	Filles.	Hommes mariés.	Femmes mariées.	Veufs.	Veuves	Militaires au service	TOTAL de la popul.	NOMBRE des feux par sect.
Première.	219	196	178	172	18	41	13	837	235
Deuxième.	457	487	400	404	32	104	16	1900	555
Troisième.	284	341	236	232	27	53	6	1179	343
Quatrième.	394	444	331	329	30	112	16	1656	487
	1354	1468	1145	1137	107	310	54	5672	1620

Dans les recensemens, l'on ne compte pas ordinairement la population flottante, qui se compose des ouvriers logés en hôte, dont, année commune, l'on peut porter le nombre à trois ou quatre cents.

Pendant les dix dernières années, la population a augmenté de quatre cents personnes. Si l'on fesait aujourd'hui un nouveau recensement, l'on trouverait certainement une augmentation beaucoup plus considérable.

Nous donnons plus loin un état du mouvement de la population, pendant les vingt dernières années, état que nous pensions trouver tout fait dans les archives de la mairie, mais que, contre notre espoir, nous avons été obligé de faire en entier (I).

Nous donnons aussi un état à-peu-près semblable pour les naissances, mariages et décès, depuis 1725 jusqu'en 1734, inclusivement. Nous avons pensé qu'on serait curieux de connaître ce rapprochement. L'on verra que le résultat offre peu de différence, ce qui doit faire penser que la population était alors aussi forte qu'aujourd'hui.

---

(1) On fait, il est vrai, tous les ans, un état du mouvement de la population, pendant l'année, pour envoyer à la préfecture, mais jusqu'à présent on n'a pas encore songé à garder, dans les archives de la mairie, un double de ces états.

Années	NAISSANCES				TOTAUX des NAISSANCES.	MARIA	
	ENFANS Légitimes.		ENFANS Naturels.			GARÇONS et FILLES.	GARÇONS et Veuves.
	M.	F.	M.	F.			
1815	89	83	2	3	177	44	4
1816	108	92	4	9	213	43	1
1817	83	90	12	7	192	38	4
1818	81	98	13	9	201	42	1
1819	107	94	6	12	219	38	2
1820	95	81	6	13	195	35	1
1821	104	103	7	11	225	35	1
1822	123	91	12	10	236	44	1
1823	95	104	5	8	212	47	6
1824	108	103	14	12	237	37	3
1825	108	95	10	13	226	42	3
1826	97	119	13	12	241	33	3
1827	85	114	13	10	222	34	3
1828	95	120	6	10	234	44	2
1829	97	111	4	9	221	34	2
1830	112	95	11	7	225	38	1
1831	114	81	5	7	207	30	2
1832	85	67	8	5	165	32	1
1833	94	98	8	6	206	25	1
1834	116	110	7	9	242	40	5
	1996	1949	166	182	4293	655	47

| DÉCÈS. | | | | | | TOTAUX des Décès. |
| CÉLIBATAIRES. | | MARIÉS. | | VEUFS. | | |
M.	F.	M.	F.	M.	F.	
55	62	13	11	3	8	152
46	36	10	13	5	7	117
47	39	14	10	3	9	122
41	31	8	13	4	6	103
64	66	17	12	7	4	170
46	47	22	18	7	9	149
76	56	26	20	9	15	202
70	68	24	18	3	10	193
67	30	21	20	5	10	153
62	58	21	17	5	16	179
56	58	16	17	6	15	168
62	55	16	17	7	11	168
63	68	12	18	3	8	172
55	60	10	17	4	9	115
48	46	28	17	12	17	168
61	39	30	21	3	14	168
66	49	24	18	6	14	177
84	67	55	54	16	30	306
54	41	18	11	6	15	145
62	41	25	22	7	19	176
1185	1017	410	364	121	246	3343

D'après cet état, nous voyons que les naissances s'é-
lèvent, année commune, à deux cent quinze, les mariages à quarante-trois, et les décès à cent soixante-sept.

Il naît par an cent huit garçons et cent sept filles,
parmi lesquels sont compris dix-sept enfans naturels,
huit garçons et neuf filles.

Il se contracte quarante-trois mariages, trente-trois
entre garçons et filles, deux entre garçons et veuves, six
entre veufs et filles, et deux entre veufs et veuves.

Il meurt annuellement cinquante-neuf célibataires
mâles, cinquante-un célibataires femelles, vingt-un
hommes mariés, dix-huit femmes mariées, six veufs et
douze veuves.

ÉTAT du mouvement annuel de la Population, depuis 1725 jusqu'en 1735.

| | PAROISSES | | | | | | TOTAL, | | |
| Années. | De Carville. | | | De Longpaon. | | | Pour les deux paroisses. | | |
	Naissances	Mariages.	Décès.	Naissances.	Mariages.	Décès.	Naissances.	Mariages.	Décès.
1725	76	13	25	113	21	77	189	34	102
1726	86	16	87	125	16	125	211	32	212
1727	67	14	80	124	24	123	191	38	203
1728	66	20	84	136	29	115	202	49	199
1729	85	22	69	139	32	113	224	54	182
1730	80	12	70	134	27	119	214	39	189
1731	74	20	37	153	16	155	227	36	192
1732	71	22	40	141	20	76	212	42	116
1733	89	8	54	145	31	128	234	39	182
1734	73	9	50	161	31	109	234	40	159
	767	156	596	1371	247	1140	2138	403	1736

D'après ces tableaux et les détails que nous avons donnés plus haut, nous pouvons résumer ainsi, dans notre ville, le mouvement annuel de la population, pendant trois cents ans.

	17e SIÈCLE	18e SIÈCLE.	19e SIÈCLE.
Naissances.	170	214	215
Mariages. .	30	40	43
Décès . . .	155	174	167

La population n'a donc pas augmenté dans notre ville, depuis cent ans. Cependant, chaque année, comme partout, les naissances l'emportent de beaucoup sur les décès. De plus, il s'y fixe tous les ans un nombre plus ou moins grand d'étrangers, qui viennent travailler dans nos filatures, dans nos fabriques d'indiennes. D'après le relevé que nous en avons fait sur le dernier état de population, leur nombre s'élevait, au 30 décembre 1831, à deux mille quatre cent quatre-vingt sept, presque la moitié de la population. Celle-ci restant stationnaire, il faut donc qu'un pareil nombre d'individus nés à Darnétal aient quitté cette ville pour aller demeurer autre part.

En effet, il existe peu de rentiers à Darnétal. Lorsqu'on a amassé à-peu-près de quoi vivre, l'on s'empresse de quitter cette ville pour aller demeurer, soit à la campagne, soit dans une ville qui offre plus d'agrémens que n'en offre et ne peut en offrir Darnétal. C'est ce qui explique pourquoi la population reste stationnaire, malgré le grand nombre d'étrangers qui chaque année viennent s'y fixer.

Tableau des Habitans nés à Darnétal, et des Etrangers fixés dans cette Ville.

DÉSIGNATION des Sections.	HABITANS nés à Darnétal.		Total des HABITANS nés à Darnétal.	HABITANS nés hors de Darnétal.		Total des HABITANS nés hors de Darnétal.	TOTAL de la Population.
	mâles.	femelles.		mâles.	femelles.		
Première.	451	164	315	277	245	522	837
Deuxième.	463	520	983	442	475	917	1900
Troisième.	346	397	743	207	229	436	1179
Quatrième.	481	563	1044	290	322	642	1656
	1441	1644	3085	1216	1271	2487	5572

DIVISION DE LA VILLE.

La ville est partagée en quatre sections pour les états de population, et en cinq arrondissemens pour le Bureau de Bienfesance. Nous avons donné, pages 21 et 229 de cette Notice, le nom des rues formant chacune de ces divisions.

Pour les élections municipales et pour la garde nationale, la ville est partagée encore en trois sections. Ces sections, désignées sous les noms du *Sud*, du *Centre* et du *Nord*, se composent ainsi qu'il suit :

Section du Sud. — Côte de Saint-Jacques, côté gauche, jusqu'à la rue de la Ferme ; rue du Pont, côté gauche ; le Mont-Maclou et la route de Rouen des deux côtés, à droite jusqu'à la rue d'Argent, à gauche jusqu'au poteau de l'Octroi de Rouen, placé dans la cavée de Carville ; des rues de la Ferme, Pavée, de la Croix-Rouge et aux Juifs ; des rues Frambœuf et Bribrion, côté droit ; Sainte-Marguerite, place, impasse, chaussée et cavée de Carville ; les Petites-Eaux, la rue Saint-Pierre et la rue Maugendre.

Section du Centre. — La côte Saint-Jacques, côté droit ; rue du Pont, côté droit ; la cour Capelle, la rue des Blatiers, la rue du Chaperon jusqu'à la place de Longpaon ; les rues Brûlée, Tugelée, du Champ-des-Oiseaux, de la Sente-au-Leu, de Longpaon jusqu'au pont, pour le côté droit, et la maison de M. Samson pour le côté gauche ; des rues de la Chaîne, des Meslots, de la Terrasse, Famette, de l'Église ; le chemin de la côte, jusqu'à la rue d'Argent et la sente Delaunay.

Section du Nord. — La rue de Longpaon, depuis le pont jusqu'à la rue de Lombardie ; les rues des Vierges, des Apôtres ; la cour au Duc ; les rues de Lombardie, de Préaux, du Mont-Pillon, des Cressonnières ; la sente Delaune ; les rues à-Faire, du Mont-aux-Aniers, du Pont-Bellas, du Champ-des-Marais, Maresquet, de l'Avalasse, du Mont-Rôti, de la Côte-Figâche.

La même division existe pour les trois compagnies de la garde nationale ; mais pour donner, autant que possible, un nombre égal de gardes nationaux à chaque compagnie, l'on a ôté de la section du centre, pour le donner à la section du sud, le côté droit de la rue du Pont, depuis la rue de la Chaîne jusqu'au Mont-Maclou.

Élections municipales. — En 1831, conformément à la loi du 22 mars de la même année sur l'organisation municipale, le nombre des électeurs communaux s'est élevé à trois cent soixante-dix-neuf ; savoir :

Électeurs censitaires les plus imposés.   332.

Électeurs censitaires suppléans.   40.

Électeurs de capacité.   7.

Le *maximum* des impositions payées dans la commune par les électeurs était de 1,361 fr. 38 c., et le *minimum* de 19 fr. 34 c.

En 1834, lors du renouvellement partiel, le nombre des électeurs communaux n'a été que de trois cent soixante-huit :

Électeurs censitaires les plus imposés.   324.

Électeurs censitaires suppléans.   40.

Électeurs de capacité.   4.

Cette année, le maximum des impositions locales

payées par les électeurs , était de 1,465 fr. 75 c. , et le minimum de 29 fr. 24 c.

Dans le tableau des électeurs et des votans que nous donnons ci-dessous, l'on verra qu'il en est à Darnétal comme dans la plupart des autres communes , c'est-à-dire que jusqu'à présent peu de citoyens tiennent à exercer leurs droits politiques.

Tableau des Élections municipales.

ANNÉES.	DÉSIGNATION des SECTIONS.	NOMBRE d'Elec-teurs par SECTION.	NOMBRE de Votans par Section.	Nomb. de Conseillers municip. à élire.
1831	du Nord.	116	34	8
	du Centre.	115	69	7
	du Sud.	115	44	8
1834	du Nord.	84	27	3
	du Centre.	134	58	5
	du Sud.	102	44	4
		666	276	

La première organisation de la garde nationale à Darnétal remonte au 8 août 1790. L'on comptait alors à-peu-près trois cents gardes nationaux partagés en deux compagnies , sous le commandement d'*un capitaine-major*. Cette première organisation a subi depuis bien des modifications , et comme toutes les gardes nationales de la France , celle de Darnétal a été supprimée et rétablie plusieurs fois. En 1813 , elle fut organisée sous le nom de garde urbaine ; son effectif était à-peu-près le même qu'en 1790.

Sous la restauration , notre garde nationale n'a existé de fait que sur les contrôles. Seulement , l'on commandait tous les ans quelques hommes pour accompagner les processions du Saint-Sacrement et du 15 août ; c'étaient les promenades militaires de l'époque. En effet , c'est à quoi s'est borné , pendant quinze ans, le service de la milice citoyenne, dans toutes les petites localités.

Depuis la révolution de juillet , la garde nationale, à Darnétal, se compose de trois compagnies fortes chacune de cent et quelques hommes et d'une compagnie de sapeurs-pompiers.

La première organisation régulière des pompiers ne remonte qu'au 1er mai 1819.

Il n'y eut d'abord , pendant quelques années , qu'une escouade, forte de quinze hommes , sous les ordres d'un sergent et de deux caporaux.

Le nombre des pompiers s'est élevé insensiblement à trente , ensuite à quarante, et aujourd'hui, d'après une délibération du conseil municipal du 3 mai 1834 , ce nombre est porté à cinquante , y compris les officiers et sous-officiers.

Personne , bien certainement, ne contestera l'utilité d'une compagnie de sapeurs-pompiers dans une ville manufacturière , comme celle de Darnétal , où il est rare qu'il se passe une année sans qu'on ait à déplorer quelques sinistres plus ou moins considérables , mais les pompiers ne fesant aucun service actif, l'on pense généralement que leur nombre est trop élevé comparativement à celui des gardes nationaux.

Nous donnons , dans le tableau ci-dessous, le nombre des citoyens qui, aux termes de la loi du 22 mars 1831, doivent faire partie de la garde nationale, soit comme mobilisables , soit pour le service actif , ou pour la réserve. Les pompiers sont compris dans ce nombre.

Tableau de la Garde nationale.

ANNÉES.	Nombre de Gardes nation. pr. le Service actif.	Nombre de Gardes nationaux pour la réserve	Nombre de Gardes nationaux mobilisables.	TOTAL des Gard. nationaux inscrits sur le Registre matricule
1832	374	691	291	1065
1833	337	708	299	1045
1834	377	706	323	1083
1835	417	717	480	1134

Malgré sa population , Darnétal ne comptant pas un assez grand nombre de gardes nationaux pour former un bataillon communal , l'on a réuni à cette ville les communes de Saint-Léger et de Roncherolles ; ces trois communes donnent un effectif de cinq cent cinquante à six cents hommes.

L'état-major du bataillon se compose du commandant, de l'adjudant-major, du capitaine-rapporteur, du secrétaire, du porte-drapeau, de l'aide-major, de l'adjudant-sous-officier et du tambour-maître.

Ce n'est qu'en 1710 que la ville de Rouen a vu, pour la première fois, une pompe à incendie dans ses murs. Avant cette époque, quels moyens employait-on pour s'opposer aux incendies ? La tradition ne nous apprend rien à cet égard. Cependant, dans une ville construite, en grande partie, en bois, les ravages du feu devaient être fréquens et considérables.

Les échevins avaient fait venir cette pompe de Hollande, et l'avaient confiée aux soins et à la garde d'un sieur Lerat, mécanicien instruit, qui plus tard y apporta quelques améliorations, et fut chargé par l'administration d'en construire plusieurs sur le modèle présenté par lui. Ces pompes ont été bien perfectionnées depuis et le seront certainement encore.

Pendant longtems Darnétal n'a possédé aussi qu'une seule pompe à incendie. Celle-ci avait été donnée, quelques années avant la révolution, à la fabrique de Carville, par madame Robert Dufresne, dont j'ai eu déjà l'occasion de citer le nom, lorsque j'ai parlé de la fondation de nos écoles.

Pendant, la révolution, la pompe donnée par madame Dufresne avait passé successivement dans les mains de plusieurs particuliers ; mais en 1818, l'administration locale se la fit restituer, et depuis cette époque elle est devenue propriété de la ville.

C'est à-peu-près vers la même époque que l'autorité

locale sentit enfin le besoin d'organiser dans cette ville un service régulier contre leurs incendies.

La ville possède aujourd'hui trois pompes , dont une de première force , avec tous les accessoires.

Outre ces pompes , qui presque toujours sont insuffisantes , il en existe encore dix à douze d'une plus faible dimension , appartenant à divers particuliers de cette ville, et qui sont d'une grande utilité, quoique quelques-unes ne soient qu'à main : il serait à désirer, même dans leur propre intérêt, que nos filateurs, que nos teinturiers en eussent chacun une dans leur établissement , pour , dans le besoin, y apporter de suite les premiers secours.

Les incendies sont assez fréquens dans cette-ville, et malgré la promptitude et la bonne direction des secours, les sinistres sont presque toujours considérables. C'est dans nos établissemens industriels que la plupart du tems ces incendies , très-souvent le fruit de la négligence , se déclarent ; il est très-rare que le feu prenne chez de simples particuliers.

Contributions directes en 1834.—Tableau comparatif des Contributions directes payées à Darnétal, depuis trente ans.—Impositions indirectes.—Tableau de la consommation annuelle de Comestibles.—Tableau de la consommation de Comestibles par individu, pendant 1834. —Nombre des Patentés en 1834 , par nature de profession.—Officiers publics.

Nous aurions voulu pouvoir donner ici le chiffre des impositions directes et indirectes que Darnétal payait au moment de la révolution , afin d'avoir un terme de

paraison avec celui que cette ville paie aujourd'hui ,
mais n'ayant pu nous procurer à ce sujet que des données
très-incertaines, nous ne pouvons nous permettre d'en
faire usage. Nous nous bornerons à donner un tableau
des impositions directes, depuis trente ans.

En 1834, le total des impositions directes s'est élevé à
72,970 fr. 82 c. , répartis par nature d'imposition, ainsi
qu'il suit :

Imposition foncière.	31,971 fr.	63 c.
— des portes et fenêtres. .	8,045	12
— personnelle et mobiliaire	11,929	50
— des patentes	19,982	37
Frais d'avertissement.	42	20
Total. . .	71,970	82

Le montant du revenu foncier imposable était de
175,307 fr. 17 cent. ; celui des loyers d'habitation , de
31,932 fr.

Le nombre des cotes personnelles s'élevait à	570 fr.
— des cotes mobiliaires	374
— des patentes	306

Tableau des Impositions directes payées à Dardetal, depuis 1805 jusqu'en 1835.

ANNÉES.	Foncière.		Personnelle et Mobiliaire.		Portes et Fenêtres.		Patentes.		TOTAL des Impositions par année.	
	f.	c.	f.	c.					f.	c
1805	25080	75	12709	99	4532	24	5660	» »	47982	98
1810	24041	71	13783	27	4532	24	5660	» »	48017	82
1815	29223	35	16946	66	4596	80	5660	» »	57406	81
1820	28090	» »	17512	» »	5458	» »	12269	» »	62329	» »
1825	27230	81	17511	90	7088	» »	12267	» »	64098	09
1830	31311	34	16739	04	5507	72	19083	04	72641	14
1835	31513	16	12167	» »	7980	24	20833	12	72493	72

Pour l'impôt foncier , la ville de Darnétal n'a pas à se plaindre , elle ne paie que ce qu'elle doit à-peu-près payer , mais il n'en n'a pas été toujours de même pour l'impôt mobilier (1).

L'impôt mobilier étant basé sur la valeur locative des propriétés , notre ville sera toujours surchargée , non pas parce qu'elle paie trop comparativement à d'autres villes, mais parce que sa population étant en grande partie ouvrière, il n'y a pas assez de têtes imposables. En 1834, le nombre n'était que de 374.

L'augmentation assez considérable que l'on remarque sur les patentes, depuis 1845, tient d'abord à la nouvelle manière d'imposer les fabricans et les filateurs par métiers ; ensuite au classement des teinturiers qui , jusqu'à cette époque, n'avaient payé qu'une patente de dernière classe, sans droit proportionnel, celle de simples dégraisseurs ; une troisième cause, c'est un plus grand nombre d'établissemens industriels qui n'existaient pas alors. Celui des fabricans de draps est bien diminué, il est vrai, mais les filatures de coton , les fabriques d'indiennes, de calicot, sont venues remplacer une industrie qui se perd de jour en jour à Darnétal.

Le chiffre élevé des patentes est le signe de la prospérité d'une ville, car plus il y a d'industrie , de commerce dans cette ville , plus ce chiffre doit s'élever.

Pour les impositions indirectes, Darnétal, depuis quelques années , est la résidence d'un poste à cheval , d'un poste à pied et d'un receveur buraliste.

---

(1) Il y a quelques années , notre ville payait encore 44 cent. par franc, aujourd'hui elle ne paie plus que 33 cent.

Le personnel du poste à cheval se compose d'un contrôleur-receveur et d'un commis, tous les deux à cheval ; celui du poste à pied, d'un commis de seconde classe et d'un surnuméraire appointé.

Seize communes dépendent de la recette du poste à cheval : Quincampoix, Saint-Georges-sur-Cailli, du canton de Clères ; Boisguillaume, Isneauville, Saint-Martin-du-Vivier, Fontaine-sous-Préaux, Roncherolles, Préaux, la Vieuxrue, Servaville, Grainville-sur-Ry, Martinville, Auzouville, Bois-l'Evêque, Quevreville, Saint-Jacques.

La recette du poste à pied se compose de Darnétal, de Saint-Léger-du-Bourg-Denis, du canton de Darnétal; et de Saint-Aubin-la-Rivière, du canton de Boos.

Les droits de toute nature, perçus au profit du trésor, se sont élevés, pendant les trois dernières années, à 276,302 fr. 41 cent.

1832 ,	85,251 fr. 15 c.
1833 ,	88,322　98
1834 ,	102,728　28

Ce qui donne, pour ces trois années, un terme moyen de 92,100 fr. 80 c.

Darnétal figure seul, dans ces produits, pour la somme de 180,340 fr. 70 c., ce qui, année commune, donne une recette de 60,113 fr. 59 c.

Outre la recette-buraliste, placée à Darnétal, l'on compte encore cinq receveurs-buralistes à la résidence de Quevreville, Boisguillaume, Quincampoix, Isneauville et Préaux.

D'après un relevé que nous avons fait, et dont nous

pouvons garantir l'exactitude, nous donnons, dans les deux tableaux suivans, la consommation qui se fait annuellement à Darnétal en comestibles et en boissons. Les quantités ont été prises sur une moyenne de dix ans, sur une dé cinq et sur la consommation faite en 1834.

Dans le second tableau, nous présentons cette consommation par an, par jour et par individu pour l'année 1834. Pour obtenir ce dernier tableau, nous avons réduit, en prenant un terme moyen, les bœufs, vaches, veaux, moutons et porcs en viande dépécée. Nous avons établi nos calculs sur une population de 6,000 âmes qui de fait est celle de Darnétal.

Consommation des Comestibles, par Année.

Désignation des Comestibles.	Poids, Mesures.	D'après une moyenne. de dix ans.	D'après une moyenne de cinq ans.	Consommation faite en 1835.
Vin.	hectolitre.	562	524	750
Cidre et poiré.	id.	14865	13935	19700
Eau-de-Vie.	id.	1030	902	1122
Bière.	id.	102	117	141
Bœufs et Vaches.	Nombre.	334	328	370
Veaux.	id.	359	376	447
Moutons.	id.	832	736	783
Porcs.	id.	449	468	564
Porcs à lait.	id.	27	43	88
Viande dépécée.	kilogr.	13580	13170	19475
Poisson salé.	id.	26297	20829	15892

Objets de Consommation.	Poids et Mesures.	Consommation		
		par an.	par jour.	par individu par an.
Pain.	kil.	1825000	5000	304
Viand. de bouch.	id.	334215	916	55 50 d.
Cidre et poiré.	litres.	1970000	5397	328
Vin.	id.	75000	205	18
Eau-de-Vie.	id.	112200	307	12
Bière.	id.	14100	39	2 déc.
Poisson salé.	kilo.	15892	43 50 déc.	116 gram.

Si, d'après ces tableaux, nous comparons la consommation des comestibles à Darnétal avec celle d'autres villes
d'une population à-peu-près égale, nous trouvons qu'elle
est beaucoup moins considérable que partout ailleurs. Ce
fait prouve que notre population est peu aisée, et que la
plupart de nos ouvriers se nourrissent très-mal , faute de
moyens pour se procurer une nourriture saine et abon-
dante.

Au Pont-Audemer , par exemple , où l'on compte au
plus 5,500 habitans, nous voyons, cependant, que l'on
consomme annuellement 1,471 bœufs et vaches , 1,452
veaux , 2,804 moutons , 442 porcs , 24,113 kilos viande
dépécée , ce qui fait, l'un dans l'autre , les deux tiers
en plus qu'à Darnétal. Mais, au Pont-Audemer , l'on
compte près de 900 personnes soumises à la contribution
personnelle , 550 patentés , tandis que dans notre ville
l'on en compte à peine 560 qui paient cette contribution
et que, terme moyen, le nombre des patentés n'a jamais
dépassé 300.

Mais, d'un autre côté, ces tableaux nous font voirque
l'on consomme , à Darnétal , beaucoup d'eau-de-vie, un
tiers en plus que de vin. Il n'y a peut-être pas de ville en
France, où , toute proportion gardée , l'abus des li-
queurs spiritueuses soit porté aussi loin. Aussi , compte-
t-on à Darnétal 110 détaillans d'eau-de-vie , un peu
plus d'un par 60 habitans. Leur nombre va en augmentant d'années en années.

C'est certainement à cet usage pernicieux que l'on
doit attribuer les maladies inflammatoires si nombreuses
dans cette ville , surtout la dyssenterie , qui, depuis une

vingtaine d'années semble y être endémique. Nous pouvons le dire , cette maladie y fait annuellement plus de
ravages que n'en a fait le choléra qui, cependant, y a sévi
d'une manière si intense. Mais l'on s'effraie moins de la
dyssenterie, parce qu'elle conduit plus lentement ses victimes au tombeau. Un malheur, au moins, aussi grand, et
auquel il est bien difficile de remédier , c'est que la plupart des personnes attaquées de cette maladie ; désignée
dans le pays sous le nom de flux, se traitent elles-mêmes,
et , nous pouvons l'affirmer , suivent un traitement tout
contraire, tout empyrique, qui a fait déjà et fait encore
tous les jours plus de victimes que n'en ferait la maladie
elle-même, si elle était traitée rationnellement.

Au moment où nous écrivons, il est exercé à Darnétal
cinquante-huit professions soumises au droit de patente,
dont nous allons donner la liste , avec le nombre d'individus exerçant chaque profession. Dans le chapitre suivant , nous nous occuperons spécialement des divers
genres d'industrie exercés dans cette ville.

Apprêteur de draps, 1 ; armurier, 1 ; aubergistes, 3 ;
blimblottier , 1 ; bouchers, 8 ; boulangers, 16 ; bourre-
liers , 4 ; brocanteurs , 3 ; cabaretiers, 31 ; cafetiers, 2 ;
carossier, 1 ; charcutiers, 5 ; charpentiers, 2 ; charrons, 3 ;
coiffeurs , 2 ; colporteur avec balle , 1 ; commissaire-
priseur, 1 ; cordier , 1 ; cordonniers , 8 ; couvreurs
en ardoise , 1 ; débitans , 31 ; entrepreneurs et plâ-
triers , 12 ; épiciers , 13, fabricans de calicots , 2 ;
fabricant de chapeaux , 1 ; fabricans de draps , 33 ;
fabricant de lacets, 1 ; fabricans d'indiennes , 12 ;
fariniers , 6 ; filateurs de coton, 13 ; filateurs de laine, 4 ;

foulonniers, 2 ; horlogers, 2 ; huissiers, 2 ; grainetiers, 2 ; imprimeur-typographe, 1 ; logeurs d'hôte, 5 ; marchands de bois, 4 ; marchands de fruits, 3 ; marchands de sabots, 7 ; maréchaux, 3 ; médecins, 3 ; mégissiers, 2 ; menuisiers, 7 ; merciers, 5 ; pannetier, 1 ; pâtissier, 1 ; pharmaciens, 2 ; revendeurs (1), 36 ; serruriers, 5 ; tailleurs, 4 ; teinturiers, 7 ; tonneliers, 3 ; tourneur sur bois, 1; tourneur sur métaux, 1; vitriers-peintres, 3.

Darnétal est la résidence d'un notaire, d'un receveur de l'enregistrement, d'un commissaire-priseur, de deux huissiers, et d'une directrice des postes. Il n'y a ni avocats, ni avoués, parce que cette ville n'étant que chef-lieu de canton, il n'y existe pas de tribunaux de première instance. Ainsi que nous l'avons dit plus haut, il n'y a qu'un tribunal de paix et un simple tribunal de police municipale. Pour celui-ci, les fonctions du ministère public sont remplies par le commissaire de police.

Il n'y a pas non plus de prud'hommes. Les contestations qui s'élèvent assez souvent entre les chefs d'établissemens et leurs ouvriers, sont jugées par le maire. Quand les parties ne veulent pas s'en rapporter à la décision qu'il a prononcée, l'affaire alors est portée devant le juge de paix.

---

(1) La profession de revendeurs nous paraît une dénomination bien vague, puisque sous cette désignation nous voyons imposées diverses professions bien étrangères les unes aux autres, telles qu'épiciers, menuisiers, merciers, cafetiers, marchands d'eau-de-vie, etc.

APERÇU

HISTORIQUE ET STATISTIQUE

Sur les divers genres d'Industrie

EXERCÉS A DARNÉTAL.

Fabriques de siamoises. — Les tissutiers. — Communauté des toiliers. — Fabrique de draps. — Assemblée des drapiers drapans de Rouen. — Diane de Poitiers et les teinturiers de Rouen. — L'archevêque de Lyon et la marquise de Seignelay. — Teintureries en rouge des Indes. — Les Grecs. — Fabriques d'indiennes. — Requête des toiliers. — Etoffes gaurées. — Draps pour impression. — Tourbes économiques. — Filature de coton. — Brisement et incendie des mécaniques à Rouen. — Filatures de laines. — Teintureries sur laine et sur coton. — Bleu-Philippe, médaille d'argent. — Casimirs laine et coton. — Médaille d'or décernée à M. Yvard-Pavie. — Etoffes brochées. — Fabriques de calicot et teintures sur calicot. — Toiliers. — Mégisseries. — Fariniers.

Par sa position topographique, Darnétal est certainement l'une des villes de notre département les plus avantageusement situées, pour les différens genres d'industrie exercés dans ses murs, depuis des tems plus ou moins reculés. Arrosé par deux rivières, moteurs d'un grand nombre d'usines, et dont depuis bien des siècles les eaux sont reconnues être propres au lavage et à la teinture des étoffes ; situé à peu de distance de Rouen , entrepôt général de toutes les matières premières nécessaires aux besoins de ses différentes fabriques où ensuite elle envoie ses produits manufacturés , pour être exportés soit dans l'intérieur de la France , soit à l'étranger ; traversé par une grand'route qui facilite ses communications avec les départemens voisins; Darnétal, si ses habitans savent tirer parti de ces avantages , est appelé un jour à prendre un rang distingué parmi les villes manufacturières de premier ordre. Cette ville possédant tous les élémens de prospérité , il ne faut donc que vouloir les mettre en œuvre pour les utiliser. Mais pour atteindre ce but , il faut entrer sérieusement dans la voie du progrès , il faut marcher avec son siècle, il faut, surtout , sortir pour toujours de l'ornière de la routine , cette éternelle ennemie de toute innovation , de tout perfectionnement.

Depuis une trentaine d'années , quelques branches d'industrie ont fait , il est vrai , des progrès assez rapides , mais, nous devons le dire , la fabrique de drap, l'industrie mère du pays, est restée stationnaire. Nos fabricans fabriquent encore aujourd'hui comme leurs pères fabriquaient il y a deux cents ans. Espérons qu'appréciant mieux tous les avantages de leur position, que , plus confians dans leurs propres moyens, ils comprendront enfin leurs véritables intérêts, et qu'eux aussi marcheront dans la voie des améliorations , du perfectionnement. Qu'ils portent leurs regards sur Elbeuf, ville, sous tous les rapports, bien moins avantageusement partagée que Darnétal ; qu'ils imitent ses industrieux habitans. Marchant avec leur siècle , ils confectionnent pour tous les goûts, pour toutes les fortunes. Suivant la mode pas à pas , ils la soumettent , pour ainsi dire , à leur empire et vont sans cesse au-devant de ses caprices. Aussi , depuis qu'ils ont suivi cette marche progressive , ont-ils chaque année plus que décuplé leurs produits manufacturiers. Pourquoi les fabricans de Darnétal ne feraient-ils pas de même , puisque pour le faire ils n'ont qu'à le vouloir.

Darnétal a vu successivement dans ses murs des tanneries, des moulins à tan , à peau , à alyzari , à l'huile, à papier ; des savonneries , des brasseries, des fabriques de velours. Aujourd'hui , il n'existe plus un seul de ces établissemens , tous ont disparu avec le tems que rien n'arrête , et qui entraîne tout dans sa course rapide.

La fabrique de toile, elle-même, qui, pendant plusieurs siècles, a été dans l'état le plus florissant , et qui, la première , est venue se fixer dans cette ville , n'a pu échapper à cette épreuve. Des établissemens , d'une autre nature, et certainement d'une plus grande importance, sont venus, il est vrai, remplacer ceux-ci : ainsi, ce que Darnétal a perdu d'un côté , il l'a regagné de l'autre. Tout bien considéré, l'on peut donc affirmer que pour le développement de l'industrie , il y a progrès dans cette ville, et qu'elle marche à la hauteur du jour.

Avant de parler du présent, jetons un coup-d'œil rapide

sur le passé. Pendant longtems, la ville de Darnétal a possédé dans son sein deux branches d'industrie importantes, des fabriques de toile de fil et coton, et ses fabriques de drap. La première, ainsi que nous venons de le dire, n'existe plus ; la seconde subsiste encore, il est vrai ; mais elle est bien déchue de son ancienne splendeur. Toutes les deux comptaient plusieurs siècles d'existence, occupaient un grand nombre d'ouvriers, et ont fait, pendant trois cents ans, la prospérité de cette ville. Il serait difficile aujourd'hui de donner l'époque précise où ces deux genres d'industrie vinrent s'y fixer. Tout porte à croire que ce fut dans le 15e siècle, peut-être même dans le 14e, ainsi que semblerait l'indiquer un passage des statuts de la communauté des toiliers. Ce qu'il y a de certain, c'est que la ville de Rouen possédait, dans le 13e siècle, la communauté des *tissutiers*, dont les statuts, confirmés en 1403, par Charles 6, remontaient originairement à 1290.

Les tissutiers fabriquaient des toiles de fil et de soie, mélangés de fils d'or et d'argent, et occupaient un grand nombre d'ouvriers des deux sexes.

Les passementiers succédèrent aux tissutiers ; leurs statuts étaient de l'année 1531. Ainsi que les tissutiers, ils employaient le lin, la soie, mélangés aussi avec des fils d'or et d'argent, et en fabriquaient des tissus très-riches pour le tems, d'une grande élégance, et très-recherchés alors.

L'importation du coton en France, au milieu du 15e siècle, occasionna une révolution complette dans la fabrique. On substitua cette matière aux fils d'or et d'argent employés jusqu'alors dans la confection des tissus.

Dès l'année 1534, les passementiers employèrent le coton filé, et confectionnèrent de nouvelles étoffes auxquelles ils donnèrent le nom de *futaines franques* et de *futaines velues*. Avec le tems, ces fabricans en varièrent les dessins à l'infini. Vers l'année 1684, on donna à ces étoffes le nom de *siambises*, parce qu'on imagina de les tisser sur le modèle des habillemens que portaient les officiers à la suite de l'ambassadeur du roi de Siam, qui vint à Paris à cette époque. Depuis lors, ce nom est resté à ce genre d'étoffes.

Rien ne prouve qu'il y ait jamais eu de *tissutiers* à Darnétal (1) ; mais dans des actes relatifs à la communauté des toiliers, il est fait mention de passementiers pour cette ville (2). Comme les premières lettres-patentes

(1) L'article 2 des statuts de la communauté des toiliers de Darnétal fait mention des statuts de 1318, mais nous pensons qu'il y a erreur, et que ces statuts ont rapport aux anciens tissutiers de Rouen.

(2) Nous avons trouvé dans ces actes une requête des passementiers de Rouen, dont voici l'extrait :

« Sur la requête des maîtres et gardes, corps et communauté d'état et » métier de marchand passementier, boutonnier, tissutier, rubanier, » ouvriers en draps d'or et d'argent, soie, laine, fil et coton, ou-» vrages de la ville et banlieue de Rouen, tendante à ce qu'attendu qu'il » n'y a point de corps de métier de passementier dans le bourg de » Darnétal, à ce qu'il plût à Sa Majesté ordonner que l'édit du mois de » novembre 1722 soit exécuté selon sa forme et teneur ; en conséquence, » qu'il ne soit délivré aucunes lettres de maîtrises de passementiers, pour le » bourg et vallée de Darnétal, et que celles qui ont pu être délivrées seront » nulles et non avenues. »

Le roi eut égard à cette requête. Il rendit, en son conseil, le 25 octobre 1723, un nouvel édit confirmatif de celui du mois de novembre de l'année précédente, portant, en substance, qu'à l'avenir il ne serait plus délivré de maîtrises de passementiers pour le FAUBOURG de Darnétal.

accordées aux toiliers de Darnétal, sont de l'année 1483, l'on peut reporter vers la fin du 14e siècle l'origine des fabriques de toile dans cette ville , parce qu'il a dû s'écouler un certain nombre d'années avant que cette branche d'industrie fût devenue assez importante pour fixer l'attention du gouvernement, et obtenir ainsi des statuts.

Ce n'est pas la révolution , ainsi qu'on paraît le croire généralement , qui a anéanti , à Darnétal , la fabrique de siamoise , les causes en sont plus éloignées. Dans une requête présentée , en 1741 , à M. de la Bourdonnaye, intendant de la généralité de Rouen , à l'effet d'obtenir une réduction sur la capitation , l'on voit qu'à cette époque la communauté des toiliers, basiniers, futainiers, tirtainiers , castelloniers , etc. , n'était plus composée que de quarante maîtres , dont plus de la moitié , est-il dit dans cette requête , vu la misère du tems , est obligée de travailler pour les autres , tandis que naguère cette communauté comptait encore plus de cent maîtres dans son sein.

Dans une autre requête , présentée pareillement à l'intendant , le 8 juillet 1756 , l'on voit au contraire que cette branche d'industrie avait repris faveur , puisque cette communauté comptait alors soixante-douze maîtres. Ceux-ci , disaient-ils , employaient onze cent cinquante-deux ouvriers (un ouvrier par métier) lesquels occupaient journellement dix-huit mille quatre cent trente-deux fileuses et cinq cent soixante-seize trameuses. Chaque fileuse filait de une once et demie à deux onces de coton par jour , et chaque ouvrier employait , aussi par jour , à-peu-près deux livres de matières tant en fil qu'en coton.

Le motif de cette dernière requête était d'appeler l'attention de l'intendant sur l'introduction , en France , des toiles peintes , ainsi que sur la permission accordée à quelques fabricans de se livrer à cette nouvelle branche d'industrie. Les toiliers prétendaient qu'en autorisant l'importation et la fabrication de ces nouvelles étoffes , l'autorité portait un préjudice considérable à la rouennerie. Ils rappelaient dans leur requête que le roi régnant, (Louis 15) ainsi que ses prédécesseurs, avaient rendu un grand nombre d'ordonnances pour défendre dans le royaume l'introduction des toiles peintes ; que c'était à cette sage mesure que la nation devait l'état florissant de ses manufactures. Ils ajoutaient encore d'autres motifs qu'il est maintenant inutile de rapporter ici.

Nous verrons à l'article des manufactures d'indiennes que cette requête ne fut pas prise en considération. La demande des toiliers de Darnétal n'était , en effet , ni fondée , ni raisonnable , car la concurrence est l'âme du commerce et de l'industrie. Nous ne pensons donc pas que ce soit l'établissement des manufactures de toiles peintes qui ait porté un coup mortel à la fabrique de siamoise de Darnétal. L'état de dépérissement dans lequel elle est tombée insensiblement, tient à d'autres causes. Peut-être serait-il plus naturel d'en rechercher la source dans les statuts, les maîtrises qui à chaque pas arrêtaient l'essor du fabricant et l'empêchaient ainsi de pouvoir rien perfectionner, rien innover. Ajoutons encore que les tracasseries suscitées journellement par des communautés rivales, ont beaucoup contribué aussi à l'anéantissement d'une branche d'industrie qui, pendant plusieurs siècles, a contribué à la prospérité de cette ville.

La meilleure preuve que l'on puisse donner que l'importation des indiennes en France n'est pas la cause principale de l'anéantissement de nos fabriques de toile, c'est qu'à Rouen ce genre d'étoffes s'est toujours soutenu et se soutient même encore avec succès, malgré le grand nombre de manufactures d'indiennes qui aujourd'hui couvrent le sol de notre département. Mais à Rouen les fabricans ont su marcher concurremment avec ces nouveaux établissemens, en variant leurs dessins, en créant de nouvelles étoffes, en perfectionnant les moyens de fabrication, en livrant alors à la consommation des étoffes mieux confectionnées, plus élégantes, moins chères, tandis qu'à Darnétal, où l'on pouvait faire de même, l'on n'a rien fait de tout cela par un esprit de routine qui semble être inhérent au pays.

N'importe quelle cause a anéanti pour toujours cette branche d'industrie à Darnétal, il est constant que depuis le milieu du siècle dernier, elle n'a fait que décroître de jour en jour. C'est au point que quelques années avant la révolution, il n'existait déjà plus qu'un très-petit nombre de fabricans de siamoise, qui pour la plupart abandonnèrent cette partie pour se livrer à la fabrication des draps, alors beaucoup plus lucrative.

Quoique ce genre d'industrie soit aujourd'hui totalement perdu pour notre ville, nous pensons, cependant, devoir consigner dans cette Notice quelques détails relatifs à l'ancienne communauté des toiliers, parce qu'ils ont un rapport plus ou moins direct avec nos fabriques de draps qui ; dans l'origine , n'ont fait qu'une seule et même communauté.

Il paraît que, pendant plusieurs siècles, la communauté des toiliers n'avait point de statuts particuliers, et qu'elle suivait ceux de Rouen. Cet uságe a été, dans plus d'une circonstance, préjudiciable à ses intérêts, et a été souvent la matière de procès, parce que les maîtres toiliers de Rouen voulaient assujétir ceux de Darnétal à se soumettre à leur juridiction , comme étant compris dans la banlieue.

Pour sortir d'un tel état de choses, les maîtres et gardes du métier de toilier , basiniers , futainiers , castelloniers ; tirtainiers , etc., présentèrent , au mois de février 1724, au bailli de Darnétal , une requête tendant à être autorisés à convoquer en assemblée générale tous les maîtres desdits métiers , à l'effet d'arrêter un réglement et des statuts pour leur communauté.

Les maîtres toiliers fondaient leur demande sur ce que, depuis plus de trois cents ans, et même *de tems immémorial,* ainsi qu'ils le prouvaient par des titres , leur métier était érigé sur sa juridiction en jurande ; que leur communauté avait toujours été séparée et distincte de celle de la ville de Rouen ; que leurs manufactures s'étant considérablement accrues , il avait plu au roi leur accorder un bureau particulier dans ledit bourg, avec une marque aussi particulière, pour visiter et marquer par leurs gardes les marchandises et ouvrages de leurs fabriques , par arrêt du conseil , du 20 mars 1720; que leurs manufactures , ainsi que plusieurs de celles établies dans ledit bourg et vallée de Darnétal, ont été confirmées dans leur établissement par plusieurs chartes des rois de France et arrêts du conseil, par lesquels il a été accordé audit bourg et vallée, comme étant un lieu distinct et séparé de la ville de Rouen, le privilège de jouir de tous les droits, franchises, exemptions, prérogatives dont jouissent les bourgeois et marchands d'icelle, et, en conséquence, d'y acheter et vendre leurs marchandises et ouvrages dans les halles de Rouen et autres lieux en ladite ville, suivant les chartes de concession de Henri 2, du 3 janvier 1548, celle confirmative de François 2, du mois de décembre 1559 ; de Charles 9, du 26 mars 1572 ; que, malgré ces chartes, ils n'ont point de statuts pour la police et le maintien de leurdit métier, soit qu'ils n'en aient jamais eu, soit qu'ils se soient trouvés égarés, ce qui les a obligés de se servir de ceux de la ville de Rouen, quoique plusieurs articles de ces statuts ne pussent leur être applicables, etc.

Le bailli de Darnétal ayant pris cette requête en considération, les maîtres toiliers se réunirent plusieurs fois en assemblée générale, et, après avoir mûrement agité et discuté la matière soumise à leur délibération, ils arrêtèrent définitivement, le 23 novembre 1728, les statuts qui devaient régir leur communauté.

Ces statuts contenaient vingt-quatre articles ; ils avaient été enregistrés au parlement de Normandie, le 21 mars 1733, à l'hôtel-de-ville de Rouen, le 16 avril suivant, et sur les registres de police du greffe du baillage et haute-justice de Darnétal, le 7 mai de la même année. La charte de confirmation de ces statuts, par Louis 15, était du mois de novembre 1728, et datée de Versailles.

Nos savonneries n'ont jamais eu une grande importance; il ne paraît pas qu'elles aient jamais dépassé le nombre de trois ou quatre. La première avait été élevée par un sieur Valentin, couverturier, dans la propriété appartenant aujourd'hui aux héritiers Goulé. L'autorisation accordée par le bailli de Darnétal pour élever cet établissement, était du 21 octobre 1721. Nous ignorons pour quel motif le parlement de Normandie, par son arrêt de 1722, avait limité le nombre de ces savonneries.

Les moulins à tan, à alysari étaient plus nombreux. Les premiers à l'époque où il existait un certain nombre de tanneries dans cette ville, les seconds lorsque les teintureries en rouge des Indes vinrent se fixer dans la vallée de Darnétal. En 1800, l'on y comptait encore deux moulins à tan et deux à alysari.

Le moulins à peaux, à l'huile, à papier, n'y ont jamais été en grand nombre. Il y en avait encore un à papier et un à huile, il y a dix à douze ans. Il n'y a jamais eu qu'une seule fabrique de velours élevée par un sieur d'Harystoy : plus tard, elle fut transportée à Rouen.

Fabriques de Drap.—Elbœuf, Darnétal, Aumale, sont les seules villes de notre département dans lesquelles il existe encore des manufactures de drap. Peu de personnes savent aujourd'hui que Rouen, Dieppe, Montivilliers, Harfleur, la Bouille même, ont possédé, pendant plusieurs siècles, de semblables manufactures : celles de Rouen, surtout, jouissaient de la plus grande réputation, tant pour la beauté, la finesse des tissus, que pour la solidité des couleurs.

La fabrique de draps de Rouen occupait un très-grand

nombre d'ouvriers. Les premiers statuts ou réglemens dont on ait connaissance, remontaient aux années 1350 et 1361, mais ils relataient que la fabrique de draps existait à Rouen, depuis un tems immémorial, et que, jusqu'alors, ces manufactures avaient été régies par des réglemens, des usages particuliers qui s'étaient conservés pendant plusieurs siècles, sans interruption.

En 1378, les drapiers drapans de Rouen arrêtèrent un nouveau réglement; ils en discutèrent les bases, dans une assemblée générale qu'ils tinrent à cet effet dans l'église des Augustins. Des mémoires du tems disent qu'il se trouva à cette assemblée mille fabricans de draps, et qu'elle fut présidée par le maire de Rouen. On était loin alors de s'attendre qu'il viendrait un tems où cette fabrique si belle, si florissante, dont les produits étaient si recherchés sur tous les marchés de l'Europe, serait anéantie pour toujours.

Les guerres qui désolèrent la France, sous les rois Jean, Charles 6, Charles 7, durent porter un préjudice considérable à ces manufactures, car dans tous les tems la guerre a été le fléau de l'industrie. En se reportant par la pensée à ces époques désastreuses où la moitié de la France était occupée par les troupes anglaises, où les arts étaient comprimés, les villes saccagées, l'industrie paralysée, toute espèce de commerce anéanti, qui pourrait s'étonner de la décadence dans laquelle tomba insensiblement la fabrique de draps de Rouen.

Sans doute aussi que quelques causes locales, inconnues aujourd'hui, auront contribué à amener un semblable résultat qui aurait pu avoir les suites les plus fâcheuses pour la prospérité de la ville de Rouen , si ses habitans actifs , intelligens , n'avaient pas su tourner leurs efforts vers d'autres branches d'industrie, mais principalement vers l'industrie cotonnière (1).

Louviers , Elbeuf , Darnétal , depuis des tems plus ou moins éloignés , avaient élevé aussi des manufactures de draps dans leurs murs , mais il paraît que les causes qui avaient agi d'une manière si déplorable sur celles de Rouen , ne produisirent pas les mêmes effets dans ces villes.

L'on connaît l'époque des premières lettres-patentes accordées par nos rois à la fabrique de Darnétal , mais l'on n'a aucun renseignement certain sur son origine dans cette ville. Des titres du 16e siècle portent qu'elle

(1) Un arrêt du conseil du Roi nous fait connaître une de ces causes. Il porte, en substance, que la manufacture de draperie établie en la ville de Rouen , quoique la plus ancienne de celles qui subsistent actuellement en Normandie, est tombée dans un grand relâchement , tandis que celles de Louviers , Elbeuf , Orival , Darnétal , se sont au contraire perfectionnées ; que l'unique cause qui empêche celle de Rouen de se soutenir avec le même avantage , provient de ce qu'anciennement , pour attirer des ouvriers dans ladite ville , il fut érigé une communauté et jurande des ouvriers en draperie , composée de tisserands , laneurs , tondeurs, épincheurs; que, par les statuts et réglemens intervenus avec le tems en leur faveur , il a été accordé aux ouvriers de cette jurande LE DROIT EXCLUSIF DE TRAVAILLER SEULS pour les maîtres ; que , forts de leurs droits , ces ouvriers fixaient eux-mêmes la durée de leur travail et le montant de leur salaire ; que les maîtres drapiers étant privés de la liberté de se servir d'ouvriers étrangers , ou autres que ceux de la jurande, sont dans la nécessité de subir la loi imposée par ces ouvriers , de tolérer leur paresse , leur négligence, ou d'abandonner leur profession. Le roi, par son arrêt, cassa cette communauté et autorisa les drapiers de Rouen à se servir des ouvriers qu'ils voudraient.

y existait depuis des tems très-reculés, mais ils n'entrent pas dans d'autres détails.

Avant la révolution, on voyait dans l'église de Long-paon, auprès des fonds baptismaux, un vitrail représentant un teinturier avec ses fourneaux, ses cuves et quelques autres ustensiles de cette profession. Dans un des panneaux du même vitrail, était représenté aussi un ouvrier peignant de la laine, et quelques attributs relatifs à la fabrique de draps. La plupart des vitraux de cette église datent du 16e siècle. Celui dont nous parlons n'avait pu être donné que par des fabricans. Or, pour faire représenter un semblable sujet, et faire cette donation, il fallait qu'ils fussent déjà en assez grand nombre dans cette ville. D'un autre côté, il fallait que la fabrique de draps à Darnétal eût acquis déjà une certaine consistance et que son importance ait été bien reconnue, pour fixer l'attention du gouvernement et être constituée par nos rois en communauté. Les premières lettres-patentes, relatives à la fabrique de Darnétal, ont été accordées par Charles 7, en 1483, du moins celles dont on a connaissance.

Les lettres-patentes de François Ier, données le 6 juillet 1542, confirmatives de celles accordées par Charles 7, portaient textuellement l'autorisation de fabriquer dans le bourg et vallée de Darnétal les londes, les ratines, les serges, les pinchinas simples et croisés, les draps à poil et les draps catis de toutes couleurs, et généralement tous les genres d'étoffes en laine qu'ils pourraient créer et inventer par la suite. Henri 2 le 3 janvier 1548, François 2 en 1559, Henri 3 le 3 mai

1575 confirmèrent ces privilèges , qui , ainsi qu'on le voit , donnaient un grand essor à l'industrie de nos fabricans.

D'autres lettres-patentes furent données plus tard aux habitans de Darnétal, par Henri 4 et par Louis 13, peu de tems après son avénement au trône. Homologuées au parlement de Normandie , par arrêts des 24 août 1597 et 20 mars 1611 , ces lettres-patentes portaient autorisation aux drapiers drapans, aux toiliers et autres , à Darnétal, de travailler avec les mêmes privilèges que ceux de Rouen, pour les dédommager, est-il dit dans ces lettres, de leurs habitations détruites pendant les guerres civiles; ainsi que des pertes qu'ils avaient éprouvées pendant ces tems de calamités.

Dès le 16e siècle la ville de Darnétal était déjà renommée pour ses draperies fines , mais principalement pour ses draps écarlates et ses draps noirs, préférés alors pour leur qualité , la finesse du tissu , à ceux de Louviers et de Sédan. Nos guerres de religion , plus tard l'odieuse et impolitique révocation de l'édit de Nantes , coup d'état d'un roi despote et bigot, ont porté un coup mortel à la fabrique de Darnétal. Sa nombreuse population se voyant sans pain , sans ouvrage , abandonna pour toujours les lieux qui l'avaient vue naître, et alla porter son industrie chez l'étranger. L'Allemagne, la Suisse , la Belgique, surtout , s'enrichirent de nos pertes; et si ces contrées viennent aujourd'hui rivaliser avec la France, pour les produits de leurs manufactures , nous devons cette concurrence à notre intolérance politique et religieuse.

Le petit nombre de fabricans qui, à ces époques de douloureuse mémoire, professaient la religion dominante, furent les seuls qui purent rester dans leur patrie, mais le coup qui avait frappé les protestans, les frappa de même par la perte de leur industrie. Ne pouvant plus, faute d'ouvriers capables, confectionner des étoffes fines, ils se virent forcés d'abandonner ce genre de fabrication, malgré la réputation qu'ils y avaient acquise. En conséquence, ils se mirent à fabriquer des étoffes plus grossières, plus faciles alors à tisser, d'une plus grande consommation et d'un débouché plus certain. C'est de ce moment que l'on commença à fabriquer, à Darnétal, des baracans, des frocs, des serges, des flanelles, et plus tard des couvertures de laine, dites *canadas*, ainsi appellés de la contrée septentrionale de l'Amérique où s'exportait la plus grande partie de ces couvertures.

Depuis à-peu-près un siècle, l'on ne fabrique plus, à Darnétal, les frocs, les serges, les pinchinas, les baracans. Aumale, Lisieux, Bernay, ont aujourd'hui la renommée pour ces grosses étoffes dont la consommation, cependant, paraît diminuer de jour en jour. Les canadas n'y sont plus connus que de nom, quoiqu'il fut un tems où vingt manufactures pouvaient à peine suffire aux demandes. La perte du Canada cédé à l'Angleterre en 1760, le traité de commerce entre les cabinets de Versailles et de Saint-James, sous le ministère du comte de Vergennes, en 1786, amenèrent ce résultat. Par ce traité bien impolitique, bien irréfléchi, les anglais avaient la faculté d'introduire en France toutes leurs

matières œuvrées, leurs draperies, leurs cotonnades, etc.,
tandis qu'en accordant à la France le droit d'importer
chez eux ses huiles, ses vins, ses eaux-de-vie, ses
soieries, ces insulaires les chargèrent d'impôts énormes,
persuadés avec raison que c'était le meilleur moyen d'en
empêcher, en grande partie, l'importation chez eux.

Ce traité, qui existerait peut-être encore au détriment
de nos manufactures, si la révolution ne fût venue le
rompre, fut très-désastreux, aussi vit-on à cette époque
la France se couvrir d'ateliers de charité (1). Darnétal
fut l'une des villes de la généralité de Rouen qui se
ressentit le plus de cette faute grossière du gouvernement.

C'est vers le milieu du siècle dernier, de 1740 à 1745,
que l'on commença à fabriquer des espagnolettes à Darnétal, genre d'étoffes moins compact que les draps ordinaires, et d'une laize moins large. D'abord l'on ne fit
que des espagnolettes blanches, ainsi nommées parce
qu'on les fabriquait alors avec de pures laines d'Espagne.
Mais, en 1765, une cargaison de laine beige adressée
à une maison de Rouen, s'étant trouvée avariée dans la
traversée, la partie entière fut achetée par madame
veuve Fiquet-Avenel de Darnétal. Cette laine détériorée
par l'eau de mer, ne paraissant pas propre à fabriquer du
drap, madame Avenel essaya d'en faire faire de l'espa-
gnolette. Cependant, ne voulant pas s'exposer à perdre

(1) Dans son discours à l'assemblée des notables, en 1788, le ministre Calonne, sans doute par étourderie et par inconséquence, com-
plimenta la nation du traité de commerce avec l'Angleterre. C'était se
moquer ouvertement de la nation, cependant personne dans l'assemblée
ne releva cet oubli des convenances.

encore le prix de la teinture, si elle ne réussissait pas, elle employa la laine écrue. Elle réussit très-bien, put livrer ces étoffes à très-bon compte, et le bas prix les ayant fait goûter du public, l'on continua depuis ce genre de fabrication, mais avec des laines du pays teintes en couleur beige. Depuis longtems l'on fait des espagnolettes de toutes couleurs.

Aujourd'hui, on fabrique principalement, dans cette ville, des castorines, des espagnolettes, des royales, des flanelles, des draps à poil et quelques draps catis, façon d'Elbeuf. Une seule manufacture, celle de madame François Bénard, fait encore quelques couvertures, mais seulement comme accessoires, car Paris, Orléans, Troyes, se sont emparés de ce genre d'industrie.

On ne peut se dissimuler que la fabrique de draps à Darnétal ne décline de jour en jour. Dans le milieu du siècle dernier l'on comptait encore cent quarante à cent cinquante fabriques, plus ou moins importantes, en pleine activité. Quelques années avant la révolution, ce nombre était déjà sensiblement diminué. D'après un relevé fait en 1798, il n'y en avait plus que quatre-vingt-dix-sept. En 1808, on voit ce nombre réduit à soixante-seize; en 1820, à quarante-huit; en 1834, il est tombé à trente-trois. Si cette marche décroissante ne s'arrête pas, tout doit faire craindre que dans quelques années le nombre de nos fabricans de draps ne soit réduit à zéro (1).

On peut assigner plusieurs causes à cet état désespérant de nos fabriques de draps. Quelques-unes sont éloi-

______

(1) En août 1835, le nombre des fabricans de drap est réduit à 28.

gnées, mais les principales sont sous nos yeux ; elles sont connues.

Lors de la suppression des jurandes, des maîtrises, tout le monde à Darnétal se fit fabricant : non seulement des ouvriers se firent maîtres , mais on vit encore des individus, entièrement étrangers à cette profession, se mettre aussi à faire des espagnolettes , des flanelles. Ignorant les premiers élémens de la fabrique , n'étant plus astreints à de sages réglemens, ces fabricans de contrebande employèrent des laines inférieures , économisèrent les matières premières , confectionnèrent de mauvaises étoffes , s'en défirent à vil prix, trompèrent les consommateurs, et commencèrent ainsi à désachalander la fabrique de Darnétal qui , jusqu'alors , avait joui d'une réputation justement méritée. Des fabricans eux-mêmes ne se croyant plus obligés, comme par le passé, de confectionner leurs draps dans un compte déterminé de fils en chaîne , employèrent aussi des matières plus grossières , firent des étoffes plus creuses auxquelles à force d'apprêts, ils donnaient, il est vrai , de l'apparence , mais qui , en réalité, n'étaient que d'une qualité très-inférieure.

D'un autre côté , l'accroissement du luxe dans toutes les classes de la société , a dû inévitablement faire diminuer la consommation des grosses étoffes, car aujourd'hui tout le monde veut porter et porte du drap fin.

Une troisième cause est le prix élevé de la main-d'œuvre. Plusieurs genres d'industrie existant à Darnétal, les ouvriers, comparativement à beaucoup d'autres villes manufacturières , y sont toujours chers, parce que tour-à-tour journaliers , fileurs , tisserands , toiliers , rouginiers, ils courent toujours là où il y a le plus d'argent à gagner, tandis qu'à Elbeuf, par exemple , où il n'y a qu'un seul genre d'industrie, et d'ailleurs éloigné de quatre lieues de Rouen , le salaire de l'ouvrier y est toujours à-peu-près le même.

Un autre avantage que les fabricans d'Elbeuf ont sur ceux de Darnétal, c'est que leurs ouvriers , constamment occupés au même genre de fabrication , sont généralement plus adroits, tissent mieux et plus promptement que les nôtres qui , accoutumés à exercer divers genres d'industrie, ne se perfectionnent dans aucun.

Le prix presque toujours élevé des laines communes, comparativement plus chères que les laines fines, et frappées comme celles-ci d'un droit de trente-trois pour cent à leur entrée en France , doit être regardé comme l'une des causes qui influent d'une manière sensible sur l'état peu prospère de nos fabriques. En effet, il entre bien plus de laine dans une grosse étoffe que dans une étoffe fine ; par suite plus de déchets, plus de main-d'œuvre, plus de matière colorante, ce qui augmente d'autant plus le prix de revient.

Ajoutons à ces causes que Tours , Abbeville , Lisieux , Orbec , Beauvais , Castres , fabriquent aussi, depuis un certain nombre d'années , des draps, des castorines façon de Darnétal. Leurs produits livrés journellement à la consommation, diminuent d'autant ceux du même genre fabriqués à Darnétal, quoique ceux-ci soient d'une qualité bien supérieure.

Pour les flanelles , il existe une autre cause. Quoique ce genre d'étoffes soit généralement facile à tisser , que la chaîne soit en fil, qu'il n'y ait que la moitié de la trame qui soit teinte, et presque toujours en couleurs foncées, couleurs à bon marché; quoique les apprêts soient moins longs, cependant, comme toute proportion gardée, il y entre beaucoup plus de laine que pour les autres genres d'étoffes, quantité qu'on ne peut diminuer sans altérer la qualité, cet article se tient toujours à un prix assez élevé. D'un autre côté, depuis quinze à vingt ans, Lille, Turcoin, Abbeville, Beauvais, Troyes, toutes villes où les fabricans de Darnétal avaient un grand débouché, pour leurs flanelles, ont élevé des manufactures de *raziers secs et rayés*, genre d'étoffe qui contrefait la flanelle, mais dans laquelle il entre beaucoup moins de laine, et qui d'ailleurs n'est fabriquée qu'avec des déchets de laines, rebuts des fabriques de draps, ce qui permet à ces fabricans de les établir à un prix beaucoup au-dessous du prix de revient des flanelles. Les consommateurs, il est vrai, sont trompés, mais pendant qu'ils font usage de ces étoffes à bon marché, ils ne consomment pas celles que de tout' tems l'on a fabriquées dans notre ville, et qui sont justement renommées pour leur solidité.

Ce sont là généralement les causes de l'état peu florissant dans lequel sont tombées nos fabriques, mais auxquelles il n'est certainement pas impossible de remédier, du moins nous aimons à le croire. Donnons maintenant un aperçu sur les produits qu'elles livrent aujourd'hui à la consommation; nous avons dit que Darnétal ne comptait plus que trente-trois fabricans, dix-sept fabriquent des draps et des castorines, neuf des draps et flanelles et sept ne font que des flanelles.

En 1830, l'on comptait encore près de trois cents métiers battans, mais au moment où nous écrivons (1834), le nombre de ces métiers ne s'élève pas à plus de cent quatre-vingt.

Annuellement l'on fabrique à-peu-près six mille six cents demi-pièces de drap et de castorines, et deux mille cinq à six cents demi-pièces de flanelle.

Les laines généralement employées par la fabrique de Darnétal, sont celles de Caux, du Berri; elle emploie aussi des laines d'Espagne, mais en bien moindre quantité.

L'on peut porter à deux cent dix mille kilogrammes la quantité de laine employée annuellement, tant pour la confection des draps et castorines, que pour celle des flanelles. Le prix moyen de ces laines, en balle, étant de sept francs le kilo, c'est pour quatorze cent soixante-dix mille francs de laines que la fabrique de Darnétal consomme encore chaque année.

Le nombre des ouvriers, hommes, femmes, enfans, occupés journellement à cette fabrication pour les apprêts, le filage et le tissage des laines, est de mille, recevant annuellement en salaire la somme de quatre cent quatre mille francs, ce qui établit, pour chaque individu, le prix de la journée à-peu-près à un franc dix centimes. Les hommes gagnent, par jour, d'un franc quatre-vingt à deux francs, les femmes un franc à un franc vingt, et les enfans, suivant leur âge, de cinquante à soixante-quinze centimes, salaire qui peut rigoureusement suffire aux besoins de la vie, quand le pain est à bas prix ; mais qui certainement est insuffisant, lorsqu'il est à un prix élevé.

En ajoutant à ces sommes celle de cinquante-deux mille francs pour l'achat des chaînes en fil pour la flanelle, et cent cinquante à cent soixante mille francs pour teinture des laines, foulage, apprêt des étoffes, combustibles, chardons, et pour autres frais indispensables dans toutes les manufactures, nous voyons que la fabrique de draps, malgré son état de détresse, jette encore, chaque année, dans la circulation, un peu plus de deux millions.

Nous avons dit qu'il faut marcher avec son siècle : nous le répétons, sans quoi l'on est bien vîte dépassé par ses voisins, par ses rivaux. Une industrie qui reste stationnaire, quand autour d'elle tout s'agite, tout marche, est bien près de sa décadence. Si nos fabricans veulent prévenir, veulent empêcher ce résultat, il faut qu'ils imitent les autres villes manufacturières. Sans abandonner le genre d'étoffes particulier à Darnétal, ils doivent créer, inventer d'autres genres. Ils ont dans les mains tous les élémens nécessaires, pourquoi ne le tenteraient-ils pas ? Déjà quelques maisons ont essayé de faire des draps fins, façon d'Elbeuf, cet essai paraît leur avoir réussi, puisqu'elles ont placé ces draps facilement et avantageusement. Darnétal n'étant connu, il est vrai, que pour ses grosses étoffes, il y a le préjugé à combattre, mais l'on ne peut vaincre les préjugés qu'avec du courage et de la persévérance.

M. Prosper Pimont que l'on compte au nombre des meilleurs industriels de notre département, vient de

19*

créer tout récemment, outre sa fabrique de toiles imprimées, un nouvel établissement qui ne se compose encore que d'un petit nombre de cardes et de métiers, mais auquel il se propose de donner, par la suite, une plus grande extension, pour carder, filer et tisser la laine, d'après un procédé qui lui est particulier.

La fabrication des draps, d'après ce procédé, est une industrie toute nouvelle, puisque ses draps blancs ont fabriqués avec des laines filées sans huile, et que pour les draps de couleurs, il y a une économie de cinquante pour cent dans l'emploi de cette matière.

Ainsi, à une grande économie d'huile, il y a encore économie de savon, car moins les draps sont gras, moins ils exigent de savon au foulage ; économie de tems dans le cardage, les cardes étant débourrées moins souvent, et cette opération s'exécutant avec plus de facilité et de promptitude ; suppression de l'encollage pour les gros draps et réduction d'à-peu-près un tiers pour les draps fins. Tels sont les principaux avantages obtenus par le procédé de M. Pimont.

Les produits de cette fabrication presque entièrement composée de draps propres à l'impression des toiles imprimées, ont offert aux manufacturiers qui les ont employés des résultats tels qu'ils sont aujourd'hui recherchés avec empressement, et tout porte à croire que cette nouvelle méthode de fabrication ne pourra que prendre, avec le tems, une grande extension, à cause de l'avantage qu'elle présente, tant sous le rapport de l'économie que sous celui de la perfection du travail.

Tourbes économiques. — M. Pimont persuadé, avec raison, qu'il n'y a pas de petites économies, lorsqu'elles se répètent tous les jours , surtout lorsqu'on exploite un établissement aussi important que le sien , a conçu aussi, il y a quelques années , l'heureuse idée d'utiliser les résidus de la garance et des bois de teinture dont il a extrait la partie colorante. Au lieu de vider ses bains à la rivière , ainsi que cela se pratique dans les autres établissemens , il laisse , au contraire, déposer ses cuves pendant un certain tems et fait confectionner avec le dépôt, séché préalablement, une tourbe économique qui remplace, avec un grand avantage , le bois , même pour les usages domestiques. Année commune, M. Pimont en fait mouler cent quatre-vingt à deux cent mille.

Outre l'avantage d'utiliser ainsi des matières sans valeur , de pouvoir fournir à la classe indigente un combustible à bas prix , et d'occuper un certain nombre d'ouvriers à mouler ces tourbes , cette exploitation fait disparaître le grave inconvénient d'encombrer le lit des petites rivières , d'en salir les eaux et d'en altérer ainsi la pureté. Sous tous ces rapports , et dans l'intérêt général , il serait donc à désirer que l'exemple donné par M. Pimont fut suivi dans tous les établissemens où l'on emploie journellement les bois de teintures. Ce serait une grande amélioration , dont les industriels ne tarderaient pas à reconnaître l'utilité , surtout ceux qui n'ont l'eau que les derniers.

Sous l'empire des jurandes , des maîtrises , il s'élevait journellement des contestations entre les différentes corporations : ces discussions toujours suscitées par jalousie d'état , nuisaient beaucoup au développement de l'industrie. Faute d'avoir des statuts , des réglemens bien précis , nos fabricans étaient continuellement en guerre avec les fabricans et les teinturiers de Rouen. Ils eurent à ce sujet à soutenir un grand nombre de procès , tant pour défendre leurs intérêts privés , que pour maintenir intacts les droits, les prérogatives de leur communauté. Quoique ces contestations n'offrent plus aujourd'hui l'intérêt qu'elles pouvaient avoir alors , nous entrerons cependant dans quelques détails sur celles élevées en 1558, 1714 et 1724, parce qu'on y trouve quelques faits relatifs à l'histoire de cette ville, et que , sous ce rapport, nous devons consigner dans cette Notice.

En 1558 , les sieurs Toussaint-Lebrun , Jean Jehan , Jean Lesauvage , Germain Grémain , drapiers drapans, demeurant sous la seigneurie et haute justice du Vivier; Jean Lepicard , Jean Lebresle ; Jacques Lethoumin , trésoriers de l'église de Longpaon ; Jean Bureau , Denis Roussel , Marin Julien et Robert Languet , drapiers drapans de la vallée et du bourg de Darnétal ; Raulin-Prénelle et Martin Roscau , drapiers de la paroisse du Bourdénis , tous demeurant *entre le pont et la rivière de Robec* , se rendirent appelans au parlement de Normandie , d'une sentence rendue par Jacques Bredevent , lieutenant-général au bailliage de Rouen , en faveur des teinturiers en garance de la ville de Rouen , représentés par les maîtres en charge pour l'année 1556 , d'une part, et Jean de Varigny , Mathieu Prenelle , Nicolas Lucas et Guillaume Coulon , aussi teinturiers , demeurant à Darnétal , d'autre part , tous intimés en l'appellation des drapiers susnommés.

Les teinturiers de Rouen , ceux de Darnétal voulaient

s'opposer à ce que les drapiers drapans du bourg et vallée de Darnétal teignissent eux-mêmes leurs laines ; de plus, les teinturiers, les drapiers de Rouen, voulaient assujétir les fabricans de Darnétal à être visités par eux, et ils voulaient, en outre, les obliger à venir, en personne, par-devant le bailli de Rouen, prêter serment et payer les droits dudit métier.

L'on vit figurer dans ce procès, qui n'avait été élevé que par jalousie d'état, et seulement pour soutenir des privilèges de communauté, la maîtresse en titre de Henri 2, la célèbre Diane de Poitiers, duchesse de Valentinois.

En sa qualité de haute et puissante dame de Saint-Martin-du-Vivier, Diane de Poitiers intervint dans cette affaire : « Comme ayant haute, moyenne et basse justice,
» avec le gouvernement de la police de *tous ses hommes*
» *et sujets*, laquelle justice et police était exercée par
» ses bailli, vicomte et autres juges et officiers par-
» devant lesquels étaient jurés et comme les gardes des
» artisans dudit métier de drapier drapant en ladite
» vallée de Dernétal, en tant qu'il y en avait de résidens
» sous ladite justice, au préjudice de laquelle elle soute-
» nait que ledit Bredevent n'avait pu attribuer auxdits
» intimés aucune visitation sur *ses dits hommes, sujets et*
» *vassaux*, ny ordonner que les approchemens d'iceux
» se feraient par-devant le dit bailli de Rouen, moins
» encore les contraindre de délaisser un des dits métiers
» de drapiers et de teinturiers, estait ladite sentence
» nulle, comme donnée par juge incompétent, qui
» n'avait aucune juridiction sur les dits hommes, sujets

» et vassaux de ladite seigneurie du Vivier, mais en
» appartenait la connaissance à sesdits juges et officiers
» qui ne reconnaissaient point le bailli de Rouen pour
» juge supérieur et politique , et ne ressortissaient ces
» appelans de leur sentence par-devant lui, mais immé-
» diatement ressortissaient en la cour , ainsi qu'elle
» faisait apparoir par l'érection de ladite haute-justice
» *et possession immémoriale* d'icelle justice par plusieurs
» arrêts de cette cour , concluant par ces moyens à la
» cassation de ladite sentence , comme nulle en ce
» qu'elle pourrait lui porter préjudice. »

Nous voyons par le soutien de la duchesse de Valentinois, que cette haute et puissante dame n'entrait nullement dans le fond de l'affaire. En effet , entièrement
étrangère à la discussion élevée entre les parties , elle
n'intervint au procès que pour soutenir les droits , franchises et prérogatives de la haute-justice du Vivier, mais
aucunement pour défendre les intérêts des fabricans
drapiers soumis à sa juridiction.

L'arrêt de la cour, conçu en ces termes, donna gain de
cause aux drapiers de Darnétal. Il conclut : « A savoir
» faisons que notre cour, par son arrêt, a dit qu'il a été
» bien appellé par les appellants, mal, nullement et abu-
» sement procédé sentence et appointé par ledit bailli de
» Rouen, ou son lieutenant, et en reformant ce juge-
» ment de nostre cour, maintenu et gardé maintien
» et gardés définitivement cesdits appelants en les ma-
» nufactures de drapiers drapans et teinturiers en laine
» dont est question, pour jouir ainsi qu'il en est bien
» éduement et d'être restés comme ils ont accoutumé par

» le passé, et a condamné lesmaistres et gardes du mestier
» de la teinturerie en garence intimés et despends des
» appelans , etc. »

En 1714 , les teinturiers en grand et bon teint de la
ville, faubourg et banlieue de Rouen, d'accord avec ceux
de Darnétal , élevèrent une semblable contestation avec
les fabricans. Le roi, en son conseil, rendit, le 17 avril ,
un arrêt par lequel, avant de faire droit sur le fond de la
question , il chargeait le sieur d'Argenson , conseiller-
d'état et lieutenant-général de police , d'entendre tels
marchands drapiers, merciers, fabricans, maîtres teinturiers et autres personnes expérimentées qu'il voudra
choisir , avec les trois inspecteurs des manufactures ,
pour examiner s'il convient de permettre aux fabricans
de draps et autres étoffes en laine , de teindre en toutes
sortes de couleurs les laines qu'ils emploient dans leurs
manufactures , ainsi que les draps et étoffes qu'ils fabriquent.

En attendant le résultat de l'enquête et le prononcé du
jugement , le roi autorisa les drapiers drapans du bourg
de Darnétal , à continuer de teindre les laines qu'ils employaient, ainsi que les draps et étoffes en pièces, chacun
de sa fabrique , sans qu'ils puissent teindre lesdites laines
et étoffes pour les autres , sous peine de confiscation et
d'amende.

Lè jugement qui intervint, et dont nous allons donner
un extrait , fut en faveur des fabricans de Darnétal :
« En conséquence du procès-verbal dressé par le sieur
» d'Argenson , après avoir entendu l'avis des personnes
» les plus expérimentées sur ce sujet; tout considéré ,

» ouï le rapport du sieur Desmarets , conseiller ordi-
» naire au conseil royal, contrôleur général des finances,
» le roi , en son conseil , a déclaré et déclare la commu-
» nauté des drapiers drapans du bourg de Dernétal, dis-
» tincte et séparée de celle de Rouen , et , en consé-
» quence , déboute les teinturiers de la ville de Rouen
» de leur demande. Fait au conseil d'état du roi, tenu à
» Marly, le 14e jour de mai 1715. »

Sur la requête présentée au conseil d'état, par le maire
et les échevins de la ville de Rouen , tendant à ce que le
réglement du mois de décembre 1669 , l'arrêt du conseil
du 6 janvier 1670 , et la déclaration du 27 mai 1710 ,
soient exécutés dans leur forme et teneur; et , en conséquence, qu'ils soient maintenus dans l'exercice de la police des manufactures , circonstances et dépendances , et
qu'il soit fait défenses aux seigneurs hauts-justiciers de
Saint-Gervais , Dernétal et tous autres , de les y troubler,
sous les peines portées par lesdits réglemens et arrêts du
conseil, etc.

A l'appui de leur demande , le maire et les échevins ci-
taient les arrêts, déclarations, sentences de police rendues
à diverses époques, en leur faveur, principalement l'arrêt
du 22 février 1722 , par lequel il aurait été , entr'autres
choses , ordonné « que les officiers de police de Saint-
» Gervais et de Dernétal, assistés d'un inspecteur des
» manufactures de toiles , et des maistres toiliers jurés
» desdits lieux, procéderaient, dans les boutiques et ou-
» vroirs des fabricans établis dans l'étendue desdites
» hautes-justices , à la visite des toiles rayées et à car-
» reaux , et autres toileries dénommées dans les régle-

» ments du sept aoust 1718 et 21 mars 1720 , et non
» conformes à iceux, et à l'apposition sur lesdits ouvrages
» de la marque de grâce ordonnée , tant par ledit régle-
» ment du 7 août 1718, que par les arrêts des 26 mars et
» 6 septembre 1721. »

Le sieur François Paul de Neuville de Villeroy, archevêque, comte de Lyon, abbé commendataire de l'abbaye
de Fécamp, comme haut-justicier de la justice de Saint-
Gervais ; et Marie-Louise de Furstemberg, veuve du marquis de Seignelay, tutrice honoraire de Marie-Sophie
Colbert de Seignelay, sa fille , à laquelle appartenait la
haute justice siégeant à Darnétal, se rendirent opposans.
La marquise de Seignelay , pour prouver que le maire
et les échevins étaient non-recevables et subordinement
mal fondés dans les fins et conclusions de leur requête ,
cita plusieurs titres à l'appui de l'opposition qu'elle
formait , parmi lesquels nous remarquons ceux qui
suivent.

L'extrait de l'ordonnance rendue par François 1er , au
mois de mars 1542 , portant qu'en la vallée de Dernétal,
seront commis quatre gardes du métier de drapier, pour
faire la visitation de tous les draps fabriqués dans ladite
vallée , avec défense de faire la visitation aux halles de
Rouen ; l'extrait d'une charte de Henri 2 , du 3 janvier 1548 , qui ordonne que les habitans de ladite vallée
jouiront des mêmes privilèges que ceux de Rouen ;
lettres-patentes confirmatives données par François 2 ,
au mois de décembre 1559 ; arrêt du conseil du 14
mars 1715 , qui déclare la communauté des drapiers
drapans du bourg de Dernétal, distincte et séparée de

celle de Rouen. Elle produisit encore des sentences du 28 août 1703 , 9 avril et 7 mai 1704 , 11 mai 1707 , 24 mars 1708 , 18 juin 1711 , 1er août , 5 septembre 1715, 15 janvier 1718, 19 janvier et 4 mai 1719 rendues par le bailli de Darnétal. Outre ces titres, elle mit encore sous les yeux de la cour des extraits du registre plumitif du greffe de Darnétal , qui avaient rapport à cette affaire.

Malgré ces moyens et ceux présentés par l'archevêque de Lyon, comme haut-justicier de Saint-Gervais-lès-Rouen , mais qu'il est inutile de rapporter ici, puisqu'ils sont étrangers à notre ville , le maire et les échevins de Rouen ont été , par arrêt du roi en son conseil , en date du 18 janvier 1724 , maintenus dans l'exercice de la police des manufactures, dans les lieux de Darnétal et de Saint-Gervais , circonstances et dépendances.

Cet arrêt , tout-à-fait en opposition avec ceux rendus antérieurement , avait certainement été surpris à la religion du roi et de son conseil , puisqu'il consacrait une prétention illégale et mal fondée de la part du maire de Rouen ; car Darnétal n'ayant jamais fait partie de cette ville ne devait pas être sous sa dépendance pour la police de ses manufactures.

Teintures sur laine.—L'art de teindre les laines est certainement aussi ancien que celui de les filer et d'en confectionner des étoffes. Ainsi, partout où il y a eu des manufactures d'étoffes, il doit y avoir eu des teinturiers, parce que ces deux professions ont entr'elles trop de rapports pour qu'elles ne soient pas, autant que possible, exercées l'une près de l'autre. Nous avons dit que la fabrique de Darnétal comptait au moins quatre cents ans d'existence. Tout doit donc nous porter à croire qu'il y existe des teinturiers sur laine, depuis le même espace de tems : cette supposition est d'autant plus probable, que, sous l'empire des jurandes, des maîtrises, il n'était pas permis aux fabricans de draps de teindre chez eux les laines en grand teint qu'ils employaient. L'ordonnance de 1609 le défendait positivement. Il était même défendu aux teinturiers en petit teint d'avoir chez eux les drogues et les ustensiles employés pour teindre les étoffes bon teint : cette défense était absurde, mais elle n'a pas moins existé jusqu'au moment de la révolution.

Darnétal a joui, pendant longtems, d'une grande réputation pour la couleur écarlate, aujourd'hui l'on n'y teint plus en cette couleur, que comme accessoire.

Les teinturiers en laine ne paraissent pas avoir été jamais nombreux dans cette ville, même pendant le quinzième siècle où nos fabriques étaient dans toute leur splendeur. Nous avons trouvé dans un titre relatif à la communauté des drapiers, qu'en 1556 les teinturiers n'étaient que cinq.

Les teinturiers en grand teint, ainsi que ceux en petit teint, n'ont jamais formé à Darnétal un corps de communauté; ils fesaient partie des communautés des teinturiers de Rouen, dont les statuts avaient été confirmés en 1385.

Depuis soixante à soixante-dix ans, il n'existe plus à Darnétal qu'un seul établissement de teinture sur laine, qui ait une certaine importance; celui appartenant aujourd'hui à MM. Turgis frères, et qui avait appartenu successivement à MM. de Vitry et Join Lambert.

MM. Turgis ont monté leur établissement sur une grande échelle. Guidés par une longue expérience, conduits par une saine théorie, ils y ont opéré de grands changemens, et ont obtenu ainsi une grande économie, tant sur le combustible que sur la main-d'œuvre. Ils occupent annuellement trente-cinq à quarante ouvriers, dont le salaire s'élève à-peu-près à 24,000 francs.

Ils teignent dans toutes les couleurs, dans toutes les nuances, grand teint et petit teint, la laine et toutes espèces d'étoffes en laine.

La plupart des fabricans de Darnétal teignant chez eux leurs laines en petit teint, et, d'ailleurs, employant peu de grand teint, à l'exception du bleu et du vert, MM. Turgis travaillent beaucoup plus pour le déhors, principalement pour Elbeuf, que pour Darnétal.

Du Rouge des Indes.—Tout le monde sait quelle impulsion la couleur dite *rouge des Indes* a donné aux fabriques de rouenneries qui, bien certainement, doivent à l'importation de cette couleur en France, leur splendeur et le degré de perfection auxquels elles sont parvenues aujourd'hui.

L'art de donner au coton, au moyen de la garance, cette couleur si solide, si belle, paraît avoir pris naissance dans l'Inde : de cette contrée il est passé dans le Levant où les grecs, seuls possesseurs de cette branche d'industrie, concentrèrent, pendant plusieurs siècles, le commerce du coton rouge.

On ne connaissait point à Rouen l'art de teindre ainsi le coton ; ce n'est même qu'en 1740 que nos fabricans de rouenneries commencèrent à faire entrer ce coton dans leurs tissus. Le commerce le tirait d'Andrinople , par la voie de Marseille. Année commune , cette importation s'élevait de cinq à six mille balles, du poids de 160 à 180 livres ; mais on ne tarda pas à reconnaître que l'importation de ce coton en France , fesait exporter beaucoup de numéraire. On dut donc chercher les moyens d'imiter cette couleur qui donnait tant d'activité à nos fabriques de toiles, et dont la consommation augmentait de jour en jour : on le fit.

En 1748, MM. Fesquet et Houdard dans la Provence', d'Harystoi à Darnétal , firent les premiers quelques essais, mais leurs cotons laissant encore beaucoup à désirer pour la solidité et la beauté de la couleur , nos fabricans continuèrent d'employer ceux du Levant : cependant , les premiers pas étaient faits , c'était beaucoup. L'appât des bénéfices que présentait cette importante découverte', excita le zèle des teinturiers. Les sieurs Vincent, Leprieur et Auvrai s'en occupèrent successivement, obtinrent des résultats plus satisfesans , mais leur secret ne transpira pas.

En 1762, la chambre de commerce de Rouen envoya à Smyrne et à Andrinople un sieur Crampion, avec les instructions nécessaires pour apprendre , sur les lieux , les procédés employés par les orientaux , et les importer à Rouen. Soit défaut de capacité , soit tout autre motif, cette tentative faite dans un but très-louable, ne réussit pas.

Déjà Nîmes, Aubenas, Marseille avaient des teintures en rouge des Indes, où les fabricans de Rouen envoyaient des cotons à teindre , tandis que nos teinturiers n'en étaient encore qu'aux essais : cette marche rétrograde était décourageante.

Scheffer, Leuchs, Vitalis, dans leurs ouvrages sur la teinture; l'Annuaire statistique du Département, année 1823, disent tous que l'établissement des Grecs, qu'ils placent à Darnétal, quoiqu'il fût à Saint-Léger, remontait en 1747. L'erreur est manifeste. On voit qu'ils ont tous copié Scheffer, qui a pris l'établissement formé en 1748, à Darnétal, par d'Harystoi, pour celui des Grecs. C'est ainsi qu'une erreur se propage.

C'est en 1778, nous en avons la certitude, que MM. Ponce et Archalat, riches négocians à Paris, ont élevé à Saint-Léger, près Darnétal, l'établissement connu encore aujourd'hui sous le nom *des Grecs*. Ils avaient fait venir des ouvriers d'Andrinople, et nos cotons furent enfin teints à la manière des orientaux. Le secret transpira par l'indiscrétion des contre-maîtres. Il s'éleva des concurrens qui, avec plus d'économie dans la main-d'œuvre, moins de dépenses dans les constructions, mais surtout en travaillant eux-mêmes avec leurs ouvriers, réussirent mieux. La fabrique des Grecs ne se soutint pas.

C'est de 1780 à 1785 que Darnétal vit enfin s'établir dans ses murs un certain nombre de teinturiers en rouge des Indes : cependant, le nombre ne paraît pas s'être jamais élevé à plus de dix ou onze. On n'en a jamais compté plus de six ou sept à Saint-Léger.

La méthode importée du Levant reçut dans les ateliers de Rouen et de Darnétal, divers perfectionnemens dont le plus important, l'emploi du muriate d'étain pour rosage, remonte en 1785. Jusqu'alors nos teinturiers étaient

bien parvenus à teindre les cotons comme ceux d'Andrinople, couleur solide, mais d'un rouge foncé, terne, sans
reflet. MM. Saint-Evron, de Rouen, Osmont, de Darnétal,
sont les premiers qui employèrent une dissolution d'étain
pour aviver leurs cotons, et qui, par ce moyen, obtinrent
une couleur plus belle, plus vive, plus éclatante. Les
autres teinturiers ne tardèrent pas à les imiter ; aussi aujourd'hui nos cotons ne laissent rien à désirer pour la solidité, la beauté et l'éclat des couleurs.

M. Saint-Evron employait un sous-nitrate d'étain ; mais
selon que cette dissolution était plus ou moins concentrée,
plus ou moins pure, ses cotons avaient plus ou moins
d'éclat. C'est M. Arvers, pharmacien et chimiste instruit,
dont nous nous fesons un devoir de citer le nom, comme
ayant rendu de grands services à l'art de la teinture
dans notre département, qui le premier prépara le muriate d'étain à Rouen ; c'est lui qui en conseilla l'usage à
M. Saint-Evron et qui fit, dans les ateliers de cet habile
teinturier, et avec lui, les premiers essais.

La préparation du sel d'étain avait été longtems un
secret que possédaient seuls les hollandais, ils l'ex-
pédiaient, en France, sous le nom de *Sel de Jovis*, le
dénaturaient en y métant des substances étrangères et le
vendaient, cependant, de 20 à 24 francs la livre. M.
Arvers, ensuite MM. Descroisille, Dubuc le jeune,
chimistes, Remy, pharmacien, préparèrent ce sel en
grand, et en baissèrent considérablement le prix. Aujour-
d'hui, le muriate d'étain, devenu d'un emploi général
dans la teinture en rouge des Indes (1), se vend, dans

(1) Le muriate d'étain netoie et fixe la substance colorante, s'unit plus

le commerce ; 1 franc 80 centimes à 2 francs le kilo.

Nous voyons dans l'Annuaire statistique du Département, qu'en 1823 il existait encore à Darnétal neuf établissemens qui occupaient trois cent-cinquante ouvriers auxquels il était payé en salaire deux cent mille francs, et qui teignaient environ cinq cent mille de coton par an. Depuis quelques années, le nombre de ces établissemens, qui s'élevaient alors à dix et non à neuf, est réduit à cinq.

Nous devons faire observer que cet état de choses n'est pas particulier à Darnétal, car Rouen et les autres vallées de l'arrondissement où l'on compte aussi un nombre plus ou moins grand de teintures en rouge des Indes, ont éprouvé, à-peu-près dans la même proportion, une semblable diminution dans le nombre de ces établissemens. Plusieurs causes, quoiqu'étrangères les unes aux autres, paraissent avoir amené ce résultat, qui, on ne peut se le dissimuler, ne pourra que s'accroître avec le tems. L'usage des indiennes généralement répandu, depuis quelques années, dans les classes de la société les moins aisées, a dû inévitablement diminuer d'une manière plus ou moins sensible la fabrication de rouenneries pour robes, genre d'étoffes dont il y a quarante ans il se fesait encore une si grande consommation. D'un autre côté, l'établissement d'un certain nombre de tein-

---

intimement au coton dont il augmente d'ailleurs le poids et la force ; enfin, il rend les couleurs plus vives, plus éclatantes par la propriété dont il jouit de réfléchir puissamment la lumière.

A cause de cette dernière propriété, M. Arvers pense que l'on devrait faire entrer ce sel dans tous les procédés de teinture de quelque couleur que ce soit, sur toutes les espèces de tisssus.

tures en rouge des Indes, dans quelques villes du midi où il n'y en avait jamais eu, et dans la Belgique, doit infailliblement faire sentir une influence plus ou moins grande sur les établissemens du même genre, situés dans l'arrondissement de Rouen. En effet, la main-d'œuvre bien moins élevée dans ces pays, les combustibles à bas prix, les frais de transport en moins, aucun frais de déplacement pour les acheteurs, sont autant d'obstacles contre lesquels nos teinturiers ont à lutter tous les jours. Ajoutons encore que, par suite de la concurrence, beaucoup de teinturiers ne pouvant établir au prix demandé, ont trompé les fabricans, non pas en leur donnant des faux teints, proprement dit, mais en donnant moins d'éclat, moins de solidité à leurs couleurs, ce qui a dû dégoûter beaucoup de consommateurs de continuer l'usage de tissus fabriqués avec de semblables cotons.

Quoi qu'il en soit, les cinq établissemens qui existent encore à Darnétal, et qui ont à-peu-près la même importance, teignent annuellement de cent cinquante à cent soixante mille kilogrammes de coton en rouge des Indes, et ses nuances telles que le paillaca, le rose, le rouge cerise, etc.

Le nombre des ouvriers occupés à cette teinture, est de cent à cent-vingt, y compris une vingtaine d'enfans, et leur salaire s'élève de soixante-cinq à soixante-dix mille francs : les hommes gagnent deux francs, et les enfans de cinquante à soixante-dix centimes par jour.

On peut porter à cinq cent soixante-dix mille francs le montant des matières colorantes et du combustible employés chaque année. Ainsi, en ajoutant à cette somme

20

celle de soixante-dix mille francs pour le salaire des ouvriers, on voit que c'est à-peu-près six cent mille francs que cette industrie met annuellement en circulation, seulement pour la teinture des cotons.

Teinture en bleu sur coton.—Depuis quelques années, il s'est élevé à Darnétal un établissement de teinture en bleu sur coton. C'est une nouvelle branche d'industrie importée dans notre ville et qui un jour pourra y prendre une plus grande extension.

L'on teint dans ce nouvel établissement les cotons en écru, les cotons blancs et les calicots.

Ce bleu est connu dans le commerce, dans les fabriques, sous le nom de *bleu-Philippe.*

Le bleu-Philippe est obtenu à froid, au moyen de l'indigo désoxigéné par un procédé particulier à M. Philippe, et pour lequel il a pris un brevet d'invention.

Depuis 1829, Saint-Quentin possède un semblable établissement en pleine activité, monté aussi par M. Philippe, dans lequel les cotons sont teints d'après son procédé.

M. Gors, dans son rapport sur les médailles d'encouragement décernées par la Société d'Emulation, en 1834, après avoir signalé les inconvéniens des cuves montées en bleu par les procédés ordinaires, ajoute :

« M. Philippe parvient à éviter ces inconvéniens, par l'emploi d'un désoxigénant, au moyen duquel il monte des cuves sans dépôt. Par ses procédés, on obtient non-seulement des teintures plus unies, mais encore on peut arriver facilement, sur la même cuve, aux diverses nuances de bleu dont on a besoin. Tous les cotons teints de cette manière et répandus dans les ateliers de M. Philippe, sont très-unis et se font surtout remarquer par la vivacité de la nuance qui l'emporte, particulièrement dans les bleus pâles, sur celle des bleus teints par les procédés ordinaires. »

Le bleu-Philippe peut s'appliquer avec le même succès sur la soie. Quelques essais faits sur la laine par cet habile teinturier, lui font entrevoir la possibilité de pouvoir un jour la teindre par le même procédé : ce serait une découverte précieuse.

Beauté, solidité, prix modéré, sont les avantages que le bleu-Philippe présente aux consommateurs ; aussi, les cotons qui sortent des ateliers de ce teinturier sont-ils recherchés par nos meilleurs fabricans de rouenneries.

La Société d'Emulation de Rouen , dans sa séance publique dù 6 juin 1834 , a décerné , à titre d'encouragement à M. Philippe, une médaille d'argent.

Des Fabriques d'Indiennes.—Les indiens, longtems en possession de la fabrication des toiles peintes, en avaient trouvé le débouché en Europe , par le moyen des compagnies qui fesaient des échanges avec eux , et dont les retours s'effectuaient à Londres , à Amsterdam et à l'Orient. Nos dames françaises ambitionnaient toutes d'être vêtues de ces étoffes de couleurs si variées et du tissu le plus fin; c'était une fureur ; disons plus, c'était la mode.

On ne sait par quel vertige le gouvernement français ne voulait ni permettre en France l'introduction de ces brillantes étoffes , ni souffrir qu'il s'en établit des manufactures.

On doit présumer, cependant, que c'était pour donner plus de vogue à l'emploi du lin , de la soie , du coton , matières premières récoltées en grande partie sur le sol français, tant en France que dans nos colonies. Quoi qu'il en soit, ce n'est qu'au mois de septembre 1759, que tous les obstacles furent levés.

Sur le bruit répandu dans le public que le conseil avait enfin accordé la permission de fabriquer en France les toiles peintes et imprimées, dites *des Indes*, la communauté des toiliers de Darnétal présenta à l'intendant de la généralité de Rouen une requête dans laquelle elle cherchait à démontrer combien l'introduction de cette nouvelle branche d'industrie allait porter de préjudice à la fabrique de toiles de coton. Les toiliers observaient que depuis le moment où l'usage des indiennes avait commencé à s'introduire en France, ils trouvaient beaucoup moins de débouchés pour les produits de leurs fabriques. Ils rappelaient, dans cette requête, qu'ils occupaient plus de vingt mille ouvriers qui, ainsi que ceux des manufactures de draps, se trouveraient sans ouvrage, et réduits à la misère ; que ces ouvriers accoutumés à ce genre de travail, dès leur enfance, ne pourraient recommencer un apprentissage pour un autre genre d'industrie.

Que le conseil n'ignore pas que chaque année il se vend aux halles de Rouen pour vingt-cinq à trente millions de tissus, de toilerie et de passementerie ; que le roi régnant et ses prédécesseurs avaient rendu un grand nombre d'ordonnances qui défendaient l'introduction des toiles peintes dans le royaume ; que c'est à cette sage précaution que la nation doit l'état florissant dans lequel elle s'est maintenue jusqu'à ce jour.

Les réclamans terminaient leur requête par solliciter

de l'intendant à ce qu'il lui plut ordonner que les toiles peintes qui avaient été saisies fussent confisquées ; que les marchands sur lesquels elles avaient été saisies fussent condamnés à cinq cents livres d'amende , avec défense d'en introduire d'autres dans la province de Normandie , sous de plus grandes peines , etc. , etc.

Malgré tous les efforts que se donna dans le tems la communauté des toiliers de Darnétal , malgré tous les ressorts qu'elle fit jouer auprès de l'autorité supérieure, pour faire révoquer l'autorisation accordée aux fabricans d'indiennes par le gouvernement , sa requête ne fut pas prise en considération et elle ne pouvait l'être, car c'eût été léser l'intérêt public pour soutenir un intérêt privé et de localité.

Les toiles imprimées ont en France une dénomination très-juste , puisque c'est à l'aide de planches gravées soit sur bois , soit sur cuivre, qu'elles sont préparées , tandis que dans l'Inde elles sont peintes à la main, d'où on leur a donné avec raison le nom de *toiles peintes*. Depuis une vingtaine d'années l'on imprime aussi au cylindre , heureuse innovation qui apporte une grande économie dans la main-d'œuvre , puisqu'elle centuple ses produits comparativement avec l'impression à la planche.

M. Abraham Frey, genevois, ancien associé de M. Oberkampf, de Jouy, est le premier artiste en ce genre qui ait importé dans notre département cette branche d'industrie , qui depuis y a pris une si grande extension. Son établissement formé à Bondeville , près Rouen , remontait en 1755.

A-peu-près à la même époque , M. Abraham Pouchet,

de Bolbec, vint aussi monter un semblable établissement dans la vallée de Bondeville. C'est aux soins , c'est à la persévérance de ces deux hommes industrieux, que , malgré toutes les entraves qu'ils éprouvèrent par la rigueur des réglemens alors en vigueur, l'impression des toiles a pris faveur parmi nous.

Peu à peu, le gouvernement , obligé de suivre l'impulsion que prenait l'opinion publique, se relâcha de ses arrêtés prohibitifs , finit par les rapporter entièrement, ne prescrivit aucun réglement, ne mit aucune restriction à l'exercice d'une profession qui plus tard devait enrichir notre province et procurer de l'ouvrage à un grand nombre d'ouvriers en tout genre.

En 1760, MM. Massac et le Marcis, de Bolbec, vinrent former un troisième établissement et le placèrent dans le faubourg Saint-Sever , au hameau de Claquedent. Cet établissement ne prospéra pas , mais on leur doit l'invention des planches gravées sur cuivre.

En 1761 ou 1762 , MM. Massac et le Marcis ayant quitté Rouen pour s'établir à Darnétal , créèrent dans notre ville un nouveau genre d'industrie qui avait beaucoup d'analogie avec celui des toiles peintes. Leur manufacture d'étoffes en laine imprimées , dite *gaufrées* , prospéra pendant quelques années. Il s'en forma, même, plusieurs établissemens semblables. Cependant, le public se dégoûta peu à peu de ce genre d'étoffes et l'on vit insensiblement s'éteindre cette industrie, sans que depuis elle ait pu se relever.

A cette époque , la fabrication des toiles imprimées était encore dans l'enfance. Quelques dessins bizarres ,

des couleurs sans éclat et si peu solides qu'un simple lavage à l'eau froide les détruisait; le rouge et le noir seules
teintes généralement employées, des toiles grossières;
cependant, malgré tout cela ces étoffes étaient très-
recherchées des dames, sans doute à cause de la nou-
veauté; c'était une branche de commerce assez importante.

Enfin, en 1765, Darnétal vit élever dans son sein
une manufacture importante qui devait rivaliser et même
surpasser celles de MM. Frey et Pouchet, pour l'impression
des toiles. Ce bel établissement, monté, dès son origine sur
une grande échelle, par M. Pierre Roger, occupa jusqu'à
trois cents ouvriers par jour. C'est à-peu-près à cette
époque que l'on peut reporter les premières impressions
dites *réserves*.

Les toiles employées alors pour l'impression étaient
celles fabriquées en Normandie, dont la chaîne était en
fil et la trame en coton. Plus tard on substitua à ces toiles
celles connues sous le nom de *Guinées de l'Inde*, dont
la chaîne et la trame étaient en coton et qui arrivaient
en France par la voie de l'Angleterre. Mais c'est surtout
depuis que l'on imprime sur les calicots, produits de nos
fabriques, que les manufactures d'indiennes ont pris la
plus grande extension, et que leur nombre s'est augmenté
considérablement, principalement dans notre département.

L'établissement créé à Darnétal par M. Roger, a passé
successivement dans les mains de MM. Minon père,
Lerasle, Boudéhan, Duhamel; aujourd'hui il est dans
celles de MM. Kœchlin frères, parens des Kœchlin, de

Mulhausen, dont le nom est si avantageusement connu dans les annales de l'industrie française.

Au moment de la révolution, l'on ne comptait encore que trois manufactures d'indiennes, toutes les trois situées sur la section de Carville, celles élevés par MM. Roger, Lecarpentier et Lambert. On en éleva une quatrième en 1794, et une cinquième quelques années plus tard, mais ce nombre resta stationnaire jusqu'en 1824, d'où date l'établissement formé par M. Prosper Pimont, l'un des plus importans de ceux qui existent dans cette ville. En 1834, le nombre des fabriques d'indiennes s'élève à neuf (1).

Ces manufactures occupent journellement huit cent quarante ouvriers qui reçoivent, en salaire, la somme de quatre cent quatre-vingt-douze mille francs, par an. Les graveurs gagnent trois francs cinquante centimes à quatre francs par jour, les imprimeurs trois francs, les journaliers, hommes et femmes, un franc cinquante centimes, et les tireurs cinquante centimes.

Terme moyen, ces neuf établissemens impriment annuellement :

1° Dix mille pièces à la planche, sur calicot, dans le prix de soixante-quinze centimes l'aune ;

---

(1) En août 1835, il existe douze manufactures d'indiennes. Dans ce nombre, nous ne comprenons pas celle de M. Pimont qu'il vient de transférer à Saint-Léger, ni celle de M. Foulogne, dans l'ancienne Geôle, parce que ayant son principal établissement à Rouen, il ne fait, à Darnétal, que quelques préparations accessoires.

Nos fabricans d'indiennes sont : MM. Bouffet, Delafosse et Gancel, Delèsque, Kœchlin frères, Lamy-Godard, Louiset aîné, Louiset jeune, Marie et Havé, Minon, Mispolet, Mustel, Thomas.

2.° Trente-deux mille au rouleau , sur calicot , à quatre-vingts centimes ;

3.° Trente mille à la planche , pour schâles et cravates sur calicot, au prix moyen d'un franc dix centimes l'aune.

Chaque pièce de calicot étant de trente aunes , c'est donc à-peu-près deux millions cent cinquante-deux mille aunes d'indiennes qui chaque année sortent des fabriques de Darnétal pour être livrées à la consommation. La dépense pour l'achat des calicots s'élève à dix-neuf cent soixante-neuf mille francs.

En ajoutant à ces deux sommes , celle de trois cent quinze mille francs, valeur des drogues de teinture et des combustibles employés , c'est près de deux millions huit cent mille francs qu'il faut ajouter aux autres sommes mises annuellement dans la circulation par les divers genres d'industrie fixés à Darnétal.

Filatures de coton. — L'introduction du coton en France ne remonte pas au-delà du quinzième siècle, époque des premiers établissemens des européens dans nos colonies des Indes Orientales. Cette matière était filée au rouet, et cette filature occupait dans la généralité de Rouen une quantité considérable de femmes et d'enfans. En 1789 , l'on en évaluait encore le nombre de cent quatre-vingt à cent quatre-vingt-dix mille.

Depuis que l'expérience, la meilleure de toutes les preuves , a tranché la question , l'utilité des machines à filer le coton n'est plus contestée. Les anglais l'on senti avant nous et nous ont précédé d'une trentaine d'années

21

dans l'emploi des mécaniques : ils s'en servaient dès l'année 1751.

On lit dans le journal politique de l'année 1765, qu'un sieur Brisson, de Rouen, avait inventé une mécanique à filer le coton, qu'il l'avait montée dans l'emplacement des Célestins, et que les cotons qu'il livrait à la consommation étaient comparativement plus beaux, d'un fil plus égal que celui obtenu par la filature au rouet. Cependant, les fabricans, encore sous le joug des préjugés, ne voulaient pas en faire usage, malgré les avantages incontestables qu'en obtenaient quelques-uns d'entre eux qui au moins avaient eu le bon esprit d'en essayer.

Mais insensiblement les fabricans eux-mêmes reconnurent qu'il allait de leur intérêt d'encourager cette innovation. En effet, une diminution assez forte sur le prix de la matière première, pouvait seule leur donner les moyens de soutenir la concurrence avec les marchandises anglaises, qui par toutes sortes de moyens frauduleux étaient introduites en France, au détriment de notre industrie. Reconnaître ce principe, c'était déjà un pas de fait dans la voie du progrès, le tems pouvait seul faire faire les autres.

Cependant, l'établissement du sieur Brisson, qui, à le bien prendre, n'était encore qu'un simple essai, ne se soutint pas.

Ce n'est réellement qu'en 1780, qu'il faut reporter l'importation des mécaniques à filer dans notre province.

M. Alexandre de Fontenay, négociant de Rouen, dont le nom rappelle de si honorables souvenirs, fut l'un

des premiers qui secoua le joug des préjugés. En 1780 ,
il fit monter à grands frais un superbe établissement de
filature hydraulique à Louviers , d'après les procédés
anglais. Le préjugé était vaincu , son établissement
prospéra.

Peu de tems après , MM. Lemaitre à Lillebonne ,
Pascal Adeline à Malaunay, suivirent l'exemple donné par
M. Defontenay , ils montèrent dans ces communes des filatures hydrauliques sur un grand modèle et d'après les
mêmes procédés.

L'impulsion étant donnée , l'on vit aussi s'élever à
Rouen quelques filatures construites d'après la même
méthode, mais sur une plus petite échelle et mues à bras
ou par des manèges. On ne connaissait pas encore le
moteur si puissant de la vapeur , du moins on n'avait pas
encore cherché à l'utiliser.

Tout le monde ne vit pas avec le même plaisir l'introduction des mécaniques en France , particulièrement
dans notre province. Il s'éleva, à ce sujet, une guerre
de plumes entre les partisans du nouveau système et les
stationnaires qui regrettaient l'ancien. Tout l'avantage
de la discussion resta aux premiers. Leurs écrits produisirent sur l'esprit des personnes éclairées l'effet qu'ils
en attendaient , mais il n'en fut pas de même sur celui
du peuple. Poussée à la révolte par des agens provoca-
teurs qui , suivant l'usage , se tinrent constamment
cachés dans l'ombre , la classe ouvrière , trompée sur
ses propres intérêts , se porta aux excès les plus graves.
Dans son aveugle fureur , elle brisa et brûla toutes les

mécaniques qui existaient alors à Rouen. Ces scènes de désordre, dans lesquelles plusieurs citoyens perdirent la vie, eurent lieu dans les premiers jours d'août 1789. L'on ne peut douter qu'elles n'aient été sourdement fomentées par l'Angleterre, qui seule avait un grand intérêt à entraver, à retarder l'introduction des filatures à la mécanique en France.

Enfin, la routine, les préjugés cédèrent au raisonnement, à l'expérience. Le peuple lui-même revint peu à peu de ses craintes. Appréciant mieux ses véritables intérêts, il ne vit plus avec le même effroi ce nouveau mode de filature, qui, tout en décuplant les produits, emploie à-peu-près le même nombre de bras, mais seulement d'une manière différente. Aussi vit-on en peu d'années les filatures se multiplier d'abord à Rouen, ensuite sur divers points de notre département.

L'on ne conçoit pas aujourd'hui comment Darnétal, que deux rivières assez fortes traversent dans tous les sens, qui renferme une population ouvrière assez considérable, n'ait pas vu s'élever plutôt dans son sein une industrie qui certainement doit devenir un jour l'une des principales sources de sa prospérité. Déjà Saint-Léger, Saint-Martin, possédaient des filatures hydrauliques, que personne ne songeait encore à monter de semblables établissemens à Darnétal. Enfin, c'est en 1800 seulement que l'on y vit élever la première filature, celle qui appartient aujourd'hui à M. Angran, et qui dans le tems fut élevée par M. Adeline, son beau-père.

Nous comptons aujourd'hui onze filatures en pleine

activité, qui pour leur nombre et leurs produits ont suivi la progression suivante (1).

ANNÉE.	NOMBRE d'Etablissemens.	Quantité de Coton filée par jour.
1800	1	40 kilog.
1810	4	250
1820	6	450
1825	9	800
1830	11	1000
1834	11	1500

On voit par ce tableau que la perfection a suivi le mouvement progressif. Toutes ces filatures se font re-

(1) Dans ce nombre, nous ne comprenons pas la filature de M. Valleret, parce que de fait elle dépend de Saint-Léger, quoique sa maison d'habitation soit sur Darnétal et qu'il soit compris au nombre des patentés de cette ville. Nous n'y comprenons pas non plus deux petits établissemens sur le ruisseau de la fontaine Pinette, parce qu'ils n'ont que très-peu de métiers et qu'ils ne filent qu'en doux, ni la filature de MM. Cizeville et Sportz, parce que les produits de leur filature sont employés dans leur établissement à la confection de lacets dont leur manufacture est la première en ce genre importée à Darnétal.

En août 1835, le nombre des filatures est de treize. MM. Adam, Angran, Chouard, Deboutteville, Delafosse, Durand, Durécu (Benjamin), Goujart, Guignant, Huet, Lemoine, Levillain, Yvart-Pavis-et-Jourdain.

marquer par la bonté de leurs produits : une d'elles, celle de M. Deboutteville, fournit spécialement pour la bonneterie ; ses filés sont très-recherchés.

Le coton le plus généralement employé par ces filatures, est le Louisiane. Elles filent depuis le N° 20 jusqu'au N° 40, quelquefois au-dessous, jamais au-dessus.

Ces filatures font marcher cent quatre-vingt-dix métiers de divers genres ; les produits qu'elles livrent à la consommation, s'élèvent annuellement à *quatre cent soixante-huit mille kilogrammes ;* elles occupent six cent quatre-vingt-dix ouvriers, savoir : deux cent vingt hommes, deux cent dix femmes et deux cent soixante enfans, qui reçoivent en salaire la somme de trois cent dix mille francs.

Filatures de laine.—L'art de filer la laine à la mécanique est postérieur d'une vingtaine d'années à celui de filer le coton.

Avant l'emploi des mécaniques, le filage de la laine au rouet occupait un grand nombre de femmes, principalement dans les communes voisines des villes manufacturières.

L'usage des mécaniques pour le filage de la laine, ne remonte qu'au commencement du 19e siècle. On employa d'abord des mécaniques dites *Jenny*, conduites par un seul ouvrier. Quelques années après, on appliqua au filage des laines les grands systêmes de filature. Les premiers établissemens en ce genre, dans notre département, ont été montés à Elbeuf.

Il y a tout au plus une vingtaine d'années, que Darnétal a monté aussi de semblables établissemens.

En 1832 , Darnétal possédait cinq filatures **hydrau-**
liques, quatre sur la rivière de Robec, une sur le ruisseau
dit des *cressonnières*. Aujourd'hui , il n'y en a plus que
quatre en activité , l'une d'elles ayant été remplacée par
une fabrique de calicots à la mécanique.

Outre ces filatures mues par l'eau , l'on en compte encore huit ou dix qui sont mues par des manèges ; deux
de celles-ci filent aussi pour le public, les autres ne filent
que pour les fabricans qui les ont établies.

On peut évaluer à deux cent cinquante mille kilogrammes la quantité de laine filée annuellement par ces
divers établissemens.

Nous ne donnons pas ici le nombre des ouvriers occupés à cette filature, parce qu'ils se trouvent compris
dans l'état que nous avons donné de nos fabriques de
draps.

Casimirs laine et coton. — A leur filature de coton ,
l'une des plus importantes et des plus anciennement
élevées dans cette ville, MM. Yvart et Jourdain ont joint
un autre établissement non moins important, dans lequel
sont filés, avec le plus grand succès , le coton écru avec
le coton teint en nappes, le coton avec la laine, le coton
avec la soie , filés qui leur servent à confectionner ces
étoffes pour pantalons d'été , connues sous le nom de
casimirs laine et coton. M. Yvart est le premier qui ait
fabriqué en grand, dans notre département, ce genre
d'étoffes qu'il a importé d'Angleterre, en 1817, mais
qu'en manufacturier habile et intelligent, il a perfec-
tionné chaque année. Aujourd'hui ces étoffes, dont il

est fait une si grande consommation, ne laissent plus rien à désirer.

Depuis quelques années ce genre d'industrie est généralement répandu , principalement dans notre département, mais MM. Yvart et Jourdain ont toujours un grand avantage sur leurs concurrens, celui de filer les matières premières et de les tisser dans leur établissement.

Non-seulement on fait une grande consommation de ces étoffes en France , mais l'on en exporte beaucoup à l'étranger, et partout ces casimirs soutiennent avec ceux des anglais une concurrence avantageuse et honorable pour nos fabriques.

M. Yvart-Pavie, en important dans notre département cette branche d'industrie, a acquis de nouveaux droits à la reconnaissance de ses concitoyens.

La Société d'Emulation de Rouen, convaincue des services que ce manufacturier distingué a rendus à la fabrique, lui a décerné, dans sa séance publique de 1824, une médaille d'or.

Etoffes brochées.—Séduits par la beauté des riches et brillantes étoffes brochées , pour meubles , qui, depuis longtems, se font principalement à Lyon, MM. Yvart et Jourdain ont pensé, cependant, que cette industrie était susceptible de quelques perfectionnemens , en donnant surtout plus de solidité à ces étoffes et en jettant plus de variété dans les dessins.

Les principaux changemens que ces habiles manufacturiers ont apportés dans la fabrication de ces étoffes, consistent à avoir remplacé la chaîne en soie par une chaîne en coton, la trame de soie par une trame en laine peignée, brillante et rase, et, pour la confection des desseins, à avoir substitué la trame de soie à la chaîne de même nature.

Ces fabricans ont donc changé tout le système, et par là ont rempli le but qu'ils se proposaient, puisque les étoffes qui sortent de leurs manufactures, ont sur celles de Lyon l'avantage d'offrir plus de solidité, quelque chose de plus riche, de plus étoffé et qui drape mieux.

Solidité réunie à la beauté, sont donc les qualités que présentent ces étoffes aux consommateurs.

M. Lelong, dans ses aperçus historiques et statistiques sur l'industrie cotonnière dans le département de la Seine-Inférieure, en parlant de l'établissement nouvellement créé par MM. Yvart et Jourdain, s'exprime ainsi :

« Non moins frappé que tous les hommes de goût de la beauté éblouissante des étoffes de Lyon et de la richesse de leurs dessins, ces habiles et persévérans industriels n'ont pas reculé devant toutes les difficultés qui ont dû se présenter à leur imagination. Ils ont osé entreprendre de rivaliser avec les plus redoutables concurrens. Ils ont pensé, avec raison, que pour atteindre leur but il ne fallait imiter, déguiser leur article, mais qu'il fallait en créer un nouveau, c'est ce qu'ils ont fait. Une ancienne étoffe tombée dans le domaine public depuis plus de quarante ans, connue à cause de son extrême solidité, sous le nom d'*étoffe des pauvres*, le drap satiné cinq lisses, a fixé leur attention. C'est cette vieille étoffe, si non totalement oubliée, au moins presque généralement abandonnée, qui a été la base, le point de départ de leur innovation. Mariant habilement, avec ce tissu, la soie, le coton et la brillante laine peignée, ils ont réellement créé un article tout nouveau, qui, par ses qualités éclatantes, peut rivaliser avec les plus belles étoffes de Lyon et l'emporter incontestablement sur elles par la solidité de la contexture et la fixité du plus grand nombre de ses couleurs. Déjà le goût sévère des Belges et des Allemands en a reconnu le mérite et en fait la principale consommation. Sans y être moins appréciées, ces nouvelles étoffes ne sont peut-être pas autant recherchées en France où la manie des bas prix, qui n'est pas souvent du bon marché, à cause de l'absence de la bonne qualité, fait préférer, presque toujours, les objets qui ont du brillant sans réunir la bonne confection. A toutes conditions égales, les tissus pour meubles, nouvellement créés à Darnétal, sont d'un tiers meilleur marché que ceux de Lyon. Espérons que nos courageux compatriotes triompheront encore de cette dernière résistance. »

A l'expiration du brevet d'invention obtenu par MM. Yvart et Jourdain, le domaine public s'emparera certainement de la fabrication de ces nouveaux tissus, alors notre département, déjà si riche sous le rapport industriel, comptera une industrie de plus.

Fabriques de calicot. — Il manquait, à Darnétal, des fabriques de calicot à la mécanique, quoique ce genre d'industrie fût, depuis quelques années, généralement répandu dans notre département. Cependant, de semblables établissemens ne pouvaient manquer, tôt ou tard, de venir se fixer dans notre ville, où nos fabriques d'indiennes font journellement une si grande consommation de ces étoffes , car une industrie en attire presque toujours une nouvelle près d'elle.

Il y a à-peu-près trois ans que nous possédons deux fabriques de calicot à la mécanique , toutes les deux sur la rivière de Robec. Ces deux établissemens, susceptibles avec le tems de plus grands développemens, font marcher cent quatre-vingt-dix métiers et occupent, journellement, cent à cent dix ouvriers, hommes , femmes et enfans, mais principalement en femmes.

Chaque femme conduit deux métiers et peut tisser de quatre-vingt-dix à cent aunes de calicot par semaine, ce qui fait près de cinq cent mille aunes ou 16,666 pièces par an. Les hommes et les enfans sont occupés aux autres détails de ces établissemens.

En ne portant le prix du calicot qu'à quatre-vingt centimes l'aune, c'est quatre cent mille francs que cette industrie, qui ne fait encore que de commencer dans notre ville , met chaque année en circulation , tant pour le salaire des ouvriers que pour l'achat de la matière première.

Teinture sur calicot. — M. Legrand , propriétaire d'une des deux fabriques de calicot dont nous venons de parler , et dont le nom doit tenir une place honorable dans les annales de notre industrie départementale , réunit le triple avantage de filer , de tisser et de teindre , dans ses propres ateliers , les produits qu'il livre journellement à la consommation. Nous ne parlerons point ici de sa filature, parce qu'étant située à Rouen , elle est étrangère au sujet qui nous occupe, mais nous devons faire mention de l'établissement de teinture qu'il a créé dans notre ville qui ne possédait encore que des teintures sur laine et sur cotons filés.

Dans cet établissement, M. Legrand occupe journellement de quarante à cinquante ouvriers, et teint annuellement soixante mille pièces de calicot dans toutes les couleurs, dans toutes les nuances, que jusqu'alors l'on n'avait encore appliquées que sur la laine et sur la soie. Le prix de ces couleurs varie depuis cinq centimes jusqu'à un franc l'aune, mais comme il en est teint une plus grande quantité aux prix les moins élevés, en prenant vingt-cinq centimes, pour terme moyen, les dix-huit cent mille aunes donnent la somme de quatre cent mille francs, tant pour le salaire des ouvriers, que pour les matières colorantes et le combustible.

Toiliers.—Quoique depuis très-longtems il n'existe plus, à Darnétal, de fabriques de toiles, dites *rouenneries*, cependant cette ville compte encore dans son sein, un certain nombre d'ouvriers toiliers qui tous travaillent pour les fabricans de Rouen.

D'après un relevé fait en 1832, le nombre des ouvriers toiliers s'élevait encore à quatre cent trente-quatre, savoir deux cent quatre-vingts hommes et cent cinquante-quatre femmes.

Cette classe d'ouvriers est certainement la plus malheureuse, car tout en travaillant quinze à seize heures par jour, et souvent plus encore, elle a bien de la peine à pouvoir vivre, puisque par suite de la concurrence qui existe entre les fabricans, ces tisserands voient, de jour en jour, diminuer leur salaire.

Il faut à ces ouvriers, terme moyen, cinq semaines

pour faire une chaîne. La chaîne se compose de douze douzaines en 3/4, de neuf en 13/16, ou de huit en 4/4, seules grandeurs généralement tissées par les ouvriers de Darnétal. Chaque douzaine étant payée depuis trente-cinq sous jusqu'à cinquante-cinq, c'est donc quarante-cinq sous que l'un dans l'autre ils reçoivent par douzaine, ou vingt-sept francs pour leur chaîne, ce qui porte leur salaire à cinq francs quarante centimes par semaine, ou dix-huit sous par jour, sur lesquels ils sont obligés de s'éclairer, de se chauffer et de se fournir de parement.

Tissant quatre mille cinq cents pièces de mouchoirs de toutes grandeurs, c'est à-peu-près cent vingt mille francs que les ouvriers toiliers reçoivent chaque année.

Mégisseries.—Anciennement, Darnétal était cité pour ses tanneries, mais, depuis à-peu-près deux siècles, ce genre d'industrie est tout-à-fait perdu pour cette ville. Nos tanneurs fesaient corps avec la communauté des tanneurs de Rouen, communauté fort ancienne, puisque les premiers privilèges, dont elle conservait les titres, lui avaient été accordés par les ducs de Normandie.

Quelles sont les causes qui ont fait disparaître ces tanneries de Darnétal? La révocation de l'édit de Nantes, qui a fait tant de mal à la France et dont les effets se sont principalement fait sentir dans les villes manufacturières, a pu en être une. Le privilège même des tanneurs de Rouen de ne recevoir que des fils de maître dans leur communanté, a pu aussi porter un coup mortel aux tanneries de notre ville. Ce qu'il y a de certain, c'est que la ville de Rouen, elle-même, a vu diminuer le nombre de ces établissemens d'une manière sensible , et que depuis longtems Saint-Saën , Blangy , Pont-Audemer , se sont emparés de cette branche d'industrie.

Depuis une dixaine d'années , deux mégissiers sont venus s'établir à Darnétal, sur la rivière de Robec, Leurs établissemens n'occupent qu'un très-petit nombre d'ouvriers. Les produits qu'ils livrent annuellement à la consommation ne s'élèvent pas à plus de 25 à 30,000 francs, par an , en y comprenant même les rouleaux en basane qu'ils préparent aussi pour les filatures de coton.

Fariniers. — Darnétal étant une ville toute industrielle, le commerce , proprement dit , y est absolument nul, si ce n'est , cependant , celui des farines qui s'y fait , même , très en grand.

Notre ville a toujours compté un certain nombre de moulins à blé , mais jusqu'au moment de la révolution ces moulins moulaient seulement pour le public , car dans ces tems qui déjà s'éloignent de nous, chacun cuisait son pain chez soi ; c'était un usage général , du moins parmi la classe ouvrière. Plusieurs de ces moulins étaient bannaux. La révolution, en régénérant la vieille France, a fait naître et devait en effet faire naître d'autres usages. Aujourd'hui peu de personnes cuisent chez elles , aussi a-t-on vu insensiblement les meûniers cesser de moudre pour le public; ils sont devenus des fariniers , des marchands de farine.

En 1800 , l'on comptait encore neuf moulins à blé à Darnétal, mais, aujourd'hui, il n'y en a plus que sept. Cependant , malgré cette diminution dans le nombre ,

les produits obtenus par jour sont beaucoup plus considérables, parce qu'il s'est fait aussi une révolution
dans l'art de moudre les grains; comme les autres, cet
art marche dans la voie du progrès.

Les premières améliorations remontent déjà à la fin du
siècle dernier, époque où les fariniers commencèrent
à introduire dans leurs moulins *la mouture* dite *économique*. C'était déjà un grand pas de fait, mais l'amélioration la plus importante ne date que de l'année 1824.
Jusqu'à ce jour, deux fariniers seulement, MM. Cuvelier et Levaillant ont adopté le nouveau système de
mouture.

Ce système consiste principalement dans la substitu-
tion de plusieurs meules de quatre pieds de diamètre, et
taillée d'une manière toute différente à l'ancienne meule
qui avait six pieds deux pouces de diamètre ; dans des
rouages très-perfectionnés et d'un mécanisme beaucoup
plus simple, ce qui a permis d'établir ces changemens
et d'obtenir, avec la même force, au moins un tiers
de produits en plus; dans des blutoirs d'un nouveau
genre ; dans le nettoyage du blé obtenu par un procédé
nouveau. Ajoutons que toutes les opérations pour con-
vertir le blé en farine ont lieu aujourd'hui par le même
moteur, ce qui procure une grande économie dans la
main-d'œuvre. En résumé, le nouveau système de mouture donne des farines beaucoup plus belles, et au moins
deux pour cent en plus dans la quantité. L'on voit donc
qu'il y a perfectionnement, qu'il y a réellement progrès.

Il est fâcheux que tous les fariniers n'aient pas encore
adopté ce nouveau mode de mouture : il est vrai que la

dépense première est assez considérable ; or, ceux qui surtout ne sont pas propriétaires de leurs moulins, reculent devant l'idée de faire une semblable dépense.

Il y a une vingtaine d'années, les neuf moulins à blé de Darnétal ne moulaient, par jour, que deux cent quarante hectolitres de blé, tandis que les sept qui existent aujourd'hui en moulent trois cent soixante dans le même espace de tems. Si, à cette dernière quantité, l'on ajoute celle de cent hectolitres que pourraient moudre les deux moulins qui ont été transformés en filatures, l'on voit que les produits obtenus aujourd'hui sont doublés.

Les trois cent soixante hectolitres de blé donnent à-peu-près cent quarante sacs de farine. Le prix des farines est tombé aujourd'hui à quarante francs le sac, mais le prix, terme moyen, pendant les sept dernières années, a été de soixante-trois francs. Ainsi les cent quarante sacs par jour donnent annuellement une somme ronde de *deux millions sept cent cinquante mille francs*. A cette somme, nous devons ajouter celle *de deux cent cinquante-deux mille francs*, valeur, prix moyen, de trente-six mille sacs de son, ce qui donne un total de *trois millions trois mille huit cent quarante francs*.

C'est généralement à Rouen, Elbeuf, Darnétal et dans les communes environnantes, que les fariniers de Darnétal vendent leurs farines. Leurs produits suffisent pour alimenter chaque jour au moins un tiers de la population de Rouen.

Ils placent leurs sons et leurs recoupes principalement à Rouen et à Darnétal. Notre ville en consomme à-peu-près le tiers , dont la plus grande partie est employée dans les fabriques et les teintures.

En résumant les détails très-succincts que nous avons donnés sur les divers genres d'industrie exercés à Darnétal, en 1834, nous voyons que cette ville occupe journellement près de quatre mille ouvriers des deux sexes, dont le salaire peut être évalué de seize à dix-sept cent mille francs par an. Dans ce nombre , nous comprenons les ouvriers dont les diverses professions ont des rapports plus ou moins directs avec nos manufactures, tels que menuisiers, mécaniciens, serruriers, chaudronniers, constructeurs d'hydrauliques, tourneurs sur métaux, entrepreneurs , etc.

Si nous récapitulons le salaire payé aux ouvriers, l'achat des matières premières, des substances tinctoriales, du combustible, le montant des frais généraux dans tous nos établissemens , le produit de la vente des farines , nous trouverons que Darnétal contribue à-peu-près pour douze millions dans la masse des affaires qui se font annuellement en France.

Cette somme est bien minime , comparativement à ce qu'elle pourrait être, si l'industrie manufacturière avait pris dans cette ville tout le développement , toute l'extension qu'elle est susceptible de prendre. On a déjà beaucoup fait depuis vingt ans , mais il reste encore beaucoup à faire. L'impulsion est donnée, il ne faut que la suivre. Nos concitoyens profitant des avantages de leur position, voudront aussi faire faire de nouveaux pas à l'industrie, soit en créant eux-mêmes, soit en important dans cette ville les améliorations , les procédés que l'on découvre journellement. Déjà trois de nos fabricans d'indiennes, MM. Delesque, Lamy-Godard et Kœchlin se sont empressés d'introduire dans leurs établissemens la nouvelle machine à imprimer, *la perrotine*, machine très-ingénieuse, d'un usage facile, d'un prix modéré, et dont l'introduction dans nos ateliers aura certainement une très-grande influence pour la prospérité de l'art de l'indienneur : leur exemple aura donc des imitateurs. On vient aussi de monter plusieurs pompes à feu, c'est encore un nouveau pas de fait ; dans peu de tems on verra dans notre ville la vapeur marcher concurremment avec les établissemens hydrauliques, doubler ainsi la masse des affaires, et pour lors procurer de l'ouvrage à un plus grand nombre d'ouvriers.

Evénemens politiques.—Louis d'Outremer.—Armée de la triple alliance.—Charles 7 à Darnétal.—Darnétal pris par les Calvinistes.—Le roi de Navarre et le siège de Rouen.—Henri 4.—Chapitre de l'Ordre du Saint-Esprit.—Révocation de l'Edit de Nantes.—Emeute en 1789.—Louis-Philippe à Darnétal.—Exposition des produits de l'industrie. — Jacques Pinand. — Jean Mouchet.—Robert Becquet.

Événemens politiques.

Sous le rapport politique, peu de souvenirs historiques se rattachent à Darnétal. Cependant, cette ville est trop près de Rouen pour ne pas avoir pris une part plus ou moins active aux événemens arrivés sous les murs de cette grande et antique cité. Nous pensons donc qu'il n'a manqué à Darnétal que des écrivains pour retirer de l'oubli ceux dont il a pu être le théâtre dans des tems plus ou moins reculés. Nos chroniqueurs normands, généralement peu exacts, auront confondu dans l'histoire de Rouen beaucoup de faits arrivés dans les environs, principalement à Darnétal, qui, à cause de sa proximité, a pu aussi être regardé par eux comme l'un des faubourgs de cette ville.

Les normands, dans le neuvième siècle, n'ont pu venir piller, ravager et incendier Rouen, sans exercer aussi leurs fureurs dans les environs, surtout à Darnétal qui existait déjà à cette époque. Sous Rollon, sous Guillaume-Longue-Epée, son fils, notre ville n'a pas dù éprouver de secousses politiques, puisque Rouen, lui-même, a vu s'écouler le règne de ces princes, sans prendre une part directe à leurs démêlés avec leurs voisins. Il n'a pas dû en être de même sous Richard, troisième duc de Normandie. Louis 4, roi de France, qui devait sa couronne au père du jeune Richard, qui l'avait replacé deux fois sur son trône, n'eut pas honte de profiter de la minorité de ce prince pour s'emparer par trahison de Rouen, capitale de son duché. Darnétal subit aussi ses lois. C'est à cette époque qu'avait été construit le château du Roule, dont j'ai parlé plus en détail page 93 de cette Notice.

Le siège de Rouen par l'armée de la triple alliance (949) dont Louis 4 fesait aussi partie, a été long et meurtrier. Bien certainement, avant de commencer ce siège, Louis d'Outremer et ses alliés ont dû se rendre maîtres des environs, et surtout s'emparer du fort de Darnétal.

Dans les divers sièges que la ville de Rouen à soutenus

depuis cette époque jusqu'au milieu du quinzième siècle, Darnétal a dû y prendre une part plus ou moins directe, cependant , son nom n'est pas cité une seule fois dans nos anciennes chroniques.

Depuis trente ans , la Normandie gémissait sous l'oppression anglaise, lorsque les événemens permirent enfin à Charles 7 de tenter quelques efforts pour la faire rentrer sous sa puissance. Décidé à faire le siège de Rouen , il commença par s'emparer de Darnétal et y plaça son quartier général. Ce prince s'y rendit le 2 octobre 1449, avec le roi de Sicile , son beau-père , qui l'accompagna dans cette expédition.

Les premières attaques ne furent pas heureuses : ses troupes mêmes ayant été repoussées de devant les murs de Rouen, avec une grande perte, ce prince quitta Darnétal et se retira au Pont-de-l'Arche, pour mettre sa personne en sûreté. Le brave Dunois, l'un des meilleurs généraux de l'époque, continua le siège. Fortement secondé par les habitans qui désiraient aussi secouer le joug sous lequel ils gémissaient depuis tant d'années , il contraignit les généraux Talbot et de Sommerset à lui ouvrir les portes de la ville. Charles 7 y fit son entrée le 10 novembre suivant.

Il s'écoula plus d'un siècle sans que Darnétal vit troubler sa tranquillité par quelqu'événement important. Ses fabriques de drap dont l'origine , ainsi que nous l'avons vu, remontait à la fin du quinzième siècle , étaient déjà dans l'état le plus florissant , lorsque nos guerres de religion vinrent leur porter un coup funeste. Le 3 juin de l'année 1562 , les calvinistes de Rouen s'emparèrent de vive force de ce bourg et y commirent les plus grands désordres. Ils dévastèrent les églises de Carville et de Longpaon, pillèrent indistinctement tous les habitans, quoique la plupart fussent leurs co-religionnaires, et terminèrent leurs exploits en mettant le feu aux quatre coins de Darnétal. Les habitans étant parvenus à arrêter les progrès de l'incendie, il n'y eut que cinquante à soixante maisons brûlées.

Le président de Thou, dans son *Histoire Universelle*, assure que le motif qui porta les habitans de Rouen à commettre ces atrocités, était la concurrence qui existait entre ces deux villes au sujet de leurs manufactures de draps. M. de Beze, écrivain contemporain, donne dans son *Histoire ecclésiastique des Églises réformées*, à-peu-près les mêmes motifs, mais il entre dans de plus grands détails et s'exprime ainsi : « Or il y a tout auprès » de la ville de Rouen un gros bourg, nommé Darnétal, » contenant deux grandes paroisses, pleines d'artisans » en draperie, qui sont en perpétuelle querelle pour des » affaires concernant leurs mestiers avecque des drapiers » drapans de la ville de Rouan. A raison de quoi plu- » sieurs séditions et rebellions estant advenus, le feu » roy François-le-Grand avait jadis ordonné que le lieu » serait rasé : et depuis par le parlement avait esté dit » qu'à la première révolte ou sédition qu'ils feraient le » lieu serait entièrement démoli. Estant donc ces troubles » advenus, ces mutins suivant en partie leur ancienne » coutume et ensuite sollicités par Villebon, de Cleres, » et autres brigandeaux courant et pillant par tout le » pays s'étaient assemblés et fortifiés, ce que voyant

» ceux de Rouan sortirent le jour de la Pentecôte , le
» dix-septième du dit mois (mai) et y estant entrés après
» un long combat où plusieurs demeurèrent , de part et
» d'autre brûlèrent les temples et plusieurs maisons ;
» entre autres la maison de Longpaon , conseiller au
» parlement , avecque le couvent des Chartreux. ».

Nous devons faire observer que M. de Beze était un ministre protestant , très-zélé pour la réforme ; qu'il écrivait dans un moment où les passions étaient le plus animées, et qu'il n'a pas toujours conservé dans ses écrits l'impartialité qu'on aime à trouver dans un historien. Villebon , de Clères n'étaient point des brigands , mais des gouverneurs particuliers des châteaux de Rouen. En défendant contre les calvinistes les châteaux coufiés à leur garde , ils firent leur devoir. Il leur devait donc des éloges et non des injures.

Nous ne savons pas où M. de Beze a trouvé que François Ier avait donné l'ordre de raser Darnétal au sujet de quelques séditions qui avaient pu y avoir lieu. Dans un cas semblable , l'on punit les coupables , mais l'on ne détruit point une ville. Il est présumable que ce sont les fortifications dont il était question, et non pas de la ville ; du moins , c'est plus vraisemblable.

Nous ne pensons pas non plus que le parlement de Normandie ait jamais rendu un arrêt pour détruire Darnétal. Lorsque les calvinistes pillèrent et incendièrent cette ville, ils le firent de leur propre mouvement et non par l'ordre de cette cour souveraine , qui d'ailleurs s'était retirée à Louviers, et dont eux-mêmes méconnaissaient l'autorité.

Aussitôt le départ du parlement , les bourgeois de Rouen avaient nommé deux conseils pour s'occuper des affaires de la ville , l'un composé de cent membres et l'autre de douze. M. de Beze a fait erreur. Ce n'est point le parlement qui avait ordonné de raser Darnétal , c'est le grand conseil qui avait donné cet ordre. Voici comme le président de Thou rapporte ce fait :

« Les premières résolutions de ce conseil furent de
» raser les murs de Dernétal , petit bourg connu par
» ses manufactures de draps , à une demi-lieue de
» Rouen. Il y avait entre les habitans de Rouen et ceux
» de Dernétal une extrême jalousie au sujet de leurs ma-
» nufactures , qui estaient les mêmes et qui se nuisaient
» les unes aux autres. La jalousie avait dégénéré depuis
» longtems en haîne implacable. Se trouvant alors ap-
» puyée d'un prétexte de religion , elle alla jusqu'à la
» fureur. Aussi l'on ne se contenta pas d'exécuter la ré-
» solution prise dans le conseil. La populace animée et
» furieuse pilla les temples , renversa les autels , brisa
» les statues , mit le feu à la pluspart des maisons et
» brûla la Chartreuse. »

La ville de Rouen ne resta pas longtems au pouvoir des calvinistes. La même année , Charles 9 envoya devant les murs de cette ville le duc d'Aumale pour en faire le siège , mais repoussé par les assiégés, il fut forcé de fuir honteusement et de porter ses armes vers des places moins importantes et moins bien défendues.

Le roi mécontent des attaques infructueuses du duc d'Aumale , et sachant de quelle importance il était pour lui d'être maître de Rouen , envoya devant ses murs une armée beaucoup plus forte , commandée en apparence par Antoine de Bourbon , roi de Navarre , mais dont, de fait , toutes les opérations devaient être dirigées par le duc de Guise et par le connétable de Montmorency.

Le roi de Navarre porta son quartier-général à Darnétal , car à cette époque de douloureuse mémoire, il paraît que notre ville était destinée à être le siège de toutes les opérations militaires dirigées contre Rouen.

Tous les historiens , qui parlent de ce siège , s'accordent à dire que Charles 9, Catherine de Médicis, sa mère et toute la cour , vinrent au camp pour être présens au siège de cette ville, mais aucun ne nous apprend où logea la cour. Tout nous porte à croire que ce fut à Darnétal où était le quartier-général de l'armée, et le seul lieu où le roi pouvait être en sûreté.

Si le roi de Navarre n'avait pas les qualités d'un général, on ne pouvait du moins lui refuser la bravoure du soldat ; aussi s'exposa-t-il à ce siège plus que la prudence le permettait, surtout pour un prince et pour un général.

Le 15 octobre , ce prince , en visitant les tranchées , reçut un coup de feu à l'épaule gauche. Quoique cette blessure ne fût pas dangereuse , il fut cependant obligé de se faire transporter à son quartier-général.

Il n'est pas de notre sujet de donner les détails de ce siège qui, s'il ne fut pas long, fut cependant bien meurtrier , et où les deux partis firent des pertes immenses ; qu'il suffise de savoir que le 26 octobre , jour de douloureuse mémoire pour la ville de Rouen , les assiégeans entrèrent en vainqueurs dans cette ville ; qu'ils la livrèrent au pillage, pendant huit jours entiers , et qu'ils y commirent les plus grandes atrocités sous les yeux de Charles 9, et par ses ordres et ceux de sa mère.

Quoique sa blessure le retînt au lit , Antoine de Bourbon voulut aussi faire son entrée triomphante dans Rouen : précédé d'une musique militaire , ses suisses le portèrent sur une litière et le firent entrer par la brèche; mais à peine eut-il fait quelques pas dans la ville , qu'ils furent obligés de le reporter à Darnétal. Ce prince mourut le 19 novembre suivant, aux Andelys.

Lorsqu'en 1591 , Henri 4 vint faire le siège de Rouen, le dernier que cette ville a eu à soutenir, ce prince plaça aussi son quartier-général à Darnétal où il se rendit le 24 novembre.

Nous ne rapporterons pas les événemens de ce siège , l'un des plus longs et des plus meurtriers que la ville de Rouen a soutenus , où les assiégés et les assiégeans ont déployé tant de bravoure, et où l'on vit des français combattre contre des français, avec un acharnement que l'on ne rencontre que dans les guerres de religion ; car dans ces guerres les passions dégénèrent toujours en fureur.

Malgré tous ses efforts , Henri 4 ne put se rendre maître de Rouen, et les événemens l'obligèrent de lever le siège le 20 avril suivant.

Pendant son séjour à Darnétal, Henri 4 tint un chapitre de l'ordre du Saint-Esprit. Comme le plus ancien chevalier de l'ordre , le maréchal de Biron eut l'honneur de faire la première promotion. Cette cérémonie eut lieu dans l'église de Carville , le 1er janvier 1592.

Aucun événement digne d'être cité n'a eu lieu sous le

règne de Louis 13. Il n'en a pas été de même sous celui
du grand roi. Darnétal a payé aussi son contingent aux
dragonades et à la révocation de l'édit de Nantes. Nous
avons vu, à l'article de nos fabriques, le résultat de ces
mesures aussi impolitiques que cruelles qui ont terni pour
toujours la mémoire de Louis 14.

Le long règne de Louis 15 a passé inaperçu pour notre
ville. Celui de Louis 16 a été marqué par un acte de bienfesance de la part de cet infortuné monarque ; j'en ai
parlé plus haut.

Dans les premiers jours d'août 1789, notre ville se
ressentit aussi de l'agitation qui s'était emparée de tous
les esprits. La classe ouvrière, travaillée en tous sens
par des agens restés inconnus, se porta aux mêmes désordres que celle de Rouen. Les mutins, au nombre de
trois à quatre cents, menaçant hautement de piller la
ville, en un instant toutes les boutiques, tous les
ateliers furent fermés. Ils se portèrent en masse au bureau
des aides, situé rue du Pont, enfoncent la porte, cassent
et brisent tout dans la maison, s'emparent de la recette
et terminent leurs exploits en brûlant tous les registres
au milieu de la rue. Les nommés Brayer et Verrier, chefs
de l'émeute, ayant été arrêtés, furent conduits à Rouen,
jugés prévôtalement et pendus sur le port, vis-à-vis le
pont, où quelques jours après furent pendus aussi Bor-
dier et Jourdain, à-peu-près pour les mêmes motifs.

Cet acte de sévérité et de justice contint la populace
de Darnétal, qui, à cette époque, était toujours prête
à se soulever. Pendant les premières années de la révolution, on la vit figurer dans les diverses émeutes qui

eurent lieu à Rouen, notamment à celles du 2 avril 1792 et du mois d'avril 1795. On se rappelle encore de quels dangers notre ville se vit menacée lors de l'émeute, du 2 août, qui aurait pu avoir les suites les plus graves, si la garde nationale de Rouen n'était venue nous prêter son appui.

Depuis cette époque, jusqu'à nos jours, Darnétal n'a fourni aucun événement remarquable qui lui soit particulier. La révolution de juillet y a été saluée des plus vives acclamations. L'émeute du 6 septembre 1830 doit être regardée comme un épisode de la grande semaine, car, sans s'en douter, nos ouvriers n'ont été que l'instrument d'un parti qui n'ayant pas eu le courage de défendre sa cause, les armes à la main, n'a cessé depuis de machiner des troubles pour entraver la marche du gouvernement, troubles dont en définitive les ouvriers sont victimes, car lorsque la sécurité cesse, toutes les affaires, tous les travaux, cessent en même tems.

Louis-Philippe à Darnétal. — Anciennement, les grandes villes avaient seules l'avantage d'être visitées par nos rois; encore combien pourrions-nous nommer de grandes cités qui n'ont jamais eu cet honneur. Ne nous étonnons donc pas si Darnétal n'avait jamais vu de rois dans ses murs, car si Charles 7 et Henri 4 y sont venus, ces princes y avaient été portés par les événemens de la guerre et non par l'intention de visiter cette ville.

Louis-Philippe est le premier qui a bien voulu honorer notre ville de sa présence. Sa Majesté, accompagnée de la reine, de ses enfans, de madame Adélaïde et d'un grand nombre de hauts fonctionnaires, y a fait son entrée le 11 septembre 1833 , à midi.

Arrivé sur le territoire de Darnétal où l'attendait le corps municipal , il fut reçu et complimenté par M. le maire qui lui adressa le discours suivant :

      « Sire ,

» Darnétal conservera éternellement le souvenir de » l'honneur que Votre Majesté daigne lui faire aujourd'hui. » Votre présence au milieu de nous excite nos transports » et nos acclamations; elle met le comble à tous nos vœux. » « Si Darnétal , toujours oublié avant votre règne , » reçut des rois dans son enceinte, la guerre les y porta, » mais vous , Sire , c'est au sein de la paix , votre ou- » vrage , et pour répondre aux vifs désirs d'une popu- » lation sincèrement attachée à votre auguste personne, » que vous dirigez vos pas vers notre ville. Jusqu'à ce » jour , Sire , vous ne la connaissiez que de nom , elle » ne vous connaissait que par vos bienfaits.

« A l'agitation d'un moment , à la misère dont la » cause remontait déjà loin , ont succédé , grâce à vos » soins paternels, le calme et l'aisance que procure le » travail.

« Nous vous supplions , Sire , de nous accorder la » faveur d'exposer à vos yeux les produits variés de nos » établissemens , ils vous prouveront que la population » laborieuse de cette ville mérite toute la sollicitude de » Votre Majesté. »

Arrivé à l'Hôtel-de-Ville , le roi a répondu en ces termes à ce discours et à celui que M. Levêque , juge de

paix , eut l'honneur de lui adresser au moment où Sa
Majesté est entrée dans la salle de réception :

« Mes chers concitoyens ,

» Je répondrai à la fois au discours de M. le maire et
» à ce que M. le juge de paix vient de m'exprimer d'une
» manière qui m'a tant touché ; j'aurais voulu vous ré-
» pondre dès mon entrée à Darnétal, parce que j'aime à
» parler sous l'impression de mes émotions ; mais la
» traversée de votre ville vient encore de m'en faire
» éprouver de nouvelles. Non , M. le maire , Darnétal
» ne sera plus oublié , et je conserverai toujours le
» souvenir de l'accueil que j'y reçois de cette nombreuse
» et excellente population , de tous ces braves ouvriers
» dont les acclamations attestent le bonheur d'avoir re-
» trouvé leurs travaux. Le mien n'est pas moindre de
» voir leurs ateliers remplis , et d'entendre le bruit de
» leurs métiers. Jouissons tous ensemble de la pros-
» périté qui remplace aujourd'hui cette misère qui
» m'avait si profondément affligé , et ne songeons plus
» qu'à la soutenir , et à continuer son développement.
» Je suis heureux d'avoir visité Darnétal , et je vous re-
» mercie tous, de tout mon cœur, des acclamations dont
» vous m'avez entouré. »

Ce discours excita le plus vif enthousiasme et fut
accueilli aux cris longtems prolongés de vive le roi,
vive la famille royale.

Une très-jolie corbeille, renfermant des produits de
l'industrie de Darnétal, a été offerte, au nom de la ville,
à la reine , par vingt-quatre jeunes demoiselles , dont
une d'elles , mademoiselle Angran , a eu l'honneur de

lui adresser un compliment. La reine l'a embrassée et a répondu à son compliment de la manière la plus affectueuse.

Les produits si variés de l'industrie de Darnétal avaient été exposés sous une vaste tente élégamment décorée. Leurs Majestés ont visité cette exposition avec le plus vif intérêt et l'attention la plus soutenue, et ont témoigné, à plusieurs reprises, toute leur satisfaction.

En quittant l'Hôtel-de-Ville pour se rendre à l'établissement de MM. Yvart-Pavie et Jourdain, le roi, fesant de nouveau allusion à une partie du discours de M. le maire, lui répéta que si Darnétal avait été oublié jusqu'alors, il ne le serait plus désormais.

Leurs Majestés, après avoir visité, avec un vif intérêt, le bel établissement de MM. Yvart et Jourdain, dont les produits avaient déjà fixé leur attention aux expositions de Rouen et de Darnétal, et avoir laissé aux nombreux ouvriers de cette fabrique des marques de leur munificence, ont quitté Darnétal au milieu des mêmes acclamations qui les avaient accueillies à leur arrivée et pendant le trop court séjour qu'elles ont fait dans notre ville.

Jacques Pinand et Jean Mouchet. — Deux hommes, avantageusement connus dans la république des lettres, sont nés à Darnétal, tous les deux sur la paroisse de Longpaon. Le premier est Jacques Pinand, né le 20 juillet 1692, mort grand-vicaire et official de Montivilliers, le 28 novembre 1775, à l'âge de 84 ans.

Ordonné prêtre, en 1716, l'abbé Pinand desservit

successivement les cures de Buglisse et d'Octeville, auxquelles il fut nommé en 1721 et 1735.

Notre compatriote était très-versé dans la connaissance des langues hébraïque, grecque, anglaise, espagnole et italienne. Il cultiva principalement les Muses Latines et l'Histoire Naturelle. Entr'autres ouvrages, on lui doit un Mémoire très-intéressant sur les Polybes ; beaucoup de pièces de vers latins sur divers objets, et la traduction, en vers français, des Psaumes 136 et 137, et un Commentaire sur la Bible.

L'abbé Pinand avait formé le projet, avec le savant de Brequigny, de travailler à l'Histoire de l'Etablissement des Normands en France : il ne paraît pas que cet ouvrage ait été exécuté.

Jean-Jacques Mouchet naquit le 27 mars 1737, de Jean Mouchet et de Marie-Marguerite Auber, drapiers drapans, demeurant sur la paroisse de Longpaon.

Ses grandes connaissances en littérature, son amour bien connu pour le travail l'avaient fait nommer premier employé au département des manuscrits de la bibliothèque nationale. MM. de Brequigny et de Sainte-Palaye qui connaissaient sa grande érudition, l'avaient jugé seul capable d'exécuter le plan qu'ils avaient conçu d'un *Glossaire de l'ancienne langue française, depuis son origine jusqu'au siècle de Louis 14*. Cet important ouvrage n'a reçu qu'un commencement d'exécution ; des circonstances particulières ont empêché de le terminer.

Le même M. de Brequigny s'adjoignit Mouchet pour faire les recherches immenses qu'exigeait l'ouvrage publié sous le titre de *Table chronologique des diplômes*, *chartes , titres et actes imprimés , concernant l'Histoire de France.*

Mouchet était aussi modeste que savant : toute son ambition se bornait à être utile , aussi fut-il peu favorisé des dons de la fortune ; il serait même mort dans un état voisin de l'indigence , si l'amitié n'était venue à son secours. Notre compatriote a terminé sa carrière , à Paris , au mois de février 1807.

Dans une Notice intitulée : *Particularités sur feu M. Mouchet* , M. Barbier , bibliothécaire du conseil-d'état , a payé la dette de l'amitié en fesant connaître tous les droits de Mouchet à la reconnaissance des savans.

Robert Becquet. — Quoique Robert Becquet n'ait jamais pris que le titre modeste de *charpentier du roi à Rouen et de sa grande église Notre-Dame dudit lieu,* on ne doit pas moins le placer au rang des grands architectes dont la France peut citer le nom avec honneur. Le tems, qui détruit tout, a déjà promené sa faulx sur les ouvrages exécutés par cet habile artiste. L'incendie du 15 septembre 1822 a détruit le dernier et le plus imposant, la superbe pyramide qui surmontait le chœur de l'église métropolitaine de Rouen. Cette pyramide, dont le sommet semblait se perdre dans les airs, avait été élevée sur les plans et sous la direction de Robert Becquet. Commencée le 15 septembre 1543 , elle fut entièrement terminée au mois d'août de l'année suivante. Cette pyramide était regardée comme un chef-d'œuvre de hardiesse et d'élégance.

L'on devait aussi au même architecte le beau clocher

de l'église de Saint-Martin-du-Pont, église située rue Grand Pont, à Rouen, et démolie dans les premières années de la révolution.

Il est juste aussi de dire que Robert Becquet fut secondé dans tous ses travaux par Laurent Becquet, son frère, maître charpentier à Rouen.

L'on n'est pas d'accord sur le lieu où naquit Robert Becquet. Quelques écrivains le font naître à Rouen, d'autres assurent qu'il reçut le jour à Darnétal (1). Dans le doute, nous avons suivi l'opinion des derniers, en consignant son nom dans l'histoire de notre ville. D'ailleurs Rouen est assez riche en grands hommes et en artistes célèbres, pour que cet emprunt, si toutefois c'en est un, ne soit pas préjudiciable à sa gloire.

L'on ignore aussi l'époque de la naissance de Becquet, l'on sait seulement qu'il termina sa carrière à Rouen, en 1554, dans une petite maison qu'il habitait auprès de l'abbaye de Saint-Amand.

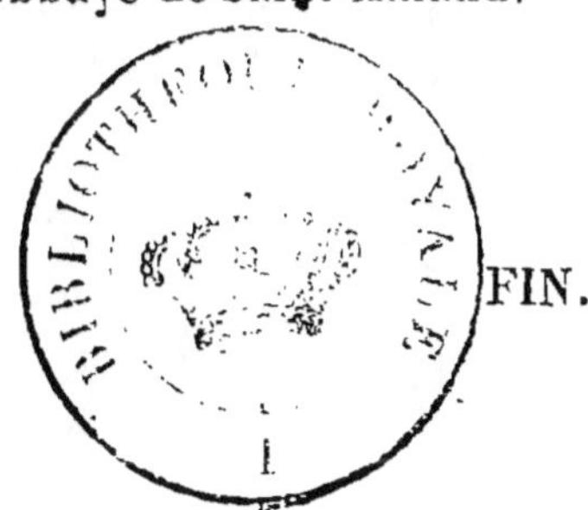

FIN.

____

(1) Il nous a été impossible de nous assurer si réellement Robert Becquet est né à Darnétal, parce que les registres de l'état civil déposés aux archives de la mairie, ne remontent qu'en 1635 pour la paroisse de Carville, et 1668 pour celle de Longpaon.

TABLE

PAR ORDRE DE MATIÈRE.

(353)

23 *

FIN DE LA TABLE.

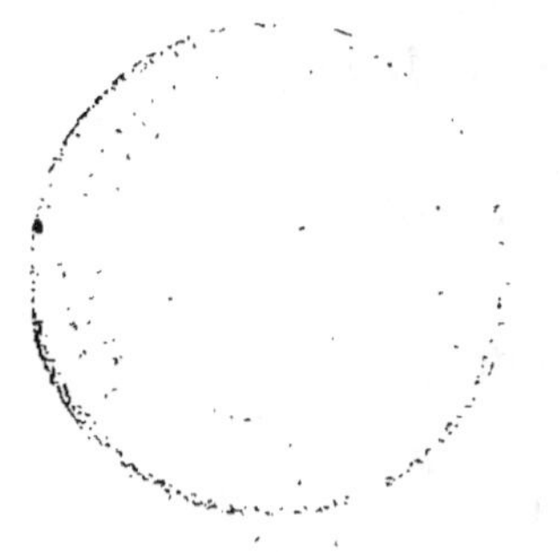